地域で担う生活支援

自治体の役割と連携

遠藤久夫／西村幸満［監修］
国立社会保障・人口問題研究所［編］

東京大学出版会

Livelihood Support in Local Communities:
The Role of Municipalities and Their Collaborative Partners
Hisao ENDO and Yukimitsu NISHIMURA, Supervisors
National Institute of Population and Social Security Research, Editor
University of Tokyo Press, 2018
ISBN 978-4-13-051143-8

はしがき

社会保障あるいは社会福祉の分野における近年の重要な施策の1つとして，生活するうえで何らかの困難を抱える人が住み慣れた地域で生活を営むための支援が挙げられる．高齢者や障害者が住み慣れた地域で自立した生活を続けていけるように支援する，介護保険における地域支援事業や障害者総合支援制度における地域生活支援事業などがその例である．他方で，従来はあまり支援の対象とは考えられていなかった人や世帯であっても，さまざまな要因で公的な支援を必要とすることがありうることが認識されるようになってきた．そのため，生活上で何らかの困難を抱える人や世帯の「困難」な状況も，多様化，複合化し，その状況に対応するための支援のあり方が新たな課題となっている．このような流れの中でたとえば生活困窮者自立支援制度や子ども・子育て新支援制度などの新たな制度が創設されている．

このように，従来とは異なる生活・福祉の多様な課題に対し，支援の内容と支援体制のあり方が問われているが，住み慣れた地域における生活支援がその中核となるため，支援の中心的な役割を担うのは地方自治体である．しかし，地方自治体の財政状況は概ね厳しく，地方公務員も減少傾向にある．そのような中で，住民の生活上の多様な問題に対応するために，どのような支援体制を構築し，効果的な運営をしていくかが課題となっている．

このような問題意識に基づいて，国立社会保障・人口問題研究所では2014年4月から2017年3月末まで「社会保障サービスの受益・業務負担軽減に向けた地域組織の空間的配置・人的連携の基礎的研究」プロジェクトを実施した．本書は同プロジェクトの研究成果の一部をまとめたものである．

本書で着目するのは，地域の住民が生活に困難を抱えた時に最初に対応する地方自治体などの窓口の体制である．国民が社会保障・社会福祉制度で予定されている具体的な支援を受けるためには，自治体等を含むサービス提供機関の窓口へのアクセスの利便性やそこで提供されるサービス内容が重要となる．そこで本研究では，低所得者支援，高齢者福祉，子育て支援など，自治体が実務を担当するサービスについて，自治体や団体を対象に大規模かつ詳細なヒアリングをおこなうというフィールドワークを基本に分析をおこなっている．住民の多様な生活困難に対して適切な支援をおこなわなくてはならない自治体等の運営に関して，組織内部の管理運営体制，外部組織との連携など広い意味でのマネジメントを扱っているのが特徴である．分析視座は，社会学，組織論，人事管理，行政学など多彩であり，各章とも読み応えのある内容である．

本書は，自治体がおこなう支援対策の現状や課題を浮き彫りにするだけでなく，今後の方向性を提示しており，自治体の福祉担当職員をはじめ，地域住民の生活支援に携わる方々が，その地域の実情にあった支援体制を考える際の一助となると自負している．また，地域における生活支援のあり方を勉強する大学生，大学院生，社会保障・社会福祉の知見を有する研究者，行政に携わる者にとっては有益な教材あるいは資料になるものと思料する．また，誰もが生活支援を必要とするリスクを負う可能性がある現代社会においては，一般の方にも是非手に取っていただきたい．

最後に，本書を自治体の福祉部局の職員の方々をはじめ，ヒアリングにご協力いただいた皆様方に深く感謝申し上げたい．

2018 年 2 月

国立社会保障・人口問題研究所　所長

遠藤久夫

目　次

序章　相談支援の重要性と地域の役割

西村幸満

1　変貌する生活支援・福祉サービス

1990年代後半以降からつづく生活に対する漠然とした不安に対して，人々は2018年を迎えた現在もそれを払しょくできないでいる．経済指標が高いパフォーマンスを示しても，リーマンショックが起きた2008年のように，唐突に生活が揺さぶられるというトラウマから逃れられずにいる．それは，われわれの生活を不安定にした要因の1つである，高齢化という現象が引き続き社会に作用しているからだろうか．それだけではない．日常生活の中でも，われわれは多くの不安を抱えている．その多くは過去の生活とはことなる新しい不安である．これまで積み上げてきた知識・経験では対処できない不安である．高齢化という現象がもたらすさまざまな生活不安も，われわれは経験したことがなかったものである．このような状況におかれ，われわれはただ不安に駆られているわけではない．これまで同様に，新たな不安に対して，個々の力を蓄え，家族や地域，そして社会全体で支え合っている．そのなかで人々は，近年，社会的な支援への期待を大きくしている．それだけ，われわれの感じている不安が，個人の力では対処しきれないのかもしれない．

社会保障制度も旧態依然のままではない．社会保障は，主要な支援方法であった現金給付から現物給付へと移行した後に，本書で注目する「伴走型支援」への比重を高めている．そのなかでは，地域が提供する相談業務が中心的な役割をはたしている．

2005年に介護保険法が施行され，地域包括ケアという仕組みが構築され，地域に拠点展開をしている．2015年には生活困窮者自立支援法，子ども・

子育て支援法が施行され，社会的支援ニーズの高い層に対する対策が具体化されたことになる．生活困窮者自立支援法は，その附則第2条に定める施行後3年を目途とする検討規定があり，2017年5月以降現在まで，社会保障審議会の「生活困窮者自立支援及び生活保護部会」において審議が続いている．

2000年に地方分権一括法と社会福祉法が施行されて以降，上記の地域の福祉関連事業の主体を自治体が担うことになった．地方自治体が実施する生活支援・福祉サービス事業の事務・窓口運営（以下，生活支援・福祉サービス）は，大きな変貌を遂げつつある．

本書は，国立社会保障・人口問題研究所が2014年4月から2017年3月末まで実施した，一般会計プロジェクト「社会保障サービスの受益・業務負担軽減に向けた地域組織の空間的配置・人的連携の基礎的研究」プロジェクト（以下，窓口プロ）の3年間の成果をもとにしている．地域の生活支援・福祉サービスを対象に，地域のさまざまなニーズに対して行政の役割・責任，そうした支援をおこなう自治体職員の状況と業務の実態，支援の需要と供給双方の視点で事実確認を意図している．自治体のサービス提供体制のあり方を，支援を求める住民と接する窓口の態勢に焦点をおき，地方自治体・関係団体（組織）の連携のあり方と業務負担について，自治体の規模・地域事情などの特質を考慮した調査研究を実施することにしたのである．

この窓口プロの特徴の1つは，法学，経済学，社会学，社会福祉学，社会工学，社会保障論などをフィールドとする学際性に富んだメンバーで構成されているところにもある．調査法も多彩であり，質・量的な調査，国際比較，歴史研究など，調査対象に対して多様なアプローチを可能にしており，時には議論が衝突することはあったものの，個々のメンバーの地道な努力で今回の成果に結び付けている．

2　自治体等ヒアリング調査

本書のもとになった，研究プロジェクトの具体的な手続きは2つに大別できる．1つは，「自治体等ヒアリング調査」である．生活支援・福祉サービスの提供体制として，自治体が直営で運営する場合と，社会福祉法人，NPO などに委託する場合，直営と委託の組み合わせなどの選択肢が想定されるが，その選択はどのような要因によって決定されるのかを解明することにある．これらの選択には，必須事業に加えて任意事業をどうするかという住民の受けるサービスの選択肢数の制約も関係しており，住民が多様な支援を受けられるかという運営方法の実態解明が求められている．2014 年度には，府県・政令指定都市・市町で 19 か所，55 部局・団体，2015 年度は県・市町（自治体・法人など）11 か所，32 部局・団体，2016 年度は，市役所 11 か所，労働局・ハローワーク 8 か所[1]，民間委託先 1 か所，20 部局・団体に調査・資料収集を実施した．詳細なプロフィールは，表 1 に示してある．協力をいただいた自治体の名前は，1 つの例外を除いて匿名になっている．窓口プロの開始当初から，自治体名の匿名性は担保することを決めていた．窓口プロの調査研究目的に沿って，業務負担について自治体職員と関係団体の職員・従業員の方から忌憚のない意見をいただくためである．ただ，千葉県の広域的支援の事例（11 章）は，窓口プロとは独立した個人研究の成果を本書に収めさせていただいた関係で自治体名はそのまま表記してある．ご理解をいただきたい．

もう 1 つは，本書には含まれていないが，「社会保障サービス事業所マップの作成」であり，窓口へのアクセス・マップの作成である．住民にとっては，相談窓口へのアクセスのよさは，相談のハードルを低くする効果がある．自治体の福祉事務所あるいは自治体庁舎の位置，出先機関，地域包括ケアセンター，生活困窮者自立支援の相談窓口，ハローワーク，委託先事業所などの位置情報を全国すべての自治体で収集し，車・徒歩それぞれの圏域（30 分，15 分，5 分）を表示できるよう位置情報のデーターベースを作成し地図に反映している．マップの公表を含めた活用の仕方については今後に引き続けたい．

1）労働局・ハローワークのみ訪問した自治体があるため，表 1 の自治体数より少なくなっている．

表1　調査対象のプロ

自治体タイプ		人口規模*1	労働力率*2		生活保護受給率		直営・委託	
			男性	女性			地域包括支援センター	生活困窮者自立相談支援事業
都道府県	1	100万～	70%～	50～70%	～10‰	*3	直営＋委託	委託
	2	100万～	70%～	～50%	10～15‰	*3	直営＋委託	直営＋委託
	3	100万～	70%～	50～70%	10～15‰	*3	直営＋委託	直営＋委託
	4	100万～	70%～	50～70%	～10‰	*3	直営＋委託	委託
	5	100万～	50～70%	～50%	10～15‰	*3	直営＋委託	直営＋委託
	6	100万～	50～70%	～50%	～10‰	*3	直営＋委託	直営＋委託
	7	100万～	50～70%	50～70%	～10‰	*3	直営＋委託	直営＋委託
	8	100万～	70%～	50～70%	20‰～	*3	委託	直営＋委託
	9	50～100万	70%～	50～70%	～10‰	*3	直営＋委託	直営＋委託
政令市	10	100万～	70%～	～50%	15～20‰	*3	委託	委託
	11	100万～	70%～	50～70%	20‰～	*3	委託	委託
	12	100万～	70%～	～50%	15～20‰	*3	委託	委託
	13	100万～	70%～	50～70%	20‰以上	*3	委託	委託
	14	50～100万	70%～	50～70%	15～20‰	*3	委託	委託
中核市以下	15	50～100万	70%～	50～70%	10～15‰	*4	委託	委託
	16	50～100万	70%～	50～70%	10～15‰	*4	委託	直営＋委託
	17	10～50万	70%～	50～70%	20‰～	*4	委託	委託
	18	10～50万	50～70%	～50%	20‰～	*3	委託	委託
	19	10～50万	50～70%	～50%	15～20‰	*4	直営＋委託	委託
	20	10～50万	50～70%	50～70%	20‰～	*4	委託	委託
	21	10～50万	70%～	50～70%	15～20‰	*3	委託	委託
	22	10～50万	70%～	～50%	10～15‰	*4	委託	直営
	23	10～50万	70%～	50～70%	10～15‰	*3	直営＋委託	委託
	24	10～50万	70%～	50～70%	15～20‰	*4	委託	委託
	25	10～50万	70%～	50～70%	～10‰	*4	委託	委託
	26	10～50万	50～70%	～50%	10～15‰	*3	委託	委託
	27	10～50万	50～70%	50～70%	20‰～	*3	委託	直営＋委託
	28	10～50万	70%～	50～70%	20‰～	*3	委託	委託
	29	～10万	50～70%	～50%	15～20‰	*4	委託	委託
	30	～10万	50～70%	～50%	10～15‰	*4	直営＋委託	委託
	31	～10万	50～70%	～50%	～10‰	*4	直営	委託

3　本書の構成

第1章「社会保障制度における支援の変遷」（白瀬）は，支援方法として，相談窓口による「伴走型支援」への比重が高まった理由について，社会保障

フィール（自治体等）

自治体タイプ		人口規模*1	労働力率*2		生活保護受給率		直営・委託	
			男性	女性			地域包括支援センター	生活困窮者自立相談支援事業
中核市以下	32	～10万	50～70%	～50%	15～20‰	*4	直営	委託
	33	～10万	70%～	50～70%	10～15‰	*4	委託	直営
	34	～10万	70%～	50～70%	～10‰	*4	委託	直営
	35	～10万	70%～	50～70%	～10‰	*4	直営	直営
	36	～10万	70%～	50～70%	～10‰	*4	直営＋委託	委託
	37	～10万	70%～	50～70%	～10‰	*4	直営	直営
	38	～10万	70%～	50～70%	～10‰	*4	直営	直営
	39	～10万	70%～	50～70%	～10‰	*4	直営	委託
	40	～10万	70%～	50～70%	～10‰	*4	直営	直営＋委託
	41	～10万	50～70%	50～70%	～10‰	*4	直営	直営
	42	～10万	50～70%	50～70%	～10‰	*4	委託	委託
	43	～10万	50～70%	50～70%	20‰～	*4	直営	直営＋委託

注）データの出所と表記のルール．

*1　人口規模（各自治体の統計等（特定を避けるため出所は割愛））．

表記	内容
100万～	100万人以上
50～100万	50万人以上100万人未満
10～50万	10以上50万人未満
～10万	10万人未満

*2　労働力率（平成27年国勢調査，平成27年労働力率）．

表記	内容
70%～	70%以上
50～70%	50以上70%未満
～50%	50%未満

*3　生活保護受給率（平成27年度被保護者調査，平成27年度保護率）．

表記	内容
20‰～	20‰以上
15～20‰	15‰以上20‰未満
10～15‰	10‰以上15‰未満
～10‰	10‰未満

*4　生活保護受給率（各自治体の統計等（特定を避けるため出所は割愛））．表記は*3と同じ．

制度の推移に焦点をあてて，とくに1990年代から2015年の生活困窮者自立支援法の施行までを制度横断的に整理したものである．白瀬は，政策面では貧困対策から社会的包摂政策への転換を指摘しつつ，「現金給付から現物給付，そして『伴走型支援』とも呼ばれる総合相談へと変化」（p. 15）したと整理する．その際に白瀬が注目したのは，諸制度における支援の目標となる「自立」概念が拡大しつつ，より細かい定義づけをともなったという自立の再定義の過程，地域包括ケアとパーソナル・サポート・サービス事業に典型的な支援における地域拠点の設置が共有される過程，そして生活支援への支援の拡張する過程，という3つの側面である．

第2章「市町村における組織体制と職員配置――変遷と課題」（畑本・黒田）は，第1章でみた社会保障制度の変遷が，市町村の支援提供体制に与えた影響に注目して，自治体の組織体制・職員配置（と業務）の変化について整理している．2000年の地方分権一括法を契機に，市町村が福祉サービスの責任主体となった．畑本・黒田は，この過程について，社会保障が，現金給付から現物給付へ，貧困の予防と救済から国民全体の生活保障へ，さらに社会的資源の配分においては，全国で統一的な水準から，地域の実情に応じた自立的な配分体制へと転換したという．市町村は福祉支援サービスにかかる事務を担いつつも，機関委任事務の廃止と自治事務及び法定受託事務への再編成を経験している．このような変化に加え事務の必置規制も変更される一方で，自治体の社会福祉行政の業務を担う職員は，緩やかな配置基準に基づき，「金銭・サービス支給決定事務」から「相談支援・ソーシャルワーク業務」へと比重を移し，職員にはジェネラリストからスペシャリストが要請され，組織体制と職員の資質向上が求められているという．

第3章「事業主としての自治体の選択――支援サービス3極化の実態と業務」（西村）は，支援提供体制に関する国の諸制度が変更し，現場である市町村の役割が重要になる中で，2015年の生活困窮者自立支援法・子ども・子育て支援法などが施行され，各自治体がどのような支援を提供するようになったのかに注目する．厚生労働省が公開する支援実績に関するデータと，本書の契機となった窓口プロのヒアリング調査・資料収集に基づいて，事業の直営／委託の別と必須・任意事業に関する自治体の選択を考慮しながら，地域資源の活用と連携から4つの自治体のタイプを類型化し，その特徴を記述分析した結果，提供支援のサービスには，1）必須事業のみを実施し，従来からの支援を継続する「福祉タイプ」，2）必須事業に任意事業の就労準備支援を加えた支援をおこなう「福祉就労タイプ」，さらに2）に家計相談支援（と子どもの学習支援）を加えた3）「家計再生タイプ」に3極化していることを見出した．このような変化をうけ，自治体職員が担う業務は，自治体組織がどのような支援体制を選ぶかによって異なることが暗示されたのである．

第4章「管理職の意思決定過程」（西村・藤間）は，2015年の生活困窮者自立支援法・子ども・子育て支援法の施行時に，地域支援の提供体制の構築において先行していた自治体の特徴を明らかにするために，ヒアリングを実施した自治体の中でも管理職にアクセスできた8ケースを取り上げ，その管理職が自治体の支援体制の構築に与えた影響について分析をおこなっている．日本の自治体職員の業務に大きな期待がかかる一方で，自治体職員数はこの20年で一貫して減少しており，OECD・ILO統計に計上されるなかでも日本は最低水準にある．先行研究からは，自治体の業務がこうした変化への対応に成功するには，共通基盤としてキーパーソンの存在が指摘されているからである．西村・藤間は，1）住民ニーズと地域資源の把握と2）地域支援の仕組みの構築という2つの軸を設け，管理職を4つに類型化し，その特徴を記述的に分析した．その結果，地域の実情に詳しく，自治体の仕組み改革に貢献した管理職のあり方といえども一様ではなかった．制度の変更・体制の変更という大きいが職員全員が経験した共通要因を踏まえて，イニシアティブをとるタイプ，自治体内の集団で連携を取るタイプ，積極的に外部資源を活用とするタイプが確認された．

第5章「福祉サービスにおける連携の類型化」（西村）は，地域が実践する「寄り添い型」支援体制の最前線である福祉サービスの窓口の仕組みを，ヒアリング調査を実施した自治体の例をもとに整理した．人口規模（県レベル・政令市レベル，一般市レベル，町村レベルという3つのレベル）と直営/委託の別を考慮して，提供する支援体制と人口規模の組み合わせから自治体主導タイプ，社協主導タイプ，社協・自治体混在タイプに試論的に分け，それぞれの窓口の見取り図を描き出した．その見取り図をもとに，自治体の規模と提供体制，提供体制における自治体の規模と直営/委託の関係，そして地域の提供体制の担い手の役割について，直営/委託と窓口/訪問の軸に沿って位置づけた．この手続きによって，地域の提供体制（多機関連携）において，どの部分が「制度の狭間」となりうるのかを検討している．

第6章「地域福祉支援サービスの新たな課題――就労準備支援と家計相談支援」（西村）は，第3章で抽出された，提供体制の3極化に準じて，ケーススタディを実施した．3極化とは，地域の生活支援・福祉サービスが，1）必須事業のみを実施し，従来からの支援を継続する「福祉タイプ」，2）必須事業に任意事業の就労準備支援を加えた支援を行う「福祉就労タイプ」，さらに2）に家計相談支援（と子どもの学習支援）を加えた3）「家計再生タイプ」を示す．この章では2）と3）を取り上げている．2）の「福祉就労タイプ」に含まれる，生活困窮者自立支援法が施行する前から実施されている，自治体とハローワークの一体的支援と「福祉就労タイプ」との関係について検討した．3）の「家計再生タイプ」では，このタイプでは先進事例とされる自治体を取り上げ，国が提示する「家計相談支援」の業務のイメージと，先進事例の業務を比較しながら，その差異が，自治体の10年以上にわたる取り組みから生じていることを明らかにしている．どちらのタイプも，制度の施行前から取り組んできた支援（モデル事業・自事業・人材養成）との関係で，顕著な効果を示している．このことは，「伴走型支援」体制の構築には，適切な資源投入が必要であることを示している．

第7章「福祉行政における総合相談窓口設置――P市の事例をもとに」（畑本）では，生活困窮者自立支援法の施行に合わせて，比較的短期間で「相談業務」を提供する支援体制を構築（組織改革－一元化）した自治体を取り上げ，その過程の分析をおこなった．畑本によれば，トップダウンとボトムアップの両方向から進められた，生活困窮者自立支援が含まれる社会福祉に関わる部門の一元化（組織改革）により，業務のロスが解消された．さらに，専門職の採用と専門職による庁内への教育効果により，組織改革と意識改革がさらに引き出されたという．

第8章「民間事業者による『提案型』の事業実施と連携――A市の取り組みを事例として」（工藤）では，政令指定都市におけるケーススタディである．政令指定都市の組織・業務構造が都道府県に近いことを明らかにするとともに，工藤は，支援提供体制における委託の効果について分析をおこなった．一般に，政令指定都市のような人口規模の大きな都市においては地域資源が豊かである．工藤は，この委託先が自治体に対して事業「提案型」であると捉え，委託事業の基本的プロセスである「自治体からの公募」の前に，委託先から事業に向けた働き掛け，定期的な情報交換，さらに委託先がそうした定期的な情報交換をおこなう複数のNPOの連携組織であることなどをあげ，そのメリットを強調している．この事例においても，自治体と委託先との関係は長く，過去から積み上げた関係の効果が，自治体の新しい事業にプラスの影響を与えていることがわかる．

第9章「地域特性と生活困窮者自立支援制度の体制——同一県内の4市の比較」（黒田）は，同じ県内にある同程度の人口規模4市の提供体制について分析したものである．黒田は，まず生活困窮者自立支援法とその関連法（生活保護法など）の推移を丁寧に読み込む．その結果，これらの制度が「相談にどのように応じるか，また，自立支援計画をどのように実施するかについて，何ら具体的な規定を置いていない」（p. 202）とし，「生活に何らかの困難を抱える人のうち，既存の制度では保護していない，または，保護できない人を対象とするという性格を有する」（p. 202）と指摘し，自治体にとって補完的な性質をもつことを明らかにしている．また，自治体によっては，さらに積極的に生活全般にわたって相談をうけることも可能であるという．このような制度の特質を踏まえて，黒田はつぎに同一県における4つの同規模の市を取り上げ，人口規模・地域間が同じであっても，地域の実情により支援体制に差異があることを提示する．黒田は，運用段階での独自性は，裁量を残す意味でも自己評価においてもよいものの，客観的な評価も保証するわけではないと指摘し，この制度の現状の評価自体に疑義を投げかけている．

第10章「ひとり親就労支援の実態と困難」（藤間）は，シングルマザーとシングルファーザーに注目し，5つの自治体における支援の実態について比較分析している．先行研究における負の効果について，支援がどの程度バックアップできているのか．就労支援に特化して，実態と現行の支援制度がカバーする支援の困難さについて明らかにしたものである．

比較分析の結果，これらの層には，地域的なつながりが希薄であり，問題の「見える化」が難しい．支援ニーズの捕捉は，自治体ごとに手探り状態である．支援の網にかかっても，スムーズな包摂に至らない場合もある．また地域の関係機関の連携の効果は明白であるが，同時に地域によってはこの連携が，障害となる場合もある．このことは，制度の導入が，すべての地域で機能的に効果をもたらすとは限らないことを示している．

第11章「都道府県による広域的な支援の可能性——千葉県における総合相談事業を事例として」（白瀬）は，都道府県レベルで実施する広域的支援についてのケーススタディの結果である．この事例では，県内の保健所所管区域ごとに設置した，24時間365日体制の相談窓口を対象に，県の実施する総合相談事業の役割を検討し，広域支援の必要性を提示している．この事例も，先進事例に共通した，事業の開始から長い時間が経過しているという特徴をもっている．また支援体制の構築には，地域情報の収集が寄与している．委託先は，高齢者と障害者の支援事業に強みをもち，またモデル事業の実施を含めた経験の蓄積を踏まえて窓口を開設して若干の委託先の変更を経ながら現在に至っている．①包括的相談事業，②地域総合コーディネート事業，③市町村等バックアップ事業（2017年から），④権利擁護事業の4つの柱をもち，相談件数の7割が電話による．4つの事業，県と委託先との関係，センターと関係機関との連携，相談の7割を占める障害への対応というように，人事ローテーションでたまたま窓口に配属される県の職員では対応できないと思われるケースを支援する役割を担っている．白瀬は，センターの意義として，広域的なコーディネートの可能性と広域ゆえの相談のしやすさという2点をあげる．市町村での身近な支援が広がりつつある中で，補完的な役割もはたしており，運営には難しい課題の指摘があるが，その重要性は高まっていくと考えられる．

第12章「地方自治体における子育て支援の様相」（藤間）は，生活困窮者自立支援法と同時に施行された子ども・子育て支援法について，待機児童のいない3つの自治体のヒアリング調査の結果に基づいて，課題と可能性について分析を行っている．待機児童を解消した自治体が，さらに抱える課題とは何なのであろうか．藤間は，当然の事実としての経済的支援，要保護ニーズの重要性，窓口の拡大の3つがヒアリング調査からは示唆されたとする．これらに対応する課題として，相談内容やアウトリーチなど子育て支援の射程，誰が子ども支援をするのかという私的な担い手の射程，そして自治体職員など相談支援を実施する組織・個人の能力の射程を拡大することをあげる．3つ目の射程において藤間は，広域的な支援の重要性を想定している．

終章「地域の生活支援提供体制」（泉田・西村）では，12の章の論点整理が行われている．まず総論として6章までの制度論・類型論による成果に基づいて，やや抽象度を高くして議論が整理されている．ついで単独の自治体，同一県内の同規模自治体，県の広域的支援などが支援体制の成り立ちから中長期的な観点で整理されている．これに自立支援のなかでも，ひとり親，子ども・子育て支援といった特定の属性にターゲットを絞った分析を加えている．そのうえで，泉田・西村は，本書のまとめとして，12の章で分析・抽出した要因が，関係者たちの負担にどのように寄与するかを1つの図に整理している．この図により，生活支援・福祉サービスの提供に関わる負担の増減が明確になるだろう．加えて，本論であえて触れてこなかった，「医療」と「介護」の支援体制の実施から得られた知見と生活支援・福祉サービスとの関係について検討をおこなっている．

4　今後

終章にあるように，本書では地域の福祉サービスの主要なアクターであり，支援の連携先でもある医療・介護を取り上げていない．その理由は，医療・介護研究が膨大な成果を生み出していることもあるが，なによりも分析対象として自治体に焦点を置いたからである．また，そもそも相談窓口で実際に支援を受けている人々――ユーザーサイド――の実態もまったくわからない．ユーザーサイドがこの事業によって不安が軽減したり，さらには解消されないのであれば，生活支援・福祉サービスに従事する支援者にとっても働く意味はない．前者については，現在接点を探っている段階である．後者については，全国の相談支援窓口（1,282か所）に来訪した相談者（7名ずつ，計8,974名）に，利用調査（2017年6～9月）を実施している．返送数は9月30日段階で1,452名（その後も100名以上の返送あり）となっている．この調査結果も近いうちに公表する予定である．

参考文献

国立社会保障・人口問題研究所（2016）『社会保障サービスの受益・業務負担軽減に向けた地域組織の空間的配置・人的連携の基礎的研究 平成27年度報告書』所内研究報告第65号.

国立社会保障・人口問題研究所（2017）『社会保障サービスの受益・業務負担軽減に向けた地域組織の空間的配置・人的連携の基礎的研究 平成28年度報告書』所内研究報告第72号.

I

総　論

第1章　社会保障制度における支援の変遷

白瀬由美香

1　現金給付から現物給付，総合相談へ

本章では，1990年代後半以降の日本の社会保障制度の変遷をたどりつつ，公的な制度の一環として提供されるもの，すなわち支援内容がどのように変化していったのかを描写する．筆者の結論を先取りして述べるならば，社会福祉基礎構造改革および地方分権改革を経て，社会保障の目指すものが経済的な保障による貧困対策から社会的包摂政策へと変化したと捉えることができる．

歴史を振り返ってみれば，第二次世界大戦後の日本における社会保障制度は，支援方法の重心が現金給付から現物給付，そして「伴走型支援」とも呼ばれる総合相談へと変化してきたといえる．1950年に制定された生活保護法（新法）や1947年の失業保険制度の施行など，戦後初期には現金の給付による貧困の救済を主たる目的とした社会装置としての支援が重要であった．その後，社会福祉法制の整備や1961年の国民皆保険・皆年金の実現，さらには介護保険制度の導入によって，医療や介護などのサービスが生活を支える重要な存在として普遍的に給付されるようになった．

そして現代，金銭ともサービスともやや性格の異なる「相談」による支援や困窮者への「寄り添い」の重要性が高まってきている．支援を必要とする人の困りごとを聞き，解決の方向性を被支援者とともに探っていくような，対人援助の現業部分の役割が以前にも増して大きくなっている．医療，介護が心身の不調に対して手段的な（道具的な）ケアを提供するのに対して，相談は支援を必要とする人と寄り添い，さらに関連機関との連携をはじめ，相

談者を取り巻く環境の調整を図るという機能がある．そうした伴走型支援が，2015年の生活困窮者自立支援制度の発足に至るまでに，どのような議論を経て導入されるに至ったのかを本章は扱っている．

以下では，1990年代後半以降の社会保障制度について，自立の重視，地域拠点の形成，生活支援の3つの観点から制度変遷の特徴を検討する．第2節では，社会保障制度において「自立」概念がどのように規定されてきたのかについて，介護保険の導入，生活保護自立支援プログラムの展開に引き寄せて論じる．続く第3節では，ワンストップ・サービスの形成に関して画期となった地域包括ケアとパーソナル・サポート・サービス事業を紹介する．第4節では，生活困窮者自立支援制度の導入をめぐる生活支援を目的とする政策展開を検討し，いわゆる伴走型支援の今後を考察し，社会保障における支援の変遷を位置づけることとする．

2　自立を指向する社会保障

2.1　社会保障制度における「自立」の重視

(1)　社会福祉基礎構造改革と地方分権改革

社会保障制度において，「自立」という言葉が頻繁に使われるようになったのは，社会福祉基礎構造改革や地方分権改革が進展する1990年代であった（桜井 2017）．

1998年6月に発表された中央社会福祉審議会による「社会福祉基礎構造改革について（中間まとめ）」では，「個人が人としての尊厳を持って，家庭や地域でその人らしい生活を送れるよう自立を支援」することが社会福祉の目的であると示されていた．そうした理念を実現するため，サービス利用者と提供者との対等な関係の確立をはじめとした改革がおこなわれた．

2000年4月には介護保険制度が開始されたほか，6月には社会福祉事業法，身体障害者福祉法，知的障害者福祉法，児童福祉法等の改正がおこなわれ，自立支援の理念が取り入れられた．2001年度の『厚生労働白書』は「生涯にわたり個人の自立を支持する厚生労働行政」という副題が付けられていたことからも，社会保障全体が「自立」を強く指向していることがうかがえる．さらに，2002年にはホームレス自立支援法，2005年には障害者自立支援法が制定されるなど，「自立」を名称に掲げる法整備もあいついだ．

(2) 従来の生活保護制度における自立

もちろんそれ以前にも，「自立」という言葉は社会福祉法制の中で用いられていた．生活保護法の第1条には，「国が生活に困窮するすべての国民に対し，その困窮の程度に応じ，必要な保護をおこない，その最低限度の生活を保障するとともに，その自立を助長することを目的とする」ことがうたわれている．ただし，そこで意図されていた自立とは，現在考えられているような多様な自立のあり方を想定したものではなかった．牧園（2017, p. 62）は，1950年代の議論をひもといて，当時の理解では自立には以下の意味合いがあったと指摘する．生活保護における自立は，「惰民防止」や「保護からの脱却」を意味する消極的な自立論がある一方で，「自主独立の内容的可能性を発見し，助長する」という積極的な自立論もあった．そして，生活保護行政の観点では，「保護への依存からの脱却」という自立が目指されてきた．

ちなみに生活保護の場合，そこにまず変化をもたらしたのが1999年の地方分権一括法だといわれている（牧園2017, pp. 64-67）．生活保護行政は国からの法定受託事務と，地方自治体の自治事務とに再構成された．法定受託事務とされたのは，保護の決定や実施に関する事務，都道府県が市町村に対しておこなう監査など，福祉事務所がおこなう大半の事務であった．それに対して唯一の自治事務が「要保護者の自立助長のための相談・助言等の援助事務」であった．2000年の生活保護法の一部改正により，この「相談及び助言」が自治事務として第27条の2に創設された．これは，第27条の「指導及び指示」とは異なり，従来からケースワーカーの自主的な判断によっておこなわれてきた情報提供や助言などを法律に明示したという意義をもつ．ただし，この時点ではまだ生活保護に「自立支援」という考え方はなかった．

(3)　介護保険制度における自立

介護保険法第1条では,「加齢に伴って生ずる心身の変化に起因する疾病等により要介護状態となり，入浴，排せつ，食事等の介護，機能訓練並びに看護及び療養上の管理その他の医療を要する者等」を対象として,「これらの者が尊厳を保持し，その有する能力に応じ自立した日常生活を営むことができるよう，必要な保健医療サービス及び福祉サービスに係る給付を行う」ために，介護保険制度が設けられたとある．介護保険制度によって，国民の保健医療の向上及び福祉の増進を図ることが目的とされている．ここで重要な点は，制度の理念として，高齢者の尊厳を保持すること，残存能力に応じて自立した日常生活を営むことができるよう支援をおこなうということである．

しかしながら，介護の文脈において「自立」という言葉は，概ね2つの意味合いで日常的に使われている．1つは，法律にもあるように各人の残存能力に応じた自立のあり方を目指す見方である．単に介護を要する高齢者の身の回りの世話をするということを超えて，高齢者による自己決定や能力の活用を目指すという自立の支援を目指している．介護をおこなう現場では，ホームヘルパーや介護福祉士がすべての身の回りの世話をするほうが，所要時間の面でも効率的にサービスを提供可能である．しかしそれでは高齢者に残された能力の衰退を招いてしまいかねない．自らできることについては，なるべく高齢者自らがおこなうように促すことが自立の支援として求められている．

もう1つは，介護サービスを利用していないという意味での身体的な自立を示すものである．介護や支援の必要性については,「要介護認定」を通じて判定がなされているが，ここで「非該当」となった人を，日常生活における心身の機能が「自立」しているとするものである．これは，初期の生活保護で論じられていたのと同様に，公的制度からの給付を受けていないことをもって，自立とする考え方と共通した見解であるといえる．

2.2 生活保護自立支援プログラム

(1) 自立支援の概念

生活保護制度に「自立支援」が導入される契機は，2003年に社会保障審議会福祉部会に設置された「生活保護の在り方に関する専門委員会」だといわれている（桜井 2013, pp. 76-74）．専門委員会は「利用しやすく自立しやすい制度」という方針で，自立支援の具体的な運営のあり方について議論をおこなった[1)]．

専門委員会で大きな論点となったのが，「自立」の定義であった．先述のとおり，これまでの生活保護制度における「自立の助長」が意図する「自立」とは保護から脱却することだと理解されてきた．それに対して，専門委員会は「自立」概念の大幅な拡張をおこなった．

2004年12月に発表された専門委員会報告書によれば，「「自立支援」とは，社会福祉法の基本理念にある「利用者が心身共に健やかに育成され，又はその有する能力に応じ自立した日常生活を営むことができるように支援するもの」を意味する」とある．そして，次の3つの自立支援が提示された．第1に就労自立支援として，就労による経済的自立のための支援をすることを挙げた．第2に日常生活自立支援として，それぞれの被保護者の能力やその抱える問題等に応じ，身体や精神の健康を回復・維持し，自分で自分の健康・生活管理をおこなうなど日常生活において自立した生活を送るための支援がある．第3に社会生活自立支援では，社会的なつながりを回復・維持するなど社会生活における自立の支援であるとした（厚生労働省 2004）．このような自立支援の体系をプログラム化して組織的に取り込むことが専門委員会により提言され，2005年度から全国の自治体で自立支援プログラムが策定されることとなった．

(2) プログラム実施状況

自立支援プログラムの実施初年度である2005年に配布された「自立支援

1) 桜井（2013）によれば，この専門部会では自立支援を生活保護に導入することの是非は問われることなく，自明のものとして議論が進められたとのことである．

表1　自立支援プログラム策定状況（2010年3月末現在）

プログラム内容	策定数	参加者数	達成者数	達成率
経済的自立に関する支援	2,389 （51.3%）	13万5,907 （72.1%）	4万1,212 （57.1%）	30.3%
日常生活自立に関する支援	1,965 （42.2%）	3万5,900 （19.1%）	1万7,559 （24.3%）	48.9%
社会生活自立に関する支援	302 （6.5%）	1万6,554 （8.8%）	1万3,418 （18.6%）	81.1%
合計	4,656	18万8,361	7万2,189	38.3%

出所：森川（2013, p. 59）表2をもとに筆者作成.

プログラム導入のための手引き（案）について」では，就労支援（経済的自立），健康維持（日常生活自立），社会参加（社会生活自立）など11の個別支援プログラムが紹介されていた（桜井 2013, p. 80）．ただし，「早急かつ優先的にハローワークとの連携により就労支援をおこなう『生活保護受給者等就労支援事業活用プログラム』の実施に取り組むこと」との厚生労働省通知が出されたことから，就労による自立を目指すプログラムの策定が他の分野よりも先行することになった（桜井 2013, p. 78）．

その後，子どもへの学習支援や健全育成支援，社会的な居場所づくりなど，自立支援プログラムでは新たな多様な事業が創設されていった．開始から4年後に「生活保護自立支援プログラム事例集」には，就労による経済的自立に関するもので9つ，日常生活自立に関するもので9つ，社会生活自立に関するもので4つの分類が設けられており，合計22分類のプログラム構成となっていた．プログラムの策定数も順調に増加し，2009年度末には4, 656であった（森川 2013, p. 58）．

プログラムの参加者数（表1）を見ると，2010年3月末の時点では合計18万8, 361人にのぼり，そのうち経済的自立に関するプログラム参加者は13万5, 907人で全体の72. 1%を占めていた．経済的自立プログラムには資格取得や年金受給の支援，子どもの学習支援なども含まれているが，直接的に就労を目的とするプログラムへの参加者は6万9, 309人であった．それに対して，日常生活自立プログラムは3万5, 900人（19. 1%），社会生活自立プログラムには1万6, 554人（8. 8%）の参加であった．

このように自立支援プログラムは，多様な自立のあり方を提示した半面，実質的には策定されたプログラム数の面でも，参加者数の面でも，就労を通じた経済的な自立の達成を目指した制度であったと見ることができる．

3　地域のサービス拠点の形成

3.1　ワンストップ・サービスとは

ワンストップ・サービスとは，1990年代後半から民間企業での顧客対応や行政サービスの情報化に関連して言及されるようになった言葉である．大まかに表せば，統合化された情報管理の下であらゆるサービスの手続きが1か所で済むようにすることである．

NII学術情報ナビゲータCiNiiで「ワンストップサービス」を検索すると322件の文献が該当する（2017年7月12日現在）．その中で最も古い文献は，1997年に『地方自治コンピュータ』（地方自治情報センター）に発表された「海外におけるワン・ストップ・サービスの動向」（仙波大輔）であった．その後2000年代に入ると，行政分野では電子自治体の推進や自動車保有関連手続き，地方労働局と自治体，労働基準監督署との連携の取り組みなどでワンストップ・サービスは論じられていた．現在では，生活困窮者への支援や地域包括ケアに関してもワンストップ・サービスがいわれるようになっている．

以下では，ワンストップ・サービスの形成に関わる重要な政策として，相談拠点設置の端緒となった地域包括ケア，生活困窮者自立支援制度の源流となる相談援助が実践されたパーソナル・サポート・サービス事業について紹介する．

3.2　地域包括ケア

(1)　相談拠点としての地域包括支援センターの設置

2005年の介護保険法改正により，翌年4月に制度化された地域包括支援センターは，介護予防ケアマネジメント事業，総合相談・支援事業，権利擁護事業，包括的・継続的ケアマネジメント支援事業という4つの事業を地域において一体的に実施する役割を担う中核的拠点として設置された．地域包括支援センターには，保健師，社会福祉士，主任介護支援専門員を配置することとされた．

地域包括支援センターが担ったいずれの事業も，日本の高齢者福祉について重要な取り組みである．総合相談・支援事業では，地域の高齢者が住み慣れた地域で安心してその人らしい生活を継続していくことができるようにするため，どのような支援が必要かを把握し，地域における適切なサービス，関係機関及び制度の利用につなげる等の支援をおこなうこととなっている（厚生労働省 2007）．本章が注目する相談拠点の形成という側面においては，とりわけ総合相談・支援事業と権利擁護事業が，日本における総合相談を基軸としたソーシャルワーク実践の方向性に大きな影響を与える画期であったとされる．社会福祉士が地域包括支援センターに必置となったことにより，ソーシャルワーク業務の明確化が求められ，それを通じて総合相談や権利擁護は，ソーシャルワークが専門性を発揮できる業務として周知されることにつながったという（岩間 2012, p. 29）．

地域包括支援センターの設置保険者率は，2006 年から段階的に増え，2008 年 4 月末時点で 100% になり，現在はすべての市町村に設置されている．2014 年 9 月現在で，設置保険者数は 1, 579 保険者，センター数は 4, 557 か所ある．設置形態は，1, 239 か所（27. 2%）が直営，3, 292 か所（72. 2%）が委託である．委託の内訳は，「社会福祉法人（社協除く）」（39. 6%），「社会福祉協議会」（13. 4%），「医療法人」（12. 2%）の順であった．1 センターあたりの職員（センター長，事務職員等は除く）の配置人数は，「3 人以上～6 人未満」（43. 8%）が最も多く，6 人未満のセンターは減少傾向にある（三菱総合研究所 2015, p. 2）．

(2) 地域包括ケアシステム

厚生労働省は，いわゆる団塊の世代が 75 歳以上となる 2025 年を目途に，地域包括ケアシステムを構築することを目指している．このシステムは，高齢者の尊厳の保持と自立生活の支援の目的のもとで，可能な限り住み慣れた地域で，自分らしい暮らしを人生の最期まで続けることができるよう，地域の包括的な支援・サービス提供体制を推進していくものである．そして，介護保険制度の保険者である市町村や都道府県が，地域の自主性や主体性に基づき，地域の特性に応じて作り上げていくことが原則とされている．

地域包括ケアを構成する要素には，「介護」「医療」「予防」「生活支援サービス」「住まい」という5つがある．これらは表現を変えると，「介護・リハビリテーション」「医療・看護」「保健・予防」「福祉・生活支援」「住まいと住まい方」と表せるという．すべての構成要素は，それぞれの役割に基づいて互いに関係し，連携しながら在宅の生活を支えていく．とりわけ「住まい」と「生活支援・福祉サービス」は，専門的サービスの土台として生活を形作る基礎となる部分であり，その整備が求められている（三菱UFJリサーチ＆コンサルティング2013）．

地域包括ケアの推進に向けて，地域包括支援センターの総合相談機能にも強化が期待されている（岩間2011）．「生活のしづらさ」に焦点を当て，「広範なニーズへの対応」，「本人に合致した援助システムの形成」，「地域住民の参画の促進」，「予防的アプローチの促進」が求められており，それによって予防的な権利擁護活動もいっそう推進されると考えられている．

3.3　パーソナル・サポート・サービス事業

(1)　新成長戦略にもとづく事業

2010年6月18日に閣議決定された「新成長戦略」は経済の立て直しを目指し，経済社会が抱える課題の解決を新たな需要や雇用創出のきっかけとし，それを成長につなげることを意図していた．戦略の1つである「雇用・人材分野における国家戦略プロジェクト」において，長期失業などで生活上の困難に直面している人々を個別的・継続的・制度横断的に支えるパーソナル・サポート制度の導入が提言された．これによって，失業をリスクに終わらせず，新たなチャンスに変えるための「セーフティ・ネットワーク」の実現を目指した（首相官邸2010）．

こうした経済成長戦略に先立ち，緊急雇用対策として2009年11月と12月には，求職中の困窮者が，ハローワークで職業相談だけでなく，住居・生活支援の相談・手続きができる「ワンストップ・サービス・デイ」が，国・

地方自治体等の関係機関の協力のもと試行実施されていた（厚生労働省 2009）．さらに，全国194自治体では，2009年末に相談窓口を開設し，約5,000人が生活総合相談を受けたという実績があった．けれども今後の課題として，①より広い対象者に適用可能な普遍性のある対応策が必要，②利用者一人ひとりのニーズや状態に応じたきめ細かな支援が必要（「個別的な対応」），③年間を通じた利用者それぞれのステージに応じた一貫した対応が必要（「継続的な対応」），④ワンストップ・サービスの趣旨を踏まえ，縦割り支援体制の克服が必要（「制度横断的な対応」），という4点が指摘された（セーフティ・ネットワーク実現チーム 2010）．

そこで，これら4点に応えるのが，「パーソナル・サポート・サービス」の導入であった．パーソナル・サポーターと呼ばれる支援者は，相談者に対して個別的かつ継続的に相談やカウンセリングをおこない，各種のサービスに〈つなぎ〉，〈もどす〉役割を担うことが期待された．パーソナル・サポーターは専門的知識のある友人のような立場で相談者に接することとされ，イギリスのニューディール政策で導入されたパーソナル・アドバイザーの日本版と考えられた（セーフティ・ネットワーク実現チーム 2010）．その後，2010年7月にパーソナル・サポート・サービス検討委員会が開催され，10月から第1次モデル事業が開始されるに至った．

(2)　モデル・プロジェクトの実施状況と評価

パーソナル・サポート・サービスのモデル・プロジェクトは第1次から第3次にわたり実施された．第1次モデル・プロジェクトは，全国5地域で2010年10月に開始された．事業の実施主体は，釧路市，横浜市，福岡市ではNPO法人が受託し，沖縄県では財団法人沖縄県労福協が受託，京都府は任意団体を設立して実施することとなった．事業開始から2011年3月末までに5地域合計で相談受理件数は559件あり，そのうちパーソナル・サポート・サービスが必要と判定されたケースは497件（受理件数の88.9%），実際にパーソナル・サポート・サービスを利用したのは437件であった．相談者が抱える問題を集計すると，「仕事をめぐる問題」が76.5%であり，どの地域でも総じて高かった．このような相談者の傾向は，事業が就労自立につながる者を対象としていることの反映であると分析されている．それに続くのが，「生活をめぐる問題」（41.2%），「メンタルヘルスをめぐる問題」（40.4%）であった．また，3つ以上の複合的な問題を抱えているケースが204件（全体の41.6%）を占めていた（パーソナル・サポート・サービス検討委員会 2011）．

第2次モデル・プロジェクトは第1次の5地域に加え，新たに14地域で2011年3月から実施された[2]．実施主体は，NPO法人，労働者福祉団体，社会福祉法人等への委託，自治体の直接実施などがあり，各主体がこれまでおこなってきた支援活動や対象層には多様性がある．パーソナル・サポート・サービス検討委員会は，このモデル・プロジェクトが対象者を限定しない伴走型支援の必要性に対応できるものであり，地域の状況に応じた柔軟な事業の実施体制の構築を可能としたものであると評価している．相談者が抱える問題の傾向は，第1次モデル・プロジェクトとほとんど変わらない結果であった（パーソナル・サポート・サービス検討委員会 2012）．

第3次モデル・プロジェクトは，第1次，第2次の地域に新たに8か所を加えて，2012年4月から全国27地域で実施された[3]．今回も，実施主体の様態やこれまでの支援活動における主たる目的（就労支援，地域づくり等），対象層（子ども・若者支援，ホームレス支援等），現場の人員体制は地域ごとに多様性があった．前回と比較すると，当事者から直接連絡・相談のあったケースの割合が増加し，支援関係機関からの紹介や巡回相談等の地域活動からつながったケースの割合が相対的に減少した．他方，相談受理件数のうち，パーソナル・サポート・サービスが必要ないと判定された割合は約40%にものぼった．すなわち，このことはモデル・プロジェクトが普及し，地域住民が気軽に相談しやすい環境が整えられた可能性を示唆している（内閣府 2013）．

内閣府は3年にわたるモデル・プロジェクト事業を総括して，以下の知見

2）第2次モデル・プロジェクトが実施されたのは，岩手県，千葉県野田市，長野県，岐阜県，静岡県浜松市，滋賀県野洲市，京都府京丹後市，大阪府豊中市，大阪府吹田市，大阪府箕面市，大阪府大阪市，島根県，山口県，徳島県の14地域であった．

3）第3次モデル・プロジェクトに加わったのは，千葉県柏市，東京都足立区，神奈川県相模原市，新潟県，大阪府八尾市，大阪府柏原市，岡山県岡山市，香川県の8地域であった．

と課題を示している．第1に，対象者を限定しない総合的な支援として，コーディネート機能を通じて，相談者に応じた個別の支援プログラムを構築した．第2に，相談窓口にはある程度広域性をもたせることも求められる．これは，身近な親族や友人に相談していることを知られたくないという相談者の意向や，依然として支援を受けることに対する社会的なスティグマが存在するためである．第3に，パーソナル・サポート・サービスを必要とする人は行政の情報から孤立している場合も多く，アウトリーチによる支援が今後の課題として重要である．第4に，コーディネート機能やアウトリーチを実現するための人材の育成や確保の必要性である．これら事業の成果と課題は，生活困窮者自立支援制度の創設に向けた議論の中で深められていくことが期待された（内閣府 2013，pp. 22-24）．

4 生活を支援する体制づくりへ

4.1 「生活支援戦略」が目指した支援

2011年12月24日に閣議決定された「日本再生の基本戦略」では，「すべての人々のための社会・生活基盤の構築」として，生活保護制度の見直し，生活困窮者に対する支援体制の整備，生活自立支援サービスの体系化等，第2のセーフティネットの構築を検討することが明示された．これら一連の方向性を示すものとして，2012年秋を目途に，総合的な「生活支援戦略」（仮称）を策定することとされた（国家戦略室 2011）．続く2012年2月に発表された「税と社会保障の一体改革大綱」，7月に閣議決定された「日本再生戦略」でも，生活困窮者対策と生活保護制度の見直しについて総合的に取り組むことが示されていた．

こうした国の基本方針を受けて，厚生労働省では「社会保障審議会生活困窮者の生活支援の在り方に関する特別部会」が2012年4月から開催され，「生活支援戦略」の取りまとめに向けた議論が進められた．同年7月には「「生活支援戦略」中間まとめ」が示され，合計して12回におよぶ会議を経て，2013年1月に「社会保障審議会生活困窮者の生活支援の在り方に関する特別部会報告書」（以下，最終報告書）が発表された．

最終報告書は，「生活保護制度の自立助長機能を高めることと併せて，増大する生活困窮者に対し，生活保護受給に至る前の段階から安定した就労を支援することが緊要の課題」であると指摘し，「皆が働けることを安心の源としてきたこの国のかたちを継承し，発展させる」ことを目指すとした．そして，新しい生活支援体系は，生活保護制度の改革と生活困窮者支援制度の導入の一体的実施によって実現されるべきとして，重層的なセーフティネットの構成を提言した．それらを通じて，生活困窮者すべての社会的経済的な自立と生活向上を目指すものとされた（厚生労働省 2013，pp. 3-5）．

この新しい生活支援の体系は，自立と尊厳，つながりの再構築，子ども・若者の未来，信頼による支え合い，という4つの基本的視点に立っている．第1に自立と支援では，生活困窮者の社会的経済的な自立を実現するための支援は尊厳と主体性を重んじたものでなくてはならないとしている．第2に，孤立している生活困窮者が地域社会の一員として尊ばれ，多様なつながりを再生・創造できるという，つながりの再構築が自立の基盤となる．第3に，子ども・若者など次世代が可能なかぎり公平な条件のもとで，未来に向けた人生のスタートを切ることができるよう条件形成を目指すとした．第4に，社会の協力で自助を可能にする新しい生活支援の制度に対する国民の信頼を高めるため，情報提供や理解の促進，制度運用の不備の是正などに取り組むとした．

これらを実現するための方策としては，包括的・個別的な支援，早期的・継続的な支援[4)]，分権的・創造的な支援という方向性が目指されている．具体的には次の7つの分野での展開が期待されていた（厚生労働省 2013，pp. 6-8）．

①相談支援：包括的・個別的支援の出発点かつ早期的・継続的支援のための中核．

4）　最終報告書では，早期対応において，生活困窮者をやみくもに就労に追い立てることはしないという留意点も付記されている（厚生労働省 2013，p. 6）．

②就労支援：求職活動や就労に必要な能力形成への支援.
③多様な就労機会の提供：一般就労が困難な者に多様な就労機会を提供.
④居住確保支援：家賃補助や賃貸住宅の情報提供，住宅の提供などの支援.
⑤家計相談支援：生活再建のための貸付，家計管理の支援.
⑥健康支援：健康の保持・増進，疾病予防，早期発見の支援.
⑦子ども・若者の支援：生活困窮家庭の子どもや若者への学習支援や進学支援.

そして，以上の生活支援の体系は，社会の持続可能性を高める施策の一環として，国と自治体を通じた経済政策，雇用政策，社会保障政策などとの連携のもとで効果が発揮されると考えられていた（厚生労働省 2013，p. 8）.

4.2 生活困窮者自立支援制度

(1) 制度の概要

最終報告書の提言を踏まえ，2014 年 10 月の第 185 回国会に生活保護法の一部改正法案とともに生活困窮者自立支援法案が提出され，12 月に成立に至った．また，法制化の動きと平行して，2013 年度と 2014 年度には「生活困窮者自立促進支援モデル事業」が実施され，2015 年 4 月の施行に向けて，生活困窮者が抱える課題や新たな生活支援体系による支援のあり方について検討が進められた.

施行された生活困窮者自立支援制度では，福祉事務所設置自治体は，生活困窮者から相談を受け，総合的なアセスメントに基づいて，必要に応じた就労支援などの支援プランを作成し，支援をおこなう「自立相談支援事業」をおこなうことが必須事業とされた．さらに，65 歳未満で離職により住宅を失った，または失うおそれの高い者に対して，就職活動などを条件に，一定期間，家賃相当額を支給する「住居確保給付金の支給」も必須とされた.

そのほか，福祉事務所設置自治体は任意事業として以下の 4 つの事業をおこなうことができるとされた．第 1 は，就労に必要な訓練を日常生活自立，社会生活自立段階から有期で実施する「就労準備支援事業」である．第 2 に，住居のない生活困難者に宿泊場所や衣食を提供する「一時生活支援事業」である．第3に，家計に関する相談，家計管理に関する指導，貸付のあっせん等をおこなう「家計相談支援事業」である．第4に，「生活困窮家庭の子どもへの学習支援」であり，日常的な生活習慣，仲間と出会い活動ができる居場所づくり，進学支援，中退防止支援等，子どもと保護者の双方を支援する．

また，都道府県知事等は，社会福祉法人，NPO，営利企業等が生活困窮者に就労の機会を提供するとともに，就労に必要な知識・能力の向上のための訓練等をおこなう就労訓練事業（いわゆる中間的就労）に対して認定をおこなうこととされた．

(2)　自立相談支援の特徴

厚生労働省による「自立相談支援の手引き」によれば，自立相談支援機関は，「生活困窮者の自立の尊厳の確保」と「生活困窮者支援を通じた地域づくり」の2つの目標に沿った業務をおこなうこととされている．そこでなされる支援の特徴は，①包括的な支援，②個別的な支援，③早期的な支援，④継続的な支援，⑤分権的・創造的な支援，という5つの「新しい支援のかたち」に整理されるという．これら5つは「生活支援戦略」での議論と同じ方向性を示している．

自立相談支援は，生活困窮者の把握と適切なアセスメントを基本としており，「寄り添い型」の支援をおこなうことが求められている．生活困窮者自立支援法に基づく事業を実施するほか，地域における既存の仕組みやサービスを活用し，適切な支援を提供する体制を構築することをその範疇としている．

具体的に自立相談支援は，主として以下の2点をおこなうことになる．

①生活困窮者の相談に応じ，適切にアセスメントを実施して一人ひとりの状態にあったプランを作成し，必要な支援の提供につなげる（対個人）．

②関係機関とのネットワークづくりと地域に不足する社会資源の開発等に取り組む（対地域）．

支援の過程では，関係機関への同行訪問や就労支援員による就労支援等をおこなうことになるが，就労支援の場面において目指されるのは，単なる経済的自立だけではなく，各人に応じた支援がなされるべきだと考えられている．なぜなら，この制度の目標は「生活困窮者の自立と尊厳の確保」に置かれており，本人の自己決定，自己選択が重視されているからである．つまり，ここでの自立の概念には，生活保護自立支援プログラムと同様に，経済状況をよりよく安定させる経済的自立に加えて，健康や日常生活をよりよく保持する日常生活自立，社会的なつながりを回復・維持する社会生活自立が含まれている．

また，支援を通じた地域づくりのため，「誰もがその状況に応じて参加する地域社会を実現するための拠点」となる役割が，自立相談支援機関に求められている．まず「入口」として，生活困窮者を早期に把握する地域のネットワークづくり，包括的な支援体制づくり，そして「出口」となる自立した生活を継続するための社会資源の整備をおこなうことが重要とされている．これにより，関係機関との連携を強化し，いわゆる相談者の「たらい回し」をなくすことが意図されている．

自立相談支援は，自治体が直営でおこなうほか，社会福祉協議会やNPO法人，株式会社などさまざまな組織に委託して実施しているものもある．いずれにせよ地域の実情に応じて，生活困窮者の早期把握を実現し，包括的な支援ネットワークの構築が円滑になされることが望まれている．

(3) 「我が事・丸ごと」の地域づくりへ

2016年6月に発表された「ニッポン一億総活躍プラン」では，「子供・高齢者・障害者など全ての人々が地域，暮らし，生きがいを共に創り，高め合うことができる「地域共生社会」を実現する」ことがうたわれていた．それに向けて，地域のあらゆる住民が役割をもち，支え合いながら，自分らしく活躍できる地域コミュニティを育成し，福祉などの地域の公的サービスと協働して助け合いながら暮らすことのできる仕組みを構築することが目指されることになった．

それを受けて，厚生労働省は，大臣を本部長とする「「我が事・丸ごと」

地域共生社会実現本部」を開設し，住民主体による地域課題の解決力強化・体制づくり，市町村による包括的相談支援体制等について検討をおこなうワーキンググループが設置された．この実現本部では，「他人事」になりがちな地域づくりを地域住民が「我が事」として主体的に取り組むことを推進し，市町村において地域づくりの取り組みを支援し，公的福祉サービスへのつなぎを含めた「丸ごと」の総合相談支援の体制整備を進めることを企図していた（厚生労働省 2016a）．

上記ワーキンググループのうち，「地域力強化ワーキンググループ」のもとで「地域における住民主体の課題解決力強化・相談支援体制の在り方に関する検討会（地域力強化検討会）」が同年10月から開催された．12月に中間とりまとめが発表され，住民に身近な圏域での「我が事・丸ごと」の地域づくりを進め，市町村における包括的な相談支援体制を構築していくための論点が提示された．そこで指摘された点は数多くあるが，他人事を「我が事」に変える働きかけをする機能や，「複合課題丸ごと」「世帯丸ごと」「とりあえず丸ごと」受け止める場の必要性，協働の中核となる支援機関の機能の重要性などであった．そして，「我が事・丸ごと」の実現には，制度横断的な知識を有し，アセスメント力があり，支援計画の策定・評価，関係者の連携・調整，資源開発までできるような，包括的な相談支援を担える人材育成に取り組むことが必要とされた（厚生労働省 2016b）．

この検討会での議論は，今後の生活支援において，地域づくりの視点が中心的な位置を占めることになるという方向性を示したと同時に，包括的な総合相談の重要性が改めて確認されたのだと見ることができる．

4.3　生活に寄り添う伴走型支援

(1)　伴走型支援とは

先述のように，生活困窮者自立支援制度による自立相談支援は，「寄り添い型」の支援を目指している．奥田（2014）は同様の支援のあり方を「伴走型」支援と呼んでいる．奥田知志によれば，伴走型支援には次の7つの理念があるという（奥田 2014，pp. 57-72）．第1は，家族（家庭）機能をモデルとした支援である．第2の理念は，早期的，個別的，包括的，持続的な人生支援であり，そのためにはワンストップ型の総合相談体制が必要となる．第3に，当事者の問題解決だけに留まらず，「伴走そのもの」を支援とする存在の支援が挙げられる．第4に，参加包摂型の社会を創造する支援がある．第5は，危機に瀕したときに助けを求められる能力も自立の1つと捉え，多様な自立概念をもつ相互的，可変的な支援である．第6は，当事者の主体性を重視する支援である．伴走型支援はあくまで当事者本人の選択や決定を重んじる．第7の理念は，「日常は問題が起こる場所である」という認識に立ち，支え－支えられながら共に生きていくことを目指す，日常生活を支える支援である．

伴走型支援は，パーソナル・サポート・サービス事業においても，全国的に実施されることが必要であるとの見解が示されていた．パーソナル・サポート・サービス検討委員会（2012，pp. 22-23）は，伴走型支援の目的は当事者の経済的自立，社会生活自立，日常生活自立，精神的自立などを含めたさまざまな形による自立の支援であるとする．ただし，そのためには支援が当事者の主導権・自己決定権を奪うものであってはならないという．支援者と被支援者の関係が固定化され，支援者側の「あるべき自立」像に基づくお仕着せの支援のコーディネートがおこなわれているのでは，当事者の自立は困難であると断じていた．生活困窮者自立支援制度の自立支援相談にもその方針が引き継がれていると見ることができる．

(2) 誰が担い手になりうるか？

それでは，これからの生活支援に求められる伴走型支援は誰が担いうるのだろうか．先のパーソナル・サポート・サービス事業は，既存の社会資源の所在状況により，自治体が直営で実施したところもあれば，NPO法人，労働者福祉団体，社会福祉法人等が委託を受けた地域もあった．現在の生活困窮者自立支援制度による自立相談支援についても，直営と委託が混在している．委託の場合，その多くは市町村社会福祉協議会が担い手となっている．

再び奥田（2014，p. 74）の論考によれば，伴走型支援のスタッフは，①伴走そのもの，②相談支援とプラン作成，③持続性のあるコーディネート，④社会資源の開拓・創造的支援，という4つの働きが期待されている．

これらの役割のうち，②と④は多くの自治体である程度の水準まで実施可能であろうが，①と③の実現は必ずしも容易ではないように思われる．まず①については，支援員1人あたり扱うケース数にもよるが，業務量が多くなった場合，すべての対象者に対して伴走そのものを続けていくことは物理的に難しくなろう．そして，事業を委託している自治体が多いこと，おそらくは単年度契約であることから，③の持続性のあるコーディネートについても不確実な要素が残る．けれども，だからといって，直営で実施すれば円滑に進むというわけでもない．伴走型支援は，既存の自治体内の行政職員が，定期的な人事異動の一環として数年交代で担うには，専門性の面で必ずしも適切ではない場合もあるだろう．自立相談支援のモデル事業を直営で実施していた自治体を中心に，近年は福祉専門職の採用も増えつつあるものの，小規模自治体でそれを実現するには困難も予想される．

他方，地域によっては，現状では自立相談支援の対象者がきわめて少ないところもあるかもしれない．そうした場合，支援業務に従事する人員を充実させる動機はあまりはたらかないおそれがある．ただし，支援実績の少なさは，潜在的な対象者が支援につながっていないだけという可能性もありうる．

自立相談支援は，生活困窮者が有する複合的な課題に対して，地域の関係機関・関係者が連携することを求めている．福祉分野を超えて，保健，雇用，教育，金融，住宅，産業，農林漁業など，さまざまな分野との連携が想定されている．そう考えてみると，伴走することは，相談に従事する支援員だけが担いうるわけではないともいえる．あらゆる機関の多様な人々が，何らかの形で少しずつ寄り添いながら，歩んで行くことができるような地域をつくることも，伴走型への1つの方向性になろう．そのための人材養成が多様な分野でなされる必要がある．

(3)　社会保障制度は生活に寄り添えるか？

従来，日本の社会保障制度は，5つの社会保険（年金保険，医療保険，雇用保険，労働者災害補償保険，介護保険），生活保護，社会福祉サービス，児童手当からなるというのが一般的な理解となっている．ここに新たに加わったのが生活困窮者自立支援制度である．

これまでの社会保障制度は，金銭やサービスを給付することを趣旨とした制度であった．金銭やサービスを給付すれば，受給者の課題は一定の解決がなされるという理解のもとで支援をおこなっているのだと位置づけられる．それに対して，生活困窮者自立支援制度はやや異質の存在である．必須事業である自立相談支援は「相談に乗る」という支援であり，支援を受ける側からすれば，必ずしも何かを給付されたという感覚にはならないだろう．もう1つの必須事業である住居確保給付金は金銭の給付であるものの，制度の性格づけが従来の社会保障制度とは大きく異なるように見受けられる．

制度化に向けた議論をおこなっていた，生活困窮者の生活支援の在り方に関する特別部会も，「今日の日本では，家族や健康をめぐる事情で仕事を失うことは稀ではなく，そのまま生活困窮に陥る場合も多い」との現状認識を示していた（厚生労働省 2013）．大量失業や雇用の不安定化は先進諸国が共通して直面する課題でもある．ロベール・カステルも大量失業や労働関係の不安定化によって社会保険財政が脅かされ，社会保障システムの一般性が問題視されていること，介護リスク，家族解体リスク，失業リスク，不安定雇用リスクなど，あらたな社会的リスクの存在を受け，不確実性が急激に増大する現代社会に警鐘を鳴らしていた（カステル 2015，pp. 31-32）．

このような状況下で，所得再分配の仕組みを通じて，金銭やサービスの給付をおこなう制度だけでは，問題の根本からの解決に至ることは難しい．これは，生活困窮にまつわる問題の構図が，十分な所得が得られないという貧困の問題だけではおさまらない，社会的排除の問題へと変化したことの表れでもある．不安定化する現代社会の生活課題を解決する糸口として，まずできることは暮らしに寄り添う伴走型支援であること，それを示したのが生活困窮者自立支援制度であるといえよう．

5　社会的包摂を目指した社会保障

本章では，社会福祉基礎構造改革以降になされた日本の社会保障制度の変化について，自立の重視，地域拠点の形成，生活支援の3つの観点から論じてきた．多様な制度の中に自立支援が埋め込まれ，地域包括支援センターの全国的な展開は総合相談拠点形成の萌芽となった．また，パーソナル・サポート・サービス事業は，ワンストップの体制を模索すると同時に生活を支援する実践の必要性を浮き彫りにした．それらが，現在の生活困窮者自立支援制度の発足につながっている．

近年の政策展開はいずれも理念としては，社会的包摂を目指した社会保障を実現しようとするものであったと見ることができる．生活保護制度に導入された自立支援プログラムにおいて，就労自立，日常生活自立，社会関係自立という多様な自立のあり方が提示され，それはパーソナル・サポート・サービス事業や生活困窮者自立支援制度にも引き継がれた．こうした自立の概念は，日本の社会保障が単なる経済的困窮への対処をおこなっているのではなく，少なくとも理念のうえでは，社会的包摂を念頭においていることを如実に表している．

しかしながら，現実の制度運用の状況を見ると，各地で取り組まれている実践の中心は就労による経済的自立に収斂しつつあるようにも見える．生活保護自立支援プログラムでも，経済的な自立のためのプログラムが策定数・参加者数ともに圧倒的に多数を占めていた．生活困窮者自立支援制度においても，自立相談支援の実態は就労可能性のある者が支援の対象となりがちである．そのことは，本書の後段の章でも論じられているとおりである．

市町村が直面する人員面，組織面での厳しい現実も，あらゆる地域で伴走型の支援が適切に実現できるわけではないことを物語っている．それを解決する1つの方策が業務の委託である．さらに関連機関との連携を充実させることでも活路を見出そうとしている．「自立」指向の生活支援拠点をいかに整備していくか．その試みはまだ途上であるものの，今後の社会保障制度の成否は，寄り添う支援が金銭やサービスを給付する仕組みといかに連動していくのかにかかっている．

参考文献

カステル，ロベール（2015）『社会喪失の時代――プレカリテの社会学』明石書店．
岩間伸之（2011）「地域包括支援センターの動向と地域包括ケア――地域を基盤としたソーシャルワークの展開に向けて」『社会福祉研究』111：11-18．

岩間伸之（2012）「地域で展開する「総合相談」」岩間伸之・原田正樹『地域福祉援助をつかむ』有斐閣，pp. 27-39.
国家戦略室（2011）「日本再生の基本戦略――危機の克服とフロンティアへの挑戦（2011年12月24日閣議決定）」．http://www.cas.go.jp/jp/seisaku/npu/pdf/20111226/20111224.pdf（2017年7月12日閲覧）
国家戦略室（2012）「日本再生戦略――フロンティアを拓き，共創の国へ（平成24年7月31日閣議決定）」．http://www.cas.go.jp/jp/seisaku/npu/pdf/20120731/20120731.pdf（2017年7月12日閲覧）
厚生労働省（2004）「生活保護制度の在り方に関する専門委員会報告書」（平成16年12月15日）．http://www.mhlw.go.jp/shingi/2004/12/s1215-8a.html（2017年7月12日閲覧）
厚生労働省（2007）「地域包括支援センターの設置運営について（通知）」（平成19年1月16日）．http://www.mhlw.go.jp/topics/2007/03/dl/tp0313-1a-03.pdf（2017年7月12日閲覧）
厚生労働省（2009）「ワンストップ・サービス・デイ」．http://www.mhlw.go.jp/bunya/koyou/employ/onestop.html（2017年7月12日閲覧）
厚生労働省（2013）「社会保障審議会生活困窮者の生活支援の在り方に関する特別部会報告書」．http://www.mhlw.go.jp/stf/shingi/2r9852000002tpzu-att/2r9852000002tq1b.pdf（2017年7月12日閲覧）
厚生労働省（2015）「自立相談支援事業の手引き」．http://www.mhlw.go.jp/file/06-Seisakujouhou-12000000-Shakaiengokyoku-Shakai/01_jiritsu.pdf（2017年7月12日閲覧）
厚生労働省（2016a）「「我が事・丸ごと」地域共生社会実現本部について」．http://www.mhlw.go.jp/file/05-Shingikai-12601000-Seisakutoukatsukan-Sanjikanshitsu_Shakaihoshoutantou/0000134707.pdf（2017年7月12日閲覧）
厚生労働省（2016b）「地域力強化検討会中間とりまとめ――従来の福祉の地平を超えた，次のステージへ」（平成28年12月26日）．http://www.mhlw.go.jp/file/05-Shingikai-12201000-Shakaiengokyokushougaihokenfukushibu-Kikakuka/0000149997.pdf（2017年7月12日閲覧）
厚生労働省ホームページ「地域包括ケアシステム」．http://www.mhlw.go.jp/stf/seisakunitsuite/bunya/hukushi_kaigo/kaigo_koureisha/chiiki-houkatsu/（2017年7月12日閲覧）
牧園清子（2017）『生活保護の社会学――自立・世帯・扶養』法律文化社.
三菱総合研究所（2015）「地域包括支援センターにおける業務実態に関する調査研究

事業報告書」. http://www.mri.co.jp/project_related/roujinhoken/uploadfiles/h26/h26_03.pdf（2017年7月12日閲覧）

三菱UFJリサーチ＆コンサルティング（2013）「〈地域包括ケア研究会〉地域包括ケアシステムの構築における今後の検討のための論点」. http://www.murc.jp/uploads/2013/04/koukai130423_01.pdf（2017年7月12日閲覧）

森川美絵（2013）「生活保護における社会福祉実践は，如何に可視化・評価されるのか」埋橋孝文編『生活保護』ミネルヴァ書房，pp. 55-65.

内閣府（2013）「「パーソナル・サポート・サービス」について——モデル・プロジェクトの評価について」. http://www5.cao.go.jp/keizai2/personal-s/houkokusyo.pdf（2017年7月12日閲覧）

内閣官房（2012）「税と社会保障の一体改革大綱について」. http://www.cas.go.jp/jp/seisaku/syakaihosyou/kakugikettei/240217kettei.pdf（2017年7月12日閲覧）

奥田知志（2014）「伴走型の思想と伴走型支援の理念・仕組み」奥田知志・稲月正・垣田裕介・堤圭史郎『生活困窮者への伴走型支援』明石書店，pp. 42-98.

パーソナル・サポート・サービス検討委員会（2010）「「パーソナル・サポート・サービス」について——モデル・プロジェクト開始前段階における考え方の整理」（平成22年8月31日）. http://www.kantei.go.jp/jp/singi/kinkyukoyou/suisinteam/kangaekata.pdf（2017年7月12日閲覧）

パーソナル・サポート・サービス検討委員会（2011）「「パーソナル・サポート・サービス」について（2）——22年度モデル・プロジェクトの実施を踏まえた中間報告」（平成23年5月12日）. http://www.kantei.go.jp/jp/singi/kinkyukoyou/suisinteam/PSSdai7/cyukan.pdf（2017年7月12日閲覧）

パーソナル・サポート・サービス検討委員会（2012）「「パーソナル・サポート・サービス」について（3）——23年度モデル・プロジェクトの実施を踏まえた中間報告」（平成24年8月1日）. http://www.kantei.go.jp/jp/singi/kinkyukoyou/suisinteam/PSSdai10/cyukan.pdf（2017年7月12日閲覧）

セーフティ・ネットワーク実現チーム（2010）第1回会議資料「パーソナル・サポート・サービスについて（内閣府）」（平成22年5月11日）. http://www.kantei.go.jp/jp/singi/kinkyukoyou/suisinteam/SNdai1/siryou3_1.pdf（2017年7月12日閲覧）

桜井啓太（2013）「「自立支援」による生活保護の変容とその課題」埋橋孝文編『生活保護』ミネルヴァ書房，pp. 75-88.

桜井啓太（2017）『〈自立支援〉の社会保障を問う——生活保護・最低賃金・ワーキングプア』法律文化社.

首相官邸（2010）「新成長戦略――「元気な日本」復活のシナリオ（平成22年6月18日）」. http://www.kantei.go.jp/jp/sinseichousenryaku/sinseichou01.pdf（2017年7月12日閲覧）

第2章　市町村における組織体制と職員配置
——変遷と課題——

畑本裕介
黒田有志弥

1　相談支援の運営体制

第1章では，社会保障制度における支援のあり方について，近年の全体的な政策動向をまとめた．全国で実施される社会保障政策における「相談支援」の枠組みを，歴史的変遷を踏まえつつ示したものである．こうした社会保障制度における支援に関して，その第一線機関となるのは，地方自治体，とりわけ市町村の社会福祉行政部局である．そこで，本章では，第1章で示された政策動向が，実際にどのように運営されるのが望ましいかを検討するための視点を提示したい．本章では，市町村で，「相談支援」の運営体制がどのように歴史的に変遷していったのかについて確認することになる．

福祉六法の時代から，市町村は，機関委任事務として，福祉サービスの提供等にかかる事務を担ってきた．その後，多くの福祉サービスが団体委任事務化された．さらに，2000（平成12）年に施行された地方分権一括法により，福祉サービスが自治事務に変更されたことにより，名実ともに市町村が福祉サービスの責任主体となっている．近年は，児童福祉施設や介護保険事業等の基準に関し，地方分権をさらに進める政策が実施されつつある．このように市町村の役割が拡大する一方，福祉サービスの受益者である地域住民の生活上の困難も複雑化している．また，生活困窮者自立支援制度などの新たな制度の導入により，市町村における福祉部局の組織体制のあり方や職員の配置，それらを所管する管理職の役割などに大幅な変更を加えることが必要となっている．

こうした制度の大きな変化を前にした時，その評価を担う社会福祉行政研究も対応しなければならない．本章の課題は，社会福祉行政の研究方法が新しい時代にどう対応すべきかについての条件を検討することである．まずは，こうした市町村を取り巻く時代の潮流を確認するために，①社会福祉の対象における変化，②行政理論や制度における変化，の2つに分けて論じる．続いて，こうした変化は，法制度上どのような改正を経たうえでのものであったかを確認する．行政制度を扱うという研究の特性上，その根拠となる法令の変遷について跡付けておく作業はぜひとも必要となるからである．最後に，市町村における福祉行政の組織体制と職員配置に関する制度的枠組みの意義と，今後の社会福祉行政のあり方を検討するにあたっての課題について述べたい．

2 社会福祉の対象における変化——貨幣的ニードから非貨幣的ニードへ

厚生省（当時）が設置した社会保障制度審議会が1950（昭和25）年に出した有名な勧告は，「貧困の問題は旧い問題である」という言葉から始まる．そのあと，「困窮の原因に対し」，社会保険，社会福祉，公的扶助，公衆衛生の4つの分野からなる社会保障制度を構築していくことが提言される．このように，戦後社会保障制度は当初は貧困対策を主眼として構築されたものであった．貧困対策の主要な方法としてナショナル・ミニマムの確立が目指され，社会福祉行政の領域ではいわゆる措置制度がその実現のための制度的基盤として整備された（畑本2016）．ナショナル・ミニマムの確立とは，各種最低基準を統一的に設定し，その水準まで各種の生活資源を向上させる支援をおこなうことを目指すことである．その際に，最も適合した政治体制は中央集権体制であろう．基準を一律に設定するためには中央政府のリーダーシップが求められ，基準に到達するまでは全国の自治体で同様な行政手法が採用される必要があるからである．戦後社会福祉行政は，中央集権的な体制として出発し，中央省庁が各種の基準を設定する政令や省令，各種通知・通達をできるだけ忠実に参照しつつ遂行するという仕組みができあがった．新藤は，こうした体制を，基準の遵守を強要する「行政警察」になっていると指摘した（新藤1996，p. 47）．

とはいえ，時代は移り，社会福祉行政の目的を貧困対策に絞り込むと，社会のニーズを汲み尽くせなくなっていく．たとえば，三浦（1996）は，社会福祉が対象とするニーズが次第に普遍化し，貧困解消のために特定の人々に所得保障をするだけではなく，一般世帯でも社会福祉サービスへのニーズが存在することが明らかになる状況を分析した．

もちろん，一般世帯においても所得保障は必要である．育児期間中における児童手当（1971（昭和46）年　児童手当法[1]）や，育児や介護のために休職した場合の所得保障として雇用保険制度から支給される育児・介護休業給付（育児休業給付は1994（平成6）年より，介護休業給付は1998（平成10）年より）はその典型であろう．

とはいえ，戦後社会福祉行政では，後述する通り，貧困対策が優先され，所得保障は貧困層・低所得層を中心的な対象としたものであった．一般世帯のニーズを対象とする行政の施策は，まずは対人サービスを拡充することになった．対人サービスは現金給付よりは現物給付が中心となるため，三浦は，この状況を「社会福祉ニードが貨幣的ニードから非貨幣的ニードへ」（三浦1996，p. 344）移行したと表現した．こうした傾向はすでに1970年代の後半から顕著となり，1981（昭和56）年に老人家庭奉仕員（ホームヘルパー）派遣世帯の所得制限が撤廃されたことを1つの契機として，低所得階層ではない一般世帯でも社会福祉サービスへニードが存在することは広く認知されるようになった（三浦1996，p. 344）[2]．

同じように社会保障制度審議会の勧告も，こうした変化を受けて提言内容が改められるようになった．1995（平成7）年に出された「社会保障体制の再構築――安心して暮らせる21世紀の社会をめざして」では，「社会保障制度の新しい理念とは，広く国民に健やかで安心できる生活を保障することで

1）　とはいえ，児童手当はもともと多子貧困を救済するために創設されており，当初は第3子からの支給であった．

2）　もちろん，現物給付は一般世帯だけでなく貧困世帯をも対象とするものであったということは確認しておきたい．所得保障の基盤となる生活保護法には，救護施設の規定がはじめから存在し，現物給付も一部おこなわれていた．それは生活保護制度の性質上所得保障を補足するものである．その後，社会福祉ニーズへの行政対応がより整備されてくると，生活保護法から老人福祉法や精神薄弱者福祉法は分離単法化し，それに伴って，救護施設から老人福祉施設や精神薄弱者福祉施設も分離された（河野1985，p. 3）．

ある」と明確に社会保障制度の定義が改められる．貧困の予防と救済から国民全体の生活保障を視野に収めた体制整備を目指すように，当時進展していた社会福祉ニーズの普遍化を追認する形で，方針の転換が明示されたのである．この場合，「ニーズがある者に対して所得や資産の有無・多寡にかかわらず必要な給付」をおこなわねばならないので，水準向上のための基準を全国で統一的に示すことには限界があることが認識されるようになる．1990年代からは，地域の実情に応じて社会的資源を地域が自立的に配分する体制への転換が必要となるのである．

そのため，社会福祉行政の実態を把握するには，ますます中央政府の政令や省令，各種通知・通達を参照するだけでは十分ではなくなっていく．地域ごとに大きく性格が異なっていく社会福祉行政の運営体制をつぶさに調査し，個々の事例を積み重ねてそれぞれの共通点と相違点を明らかにする作業が必要となってくるのである．事例の積み重ねが，地方社会福祉行政の類型化につながっていくような研究手法が求められるようになるだろう．そうした意味では，社会福祉行政領域の研究が，法学的・制度論的研究とともに，行政職員の業務モデルについての実態調査を重視した社会学的研究の重要性も増している[3]．

3　行政理論や制度における変化

3.1　西尾行政学の検討

1990年代半ばにガバナンスという言葉が行政理論や実践において利用されだした（戸政2000，p. 307）．従来，行政行為は国や地方公共団体等の行政機関が主に統治行為として実施するものと考えられてきた（ガバメント）．しかし，たとえば社会福祉行政の領域においては，地域福祉の主流化や福祉

3）　河幹夫の指摘（河2008）では，措置制度の下での社会福祉行政は，行政行為の比重が大きくなり，法律への厳格さや事業予算の確保等の能力が職員に求められる資質となっていた．これは，本章で取り上げている中央集権的な行政体制のもたらす帰結であり，今後は大きく変化していくことが展望される．社会福祉の専門性や地域の組織化等の業務も再び比重を増していくことだろう．

に関するサービスのニーズの飛躍的増大などのため，新たな政策課題には行政機関だけでは対応できない状況が近年著しいものとなった．そのため，地域住民，ボランティア団体，NPO法人，営利企業などの行政機関以外の地域のアクターも行政行為の主体と位置づけなおそうという捉え方が一般的になっている．こうした，行政行為の捉え方はガバナンスと呼ばれる．ガバナンスに対応する制度的体制は地方分権であり，両者は相まって進展する（草野2006）．

前節でも考察した通り，わが国の行政制度は中央集権的な色彩が強いものであった．地方自治の類型論からすると，いわゆる集権・融合型のそれである（西尾1993，p. 45）．戦後改革で内務省が解体され，都道府県が完全自治体に改められるなどして，アメリカ型の分権的自治の特質が加味された．しかし，分権改革までは戦前と同じく，「機関委任制度を継承していること，自治権の範囲について包括受権主義を採っていること，自治体を地域総合行政の主体として維持し続けようとしていることなど」（西尾1990，p. 385），大陸型の集権的特質を色濃く残すものであった．そのため，西尾勝は，わが国で行政学の課題を取り上げる場合，次のような定義づけをおこなっていた．

> 「行政学とは，これを広く定義すれば，『行政活動について考察する学』である．もう少し敷衍すれば，『公的な官僚制組織の活動について考察する学』，さらにもう一段厳密にいえば『政府（government）』に属するヒエラルヒー型組織の集団行動について考察する学」である．（西尾1993，p. 47，下線は筆者による．）

西尾は，続けて公的な官僚制組織の特色をいくつか挙げるなかで，その「独占的性格」と「政治のメカニズム」に規定されている状況を強調している（西尾1993，p. 48）．これは日本社会に多分に見受けられる現象であったが，今日的視点からすると，行政学という行政研究全体の定義づけと考えるなら，いささか一面的であるようにも思われてしまう．行政学全体の定義であるはずなのに，多くあると考えられる課題のうちの1つである「ヒエラルヒー型組織の集団行動について考察する学」とあえて領域を狭めた定義となっているのである．地方分権が進展した状況を考えると，行政研究の定義づけはもう少し違った角度からも考えていく必要があるのではなかろうか．

中央集権的な体制は地方行政にもわが国に独特の性格を付与した．それは，西尾が「市町村横並び平等主義」（西尾 2007，p. 16）と呼ぶものである．これは，事務の移譲・委任はできる限り基礎自治体である市区町村に対しておこなうとする指向性であり，また，「市区町村に事務を移譲または委任する場合には，これをすべての市区町村に均等に行おうとする指向性のこと」（西尾 2007，p. 16）である．国民国家の統治として全国に均一に中央で立案した事務が実施されるためには，全国で均等な事務をおこなう主体が形成されていなければ実態を伴わなくなる．そのためには，移譲・委任の主体のレベルを揃えなければならないし，各事務実施主体の能力もできる限り同等な水準にまで向上しなければならない．すなわち，この「市町村横並び平等主義」は，中央集権的な体制の1つのあり方として蓋然性をもつといえよう．

さらに，市区町村に漏れなく新たな事務を義務付けるために，その能力の不足する基礎自治体に対しては，「隣接市町村との合併を求めるという行政手法が，最近の『平成の市町村合併』に至るまで，過去三度にわたって繰り返されてきた」（西尾 2007，p. 17）．中央の立案する政策を他の市区町村と歩調を合わせて実施できない地方自治体は，その存続までが問われたのである．もちろん，平成の大合併は，地方分権改革のなかでおこなわれたものであり，地方の主体性を高め，中央集権から脱するための手続きだった．しかしながら，この大合併が全国で一斉におこなわれた事実を鑑みると，少なくとも合併を実施する地点までは，中央の音頭によっておこなわれたと解釈すべきであろう．

1999（平成 11）年の地方分権一括法（2000（平成 12）年 4 月施行）を頂点とする地方分権改革後にとくに顕著なように，地方自治のあり方には大きな変化が起きたのではなかろうか．周知の通り，西尾は，「国の地方分権推進委員会の委員および行政関係検討グループの座長」（西尾 2007，p. 3）として，地方分権改革を学会から主導してきた立役者といってよい人物である．この西尾の主張が現実的なものになりつつあるため，地方自治体とその行政職員が以前よりも主体性を備え，創造的に制度を構築していく姿を展望する行政研究が求められる．とくに，地方行政領域の研究は，いわば「権力のヒエラルヒーの研究」から「自治における主体的組織形成の研究」[4]を中心に据えた学問体系へと移行していくことが求められるのである．

そこで焦点となるのは，以下のようなポイントである．地方自治体では，社会福祉行政業務の比重が変化し，「金銭・サービス支給決定事務」中心から「相談支援・ソーシャルワーク業務」へと比重を移しつつある[5]．かつての行政事務の中心であった金銭・サービス支給決定事務を遂行するにはジェネラリストが求められ，上意下達のヒエラルヒーを中心とした官僚制的業務遂行の形態や没個人的な業務遂行様式がもたらす頻繁な部局の異動が特徴であった．しかしながら，新たに比重を増してくる相談支援・ソーシャルワーク業務には，社会福祉という領域に精通したスペシャリストも求められており，行政を対象とする学の問題構造も変容する．地方分権に伴いヒエラルヒーが相対化された行政の姿からは，行政職員が以前よりも主体性を備え，創造的に制度を構築していく姿を中心に据えた学問体系が求められることが示唆されているともいえるだろう．こうした事実は，法学的・制度論的研究とともに，実態調査を重視し多様な規範や価値を内包した個人と組織に対する社会学的研究を加えた学際的なアプローチが求められていることを示している．

3.2　地方主権改革について

1999（平成 11）年の地方分権一括法による地方分権改革に引き続くものとして，2011（平成 23）年より 6 次にわたる一連の地域主権一括法が制定されている[6]．1999（平成 11）年の地方分権一括法では，自治体の事務処理

4）　鍵括弧で括ってはいるが，両用語は筆者の造語である．意義を強調するための配慮なのでご寛恕願いたい．

5）　社会政策学会第 131 回（2015 年秋季）大会テーマ別分科会第 2：社会保障サービスの窓口業務と多機関連携発表（於・西南学院大学（11 月 1 日））．本書の第 1 章も同じ事実を指摘している．

6）「地域の自主性及び自立性を高めるための改革の推進を図るための関係法律の整備に関する法律」（平成 23 年法律第 37 号）（第 1 次一括法），「地域の自主性及び自立性を高めるための改革の推進を図るための関係法律の整備に関する法律」（平成 23 年法律第 105 号）（第 2 次一括法），「地域の自主性及び自立性を高めるための改革の推進を図るための関係法律の整備に関する法律」（平成 25 年法律第 44 号）（第 3 次一括法），「地域の自主性及び自立性を高めるための改革の推進を図るための関係法律の整備に関する法律」（平成 26 年法律第 51 号）

（事務の運営方法）に対する規制は緩和されたが，事務処理に対する立法的関与を変えることはできなかった．法令によって規制されてきたいわゆる「義務付け・枠付け」の見直しは，今後の課題に止められていた（地方分権推進委員会最終報告 2001（平成 13）年 6 月）（磯崎 2012，p. 40）．しかし，2007（平成 19）年 4 月になると，地方分権改革推進委員会が設置され，3 次にわたる勧告をおこなった．一連の勧告は，2010（平成 22）年 6 月 22 日，地域主権戦略大綱が閣議決定され，いわゆる一連の地域主権一括法（2016（平成 28）年 9 月現在は第 6 次まで）の制定につながっている．

一連の法律は，「義務付け・枠付け」を従来おこなってきた法令上の権限の一部を地方自治体に移譲した．こうした権限の行使は，地方自治体の条例によって規定されたうえでおこなわれることになり，条例の制定に関する国の関与も「従うべき基準」，「標準」，「参酌すべき基準」に整理されたのである[7]．

社会福祉行政において，権限が委譲された制度には，「児童福祉施設の設備及び運営に関する基準，特別養護老人ホーム……の設備及び運営の基準，障害者サービス等の設置及び運営の基準，保護施設の設備及び運営の基準等」（鏡 2013，p. 20）がある．移譲された権限は，全体からするとごく一部であるという評価もある一方で（磯崎 2012，p. 41），事務の遂行方法を超えて，法令の中身にまで地方に権限が委譲される機運が大きく盛り上ったことはいうまでもない．今後は，地方自治体がどのように委任された各種の基準や運営の方針を形作っていくのかを実態調査により確認していくことが課題となるであろう．

（第 4 次一括法），「地域の自主性及び自立性を高めるための改革の推進を図るための関係法律の整備に関する法律」（平成 27 年法律第 50 号）（第 5 次地方分権一括法），「地域の自主性及び自立性を高めるための改革の推進を図るための関係法律の整備に関する法律」（平成 28 年法律第 47 号）（第 6 次地方分権一括法）のことである．

7）「従うべき基準」とは条例の内容を直接的に拘束する基準であり，基準に反する定めは認められない．「標準」は，通常よるべき基準であるが，合理的な理由のある範囲内で，地域の実情に応じて「標準」と異なる内容を定めることが許容されるものである．「参酌すべき基準」とは，地方公共団体が十分参酌した結果としてであれば，地域の実情に応じて，それとは異なる内容を定めることができるものである．

3.3　小括

現在の社会福祉行政においても，先の節で以前の行政課題として確認したナショナル・ミニマムの確立が放棄されたわけではない．たとえば，生活保護制度の運営において，いわゆる水際作戦と呼ばれる行政裁量を駆使した給付の抑制がおこなわれた疑いが指摘されてきたように，従来から中央政府の政令や省令，各種通知・通達だけを参照しても実態が明確にならないという指摘があった．また，マイケル・リプスキーがいわゆるストリート・レベルの官僚制の問題として指摘したように（Lipsky 1980＝1998），住民に身近な行政職員の裁量行政が住民との関係において権力性を帯びてしまう問題は，生活保護行政に限らず指摘され続けてきたことであり，これからも課題であり続けるだろう．当然のごとく，法律に基づいて発せられる政令や省令，各種通知・通達を整理することは相変わらず重要性を保持し続けている．地方行政は法律に根拠をもつものであるし，法律の解釈において中央からの技術的助言などは大きな比重を占めるからである．

地方分権が進むと，各地方自治体の創意工夫がいっそう制度のあり方に変化を及ぼすようになる．その地域へと赴き，その声を拾い上げることの重要性はますます増していくであろう．各自治体における成果は，国レベルの法制度のあり方も変容せざるをえない．そこで次節以降では，市町村の事務について概観したうえで，社会福祉にかかわる市町村の組織体制と職員配置の規制について，法制度の考え方について検討する．さらに，市町村の自主性を尊重しつつ地域福祉の増進を図るための課題について論じることにする．

4　地方公共団体の事務――機関委任事務から自治事務・法定受託事務へ

本節では，市町村がおこなう社会福祉行政のあり方を検討する前提として，市町村を含む地方公共団体がおこなう事務，とりわけ，地方分権一括法による機関委任事務の廃止と自治事務及び法定受託事務への再編成について確認しておく．続いて，それに伴い，特定の職員の配置に関する規制，いわゆる必置規制のあり方の変更についても取り上げる．社会福祉サービスの提供の場面，とりわけ，相談支援などの対人援助サービスに関しては，地方公共団体の事務のあり方とともに，サービスを必要とする人や世帯の数や何を必要としているかにある程度応じて，それに従事する職員に求められる資質や，配置の数などが決まるという側面がある．それゆえ，地方公共団体が実施する社会福祉サービスに関する事務を考察するにあたっては，それに従事する職員の配置に関する規制に関してもあわせて考察することが必要となる．

4.1　地方分権一括法施行以前の事務体系

1999年の地方分権一括法による地方自治法改正前は，地方公共団体の機関は，国または他の地方公共団体その他の公共団体の機関として，いわゆる機関委任事務を多くおこなっていた．機関委任事務は，委任した国または他の地方公共団体その他の公共団体の事務であり，その事務を実際におこなう地方公共団体の事務ではなかった．他方，地方公共団体は機関委任事務のみをおこなっていたわけではなく，その地方公共団体自身の事務もおこなっていた．地方公共団体自身の事務は，団体事務または自治事務と呼ばれていた．

4.2　機関委任事務とその廃止

団体事務（自治事務）は，地方公共団体に法令で実施が義務付けられているか否かにかかわらず，いずれもその地方公共団体の事務であるから，法令に違反しない限り条例を制定することができた．そのため，国の関与は，技術的助言または勧告であることが原則であり，それらは，地方公共団体を法的に拘束するものではなかった[8]．

これに対し，機関委任事務は，地方公共団体の機関に委任される国または他の地方公共団体の事務であり，前述のように，地方公共団体の機関は，国等の機関として，その事務をおこなっていた．その趣旨は，国の施策を実施するための出先機関を全国に設ける必要がなく効率的であること，地方公共団体の機関に国の事務をおこなわせることによって，民意が反映されやすくなることにあった．

8）ただし，実際には団体事務（自治事務）に関しても，国から多くの通知が出され，事実上，地方公共団体を拘束することが多かったとされる．

このように，機関委任事務に関しては，地方公共団体の長も，国の機関委任事務をおこなう限りにおいて，国の機関とされ，主務大臣の下級行政機関として位置づけられることになるとされていたため，地方自治を侵害するという批判が強かった．すなわち，住民の公選による長も国の機関となる場合には，主務大臣の指揮監督に従わなければならないので，地方公共団体の代表としての立場を貫徹することができず，機関委任事務の指揮監督を通じて，国の縦割行政が地方公共団体にも投影され，地方公共団体が地域の実情に応じた総合行政を妨げる要因となっていた（宇賀 2015，p. 120）[9]．また，機関委任事務における国と地方公共団体の関係は，いわば上下関係あるいは主従関係といえるものであったため，地方公共団体の機関委任事務の実施もヒエラルキーの中でのいわば強制的な事務であって，国と地方公共団体の協力や連携の関係においておこなわれるものではなかった．

このような状況を受け，地方分権改革では，国と地方公共団体の関係を抜本的に見直し，両者を上下や主従の関係から対等，協力の関係（換言すれば連携関係）を基本とするものに転換することが目指された．そして，地方分権一括法による地方自治法の改正で，機関委任事務制度は廃止された．これに伴い，地方公共団体の処理する事務は，法定受託事務と自治事務に再編成された．

4.3　法定受託事務と自治事務

法定受託事務は，地方公共団体が処理する事務のうち，地方自治法2条9項に定義される事務であり[10]，自治事務は，法定受託事務以外の事務である（地方自治法2条8項）．地方公共団体の処理する事務として再編成された法

9）　機関委任事務は都道府県の機関が行う事務の約7割以上，市町村の機関が行う事務の3割以上とされ，機関委任事務は量的にも相当大きな部分を占めていた．

10）　地方自治法上の定義は，「法律またはこれに基づく政令により都道府県，市町村または特別区が処理することとされる事務のうち，国が本来果たすべき役割に係るものであって，国においてその適正な処理を特に確保する必要があるものとして法律またはこれに基づく政令に特に定めるもの」（第1号法定受託事務），「法律またはこれに基づく政令により市町村または特別区が処理することとされている事務のうち，都道府県が本来果たすべき役割に係るものであって，都道府県においてその適正な処理を特に確保する必要があるものとして法律またはこれに基づく政令に特に定めるもの」（第2号法定受託事務）である．

定受託事務及び自治事務は，いずれも地方公共団体の事務である．したがって，両者の区別の意味は，事務の帰属主体の基準としてではなく，主として，国の地方公共団体に対する関与，または都道府県の市町村に対する関与の手法が異なる点にある．すなわち，法定受託事務については，国または都道府県にとってその適正な処理を確保する必要性が高いため，より強力な関与の仕組みが設けられているが，自治事務については，地方公共団体の自主的判断をより尊重し，国等の関与は制限されている．

4.4　必置規制

以上のような地方公共団体の事務体系の再編成を受けて，その事務を業務として遂行する職員の配置に関する規制，いわゆる必置規制のあり方も変更された．

必置規制は，地方分権推進法5条によれば，「国が，地方公共団体に対し，地方公共団体の行政機関若しくは施設，特別の資格若しくは職名を有する職員または附属機関を設置しなければならないものとすることをいう」と定義されるが，機関委任事務においては，その事務の処理に関する国の包括的な指揮監督権を前提として，特定の職員の配置を義務化することが広くおこなわれてきた．

その後，1980年代半ばに必置規制の整理合理化がおこなわれ，それ以降も緩和や見直しが提言されてきた．その趣旨は，地方公共団体の自主組織権は，憲法が保障する地方自治の本旨に含まれる団体自治に由来するものであり，それを必置規制により国が制限することは，法律またはこれに基づく政令の定める場合に限定されるべきであるということであった．

また，先に述べたように，従来は，国の機関委任事務を処理するために必置規制がおこなわれることが多く，国の機関としての組織や職員であるという理由で，必置規制が正当化されるという面があった．しかし，機関委任事務が廃止されると，自治事務でも法定受託事務でも地方公共団体の事務であるから，それらの事務については，機関委任事務の処理に関する包括的な指揮監督権の行使として実施されてきた必置規制の正当性は失われた．

さらに，必置規制は，地方公共団体の効率的な行政体制を整備し，適切な職員の配置や転換を図るうえで障害となっていたため，行政改革の推進の観点からも，その廃止や緩和が求められてきた．可能な限り，簡素で効率的な行政体制の整備を図る観点からも，必置規制をおこなう場合には，他に代替手段がないなどの特別の事情がある場合に限るべきであると考えられた．

このような状況の中で，地方分権推進委員会の提言を受けて，法律またはこれに基づく政令に根拠を有する必置規制については，地方分権推進委員会第二次勧告及び地方分権推進計画に従って，廃止や縮減をおこなう個別法の改正が実施された．

その一般的な例としては，職員の専任規制の場合は，職員の本務に支障がない限り，他の業務に従事できるように規制が緩和された．また，職員の配置基準規制については，法令で定められた事務を処理するために配置する職員数は，任命権者が事務の実態に即して適正に決定すべきものという考え方に基づき，規制は，警察及び学校教育に関する規制を除き，廃止され，全国的見地から一定の行政水準を維持するために望ましい目標を示す場合であっても，標準的かつ弾力的なものにとどめることとされた．

5　社会福祉サービスにかかる市町村の社会福祉行政

5.1　市町村の事務と基準

前述のように市町村の事務が自治事務と法定受託事務に再編された結果，福祉各法に基づく事務については，生活保護に関する事務が法定受託事務と位置づけられ[11]，その他の多くの事務は自治事務とされた[12]．その結果，市町村は，地域の実情に合わせたサービスを提供できるようにするという趣旨で，社会福祉サービスにかかる基準について条例で定めることができることとなった．ただし，これは，それぞれの項目ごとに，国が設定した「従うべ

11）生活保護で法定受託事務とされているのは，保護の決定・実施等であり，これらは都道府県知事，市長，福祉事務所を管理する町村長に委託されている．その他の相談・助言など援助事務は自治事務としておこなわれる．

12）ただし，社会福祉に関する多くの事務は，1986（昭和61）年のいわゆる福祉六法の改正により機関委任事務から団体委任事務になっていた．

き基準」,「標準」,「参酌すべき基準」が適用され，その枠組み内での裁量が認められるものである[13]．次項で具体的に述べるように，社会福祉サービスの領域においては，社会福祉施設[14]に関する基準は，最低基準たる「従うべき基準」として設定されているが，それ以外の事項については，「標準」や「参酌すべき基準」が設定されていることが一般的である．さらに，結論を先取りすれば，社会福祉行政においては，社会福祉施設の職員の定員等については，最低基準が厳格に設定されているが，福祉事務所の現業員や生活困窮者自立支援制度にかかる事業等の，相談支援・ソーシャルワーク業務に従事する職員については，比較的緩やかな職員配置の基準（あるいは技術的助言）となっている．

5.2　社会福祉サービスの行政組織・機関と職員配置

地方公共団体における社会福祉サービスに関する行政組織としてまず挙げられるのは，都道府県や市町村に通常置かれている福祉関係の事務部局である．都道府県と市には福祉に関する事務所（福祉事務所）を設置する必要があるが，市においては，福祉事務所は福祉関係の事務部局内に置かれることが多い．

都道府県及び市に設置される福祉事務所は，福祉に関する現業機関の1つである．このほかに，福祉行政の実務を担当する機関として，都道府県に設置されるものとして，身体障害者更生相談所，知的障害者更生相談所，児童相談所，婦人相談所等があり，それぞれの専門分野に特化した業務を遂行している．

また，市町村が社会福祉施設を設置し，直接経営していれば，その施設も市町村が社会福祉サービスを提供する機関となる．

これら市町村の組織や機関を含む，市町村における職員の定員あるいは配置については，福祉関係を除く一般行政部門の「一般管理」では，国の法令

---

13)　もちろん，市町村がその独自の財源で福祉サービスを提供することは可能である．ただ，現在，そのような形で市町村が独自のサービス提供を行うことは少なく，厚生労働省等が提示するモデル事業等に応募し，財源の裏付けを得たうえで実施する例が多い．

14)　第1種社会福祉事業（社会福祉法2条）に規定する事業を経営するために，市町村または社会福祉法人が設置する施設．

等による配置基準が少なく，地方公共団体が主体的に職員の配置を決める余地が比較的大きいが，「福祉関係」では，国の法令等による職員の配置基準が定められている場合が多い[15]．ただし，「従うべき基準」が設けられている事項は限定的であり，多くのものは「標準」または「参酌すべき基準」とされている．「従うべき基準」が定められている例としては，市町村が社会福祉施設を設置して第1種社会福祉事業をおこなう場合における，その社会福祉施設の人員配置基準が挙げられる[16]．また，第2種社会福祉事業の場合は，社会福祉法では施設基準等の規定は設けられていないが，個別法で施設基準が規定されている場合もある．たとえば，市町村が設置し，経営する保育所については，その職員の定員に関し最低基準が設けられている[17]．これらは基本的には社会福祉施設や個別法で規制されている施設を設置し経営する場合の，その施設に関する規制であるが，このように「従うべき基準」とされているのは，それらの施設により提供されるサービスについて，公的責任の程度や重要性，サービス受給者の権利保障の観点から公的な規制の必要性の程度が高いことによる．これに対し，福祉事務所の現業をおこなう所員（ケースワーカー）の数は「標準」として定められている（社会福祉法16条）．

他方，生活困窮者自立支援制度にかかる職員配置については，そもそもその基準は存在しない．たとえば自立相談支援事業については，行政通知で，主任相談支援員，相談支援員および就労支援員の3職種を配置することを基本とし，相談支援員が就労支援員を兼務するなど，地域の実情に応じた柔軟

15） 総務省「平成27年地方公共団体定員管理調査結果」．福祉部門のほかに配置基準が定められている部門として特別行政部門（警察，消防，教育）があるが，これは，国の法令等による配置基準等により地方公共団体が主体的に職員配置の見直しをおこなうことが困難であるという特徴がある．また，特別行政部門の中で，警察部門と消防部門については，組織基盤の強化・充実により，職員数は増加し続けている．

16） 社会福祉法は，第1種社会福祉事業を経営する社会福祉施設について，都道府県に施設基準等の策定を委任しているが（社会福祉法65条1項），その人員，居室の床面積，利用者の適切な処遇や安全の確保，秘密の保持に密接に関連する事項は省令の基準を「従うべき基準」とし，施設の定員については省令の基準を「標準」として，その他の事項については省令で定める基準を「参酌すべき」としている（同2項）．

17） 「児童福祉施設の設備及び運営に関する基準」昭和23年12月29日厚生省令第63号．

な対応をおこなうことも可能であるとしているが[18]，これは地方自治法上の「技術的な助言」にすぎないものである．

このように，社会福祉行政においては，社会福祉施設の職員の定員等については，最低基準が厳格に設定されているものの，福祉事務所の現業員や生活困窮者自立支援制度にかかる事業等の，相談支援・ソーシャルワーク業務に従事する職員については，比較的緩やかな職員配置の基準（あるいは技術的助言）となっている．

このような相談支援・ソーシャルワーク業務にかかる職員配置に関する法規制を前提とすると，制度上は市町村にはサービスの提供体制の構築についてある程度の裁量が認められる．その意味では，市町村の創意工夫により，その職員が，その地域住民の福祉の増進にかなう相談支援・ソーシャルワーク業務をおこなえるような組織体制の構築とその運営が可能である枠組みが設けられているともいえる．

ここで付言しておきたいことは，前述のように社会福祉施設等について「従うべき基準」が設けられており，それが公的責任の程度や重要性，サービス受給者の権利保障の観点から公的な規制の必要性の程度が高いことに根拠を有するとしても，ある制度に関する基準が，「標準」や「参酌すべき基準」，あるいは「技術的助言」にとどまることが，公的責任の程度や重要性その他の要素の程度が相対的に低いことを必ずしも意味するものではないことである．そもそも規制はその規制をおこなうことで公の福祉に資するように設定されるべきものであって，実際上もそのような政策意図をもって設けられている．本書の中心的なテーマであるところの相談支援・ソーシャルワーク業務についていえば，本章に続く各章で考察されているように，地域の住民が抱える生活上の問題やそれに対応するための資源のありようは各地域で異なっており，それゆえ，地域ごとにその問題の解決を図るための体制を構築する必要がある．あくまで規制はそれを支えるものであり，たとえば生活困窮者自立支援制度の枠組みで相談支援・ソーシャルワーク業務に従事する職員についての規制が「技術的助言」であるのは，生活困窮者に対する自

18) 「生活困窮者自立支援制度に関する手引きの策定について」平成27年3月6日社援地発0306第1号．

立相談支援を効果的に実施するうえで妥当だと判断された結果である．もちろん，それは今後の政策決定により変わりうるが，本章に続く各章は，そのためのエビデンスの一端を提供するというものでもある．

5.3　市町村の自主性と法制度のあり方

前述のように，相談支援・ソーシャルワーク業務にかかる職員配置等は，制度の建前上は，市町村の自主性が重視されるものとなっている．しかしながら，事実上は，従来から行政通知が事実上市町村を拘束している，または，市町村が行政通知に漫然と従って事業を実施するという実態が見られる．このことに関して，ここでは，市町村の自主性と法制度のあり方について論じる．

社会福祉行政に限らず，一般的に市町村の裁量の範囲が拡大することは，市町村ごとに施策のあり方が異なる状況が生じうることを意味するが，他方でそれをどの程度まで許容するかが，まず問題となる．具体的には，ある市町村の施策によって，その区域に属する住民のみがその施策による利点を享受し，同様の施策を実施しない市町村の区域に属する住民はそのような利点を享受しえないという事態が発生する可能性がある．

市町村の自主性をより重視するという立場に立てば，現行の法制度で実施することとなっている事務以外の事務をおこなうか否かは，当該市町村の裁量，すなわち，その区域内に居住する住民の総意による決定に委ねることが望ましい．また，おこなうことが規定されている施策であっても，その内容にかかる規律が抽象的なものにとどまる場合，その施策の内容についても同じである．そのようにして，各市町村がその区域に属する住民の総意によって，その地域の実情に応じた施策をおこなうことにより，その地域住民の福祉の増進を図ることができる一方で，それによって生じうる異なる市町村の区域に属する住民に対する施策，ひいては福祉の増進の内容や程度の相違も許容すべきという帰結になる．

しかしながら，現在においてもナショナル・ミニマムの確立の考え方が根強い社会福祉分野においては，異なる市町村の区域に属するという理由でのあらゆる相違が許容されるものではないと考えられる．

また，現実には，社会福祉行政においてそのような市町村がその自主性を十分に発揮し，その住民の福祉を増進することのできる基盤が，全ての市町村で存在するとはいいがたい．その要因として，1つは財源の問題があげられる．そもそも，多くの市町村で財政状況が厳しい状況にあるため，市町村が独自の事業を実施したり，職員数を増加させることは困難である．その意味では，市町村が自主性を発揮する1つの前提は，財源の手当が不可欠であるが，より重要なのは，当該市町村の組織のあり方と職員の資質である．現状では，その地方の特性に応じた社会福祉行政のあり方が望ましいとはいえ，このような状況の中，それが実践できる市町村は限られている．

結論として，社会福祉行政のあり方については，より市町村の自主性を尊重し，結果としてそれぞれの市町村がそれぞれの住民の福祉の増進を図ることができ，かつ，それによって生じる異なる市町村の区域に属する住民間の福祉の程度の相違が許容される水準である必要がある．そのためには，市町村の独自性をさらに許容する制度上の枠組みが求められるが，その前提として，各市町村がその区域に属する住民の福祉の増進を図ることのできる組織体制と職員の資質の向上が不可欠となる（終章で検討されている）．

相談支援・ソーシャルワーク業務の重要性が拡大しつつある今日においては，たとえば，生活困窮者自立支援制度の各事業の実施等について，地域住民の福祉の増進を図ることのできる組織体制と職員の資質の向上を図るための方策の好事例が紹介されているところである．しかしながら，住民の福祉の増進が，市町村の組織体制や職員の資質等により，他の市町村と比較して相対的に図られていない市町村が存在する以上，国として社会福祉に関する施策を設定する意義は依然として失われていない．ただ，国レベルでは，これまで以上に市町村の自主性を尊重しつつ，ある施策の目的が最低限果たされるような制度的枠組みの設定が求められることになろう．そのためには，他方で，地域の実態を把握し，より効果的な社会福祉行政のあり方の解明も同時に求められる．

6　多様化する地方行政

これからの社会福祉行政を理解し，より発展させるためには，政令や省令，各種通知・通達を参照するだけでは十分ではなくなっている．国の地方自治体への関与は，一連の地方分権改革によって，行政的関与だけではなく立法的関与も制限されるようになった．こうした時代には，地方行政の自由度はますます高まっていくから，地域の実態はその場に赴いてみなければ明らかにならないことがあまりにも多すぎるからである．

繰り返しとなるが，地域ごとに大きく性格が異なってくる社会福祉行政の運営体制をつぶさに調査する社会学的研究が比重を増していくことだろう．こうした調査による事例を積み重ね，それぞれの共通点と相違点を明らかにする作業を経た類型化が次の段階では求められるのである．こうした類型化は，都市の規模を基準とするものや制度を改革する主体（ジェネラリスト・スペシャリスト，行政内・行政外のアクターなど）に注目するものなど，さまざまな様式のものが考えられる．他方で，このような実態に即した法規制の役割も依然として失われていないことも，前述の通りである．今後の社会福祉行政のあり方を検討するにあたっては，このように実態の把握と法制度のあり方の解明というように多角的な視点で検討する必要がある．後者の法制度のあり方の解明は今後の検討課題であるが，前者の実態の把握については，続くそれぞれの章で検討される．

＊本章は，2016年10月15～16日に同志社大学において開催された社会政策学会第133回（2016年秋季）大会のテーマ別分科会⑦「自治体における社会福祉行政の人員体制」における報告に際して公表したものを加筆・修正したものである．

参考文献

畑本裕介（2016）「社会福祉行政とナショナル・ミニマム」『山梨県立大学人間福祉学部紀要』11：17-29.

磯崎初仁（2012）「義務付け・枠付け改革と条例制定の課題」『都市問題』2012年12月号：40-48.

鏡諭（2013）「地方分権と福祉の政策」『月刊福祉』2013年7月号：19-23.

河幹夫（2008）「市町村合併後の福祉事務所の現状と課題」『社会福祉研究』（鉄道弘済会）101：38-45.

河野正輝（1985）「『社会福祉におけるナショナル・ミニマム』の法的枠組み」『社会福祉学』26(2)：3-22.

草野昭一（2006）「ガバメントからガバメントへ」『奈良県立大学　研究季報』1：15-27.

Lipsky, M.（1980）***Street-Level Bureaucracy: Dilemmas of the Individual in Public Services***, Sage＝田尾雅夫訳『行政サービスのディレンマ――ストリート・レベルの官僚制』木鐸社，1998年.

三浦文夫（1987）『増補社会福祉政策研究』全国社会福祉協議会.

三浦文夫（1996）「社会保障体制と社会福祉」『季刊・社会保障研究』31(4)：337-352.

西尾勝（1990）『行政学の基礎概念』東京大学出版会.

西尾勝（1993）『行政学 新版』有斐閣.

西尾勝（2007）『行政学叢書5 地方分権改革』東京大学出版会.

新藤宗幸（1996）『福祉行政と官僚制』岩波書店.

戸政佳昭（2000）「ガバナンス概念についての整理と検討」『同志社政策科学研究』2：307-326.

宇賀克也（2015）『地方自治法 第6版』有斐閣.

II

自治体における
直営・委託の選択と
モデル事業

第3章　事業主としての自治体の選択

――支援サービス3極化の実態と業務――

西村幸満

1　生活困窮者自立支援の導入における自治体の対応

2015年に始まる生活困窮者自立支援法の導入に際して，この支援の事業主体である基礎自治体は支援事業の直営・委託（あるいは直営＋委託）の決定をおこなった．この小論の目的は，2015年の制度施行前後に厚生労働省が実施した3つの実態把握調査に基づいてその選択の背後にある意思決定要因について，本プロジェクトで実施したヒアリング調査との照合を試みる．そして，そこから自治体職員の業務について現状の提示をおこなう．直営・委託の選択には，それぞれ想定される理由がある．たとえば，直営選択は，事業主体の自治体が相談業務から支援という福祉サービスの提供までもおこなう．自治体が事業主体の直営選択は公的な支援業務となる．これに対して，委託とは地域のもの，人，組織という資源を活用するということであり，相談業務と支援業務を分割して運用することをはじめとして，多様な選択肢を生むことが想定される[1]．たとえば，直営と委託を組み合わせて事業を実施することもできる．選択の結果，生活困窮者自立支援，同時に施行された子ども・子育て支援，すでに実施している地域包括ケアは，いずれも自治体が事業主体であるため職員の業務に影響を与える[2]．自治体の相談窓口業務に

1）　公共サービス基本法第8条によると，「国および地方公共団体は，公共サービスの実施に関する業務を委託した場合には，当該公共サービスの実施に関し，当該委託を受けた者との間で，それぞれの役割の分担及び責任の所在を明確化するものとする」と規定されており，委託先の業務に対しても「公共サービス」と同等との見方を示す．

2）　沼尾（2014，p. 132）は先行する自治体の支援体制である地域包括支援センターの直営・委託の実態を取り上げ，委託の場合に行政職員が地域のネットワークに入らないまま職員が介護保険事業計画を策定するなどの事例を指摘している．

ついての直営・委託選択は，職員の業務負担を左右するものでもあり，この選択がどのように決定するのかを解明することは負担軽減を考える際に避けられない問題となっている．

職員の業務を中心に近年の動向を改めて整理すると，2015年4月より，生活困窮者自立支援法が施行され，福祉事務所を設置する自治体が実施主体となって生活困窮者への生活支援が始まった．同時に基礎自治体を実施主体とする子ども・子育て支援新制度も始まり，また同年の1月には4回目の改正介護保険法が施行されている．すでに自治体は地域包括支援センターの事業主体となっている．その設置は2005年であり，地域の支援サービスの拠点となっている[3]．2013年4月時点で直営の地域包括支援センターは全体の28.2%であり，全体に占める直営割合は低下傾向にある（沼尾2014，p. 128）．自治体事業がもつ直営回避の傾向は，生活困窮者自立支援の初年度だけでなく今後の選択においても継承される可能性が大きいと考えられる．なぜなら直営は，自治体職員の負担が増大していると考えられるためである[4]．業務の増大に対して自治体は配置転換あるいは保健師・社会福祉士の採用などで対応したが，正規職員の人員数は削減しており，一般に増大した業務は非正規職員に担われているが十分ではないことが指摘されている（早川・松尾2012）．委託の場合においても事業の公共サービスとしての性格に鑑み，事業主体である自治体職員が明確な役割分担に応じて委託先の業務を管理・評価・指示する業務が生じることが考えられる[5]．われわれは地域包括支援センターの直営・委託選択が自治体職員の業務に影響を与えてきたことを留めておこう．

また地域包括ケア事業は，自治体職員だけでなく，主な委託先となっている社会福祉協議会（以下，社協），その他の社会福祉法人，NPO法人等にも困惑を生じている（宮本編2014，岩田2016など）．新たな制度への対応という負担だけではない．地域包括ケアの導入により，これまで地域に根差した病

3）すべての自治体が地域包括支援センターを設置したのは2008年以降だという（沼尾2014，p. 125）．

4）たとえば藤村（1999）を参照．

5）主要な方法といえば，人事交流などの名称で実施される自治体職員の法人等への派遣である．

院の目標である「治療する」という支援目標から，両者の先にあるQOLの向上へ目標が変化する．ここには「病院モデル」から「生活モデル」的支援へとシフトすることへの難しさがある[6]．さらに，地域に導入された生活困窮者自立支援などが目標とする「自立」をどのように設定するかによっても支援方法は異なり，業務目標の定め方によっては地域の現場で混乱が生じる．たとえ事業ごとに目標とする到達地点が異なろうとも，それに携わる人員には，ミニマムスタンダードなスキルを要求するが，それがどのようなスキルなのか未だ明らかではない[7]．生活保護法改正，生活困窮者自立支援法と子ども・子育て支援法の施行によって新たに積み上げられた業務によって地域の困惑はさらに増している．地域の福祉サービスに関わる人員のスタンダード・スキルを視野に入れながら，実態の把握を試みる必要があるだろう．この小論もその試みの1つである．

以下では，生活困窮者自立支援法が2015年4月から施行されることに伴い，その前後において自治体がどのような対応を図ってきたのかを検討する．評価をするのは時期尚早と思われるが，われわれの実施してきたヒアリング調査と厚生労働省が公表している調査をもとに，自治体が事業主体となることで相談支援がどのような方向性をもちうるのかを検討してみたい．

2　直営・委託の選択

生活困窮者の自立に向けた支援サービスは，自治体を実施主体としながらも，地域の実情に合わせたサービスの提供をおこなうことが期待されている．生活困窮者自立支援制度は，必須事業と任意事業に関して地域のニーズに沿ったサービスを求めており，合わせて6つの事業を柱にしている．それは1）自立相談支援事業[8]，2）住居確保給付金の支給，3）就労準備支援事業，4）一時生活支援事業，5）家計相談支援事業，そして6）生活困窮者世帯の

6）たとえば，宮本（2014，pp. 15-44），宮本・猪飼・沼尾・堀田（2014）の座談会などで要約されている．詳細は，猪飼（2010）の第6章を参照のこと．

7）ヒアリング調査によれば委託先ごとに支援についての研修を実施している．基本的には県単位でスキルはローカライズされている．

8）以下，文章・表中の支援事業は半カッコ番号を含めて統一して用いる．

子どもの学習支援である．1）と 2）は必須事業であり，3/4 の費用を国が負担する．3）から 6）は任意事業であり，うち 3）と 4）には国庫補助が 2/3 であり，5）と 6）は 1/2 の国庫補助を受ける．1）は，就労その他の自立に関する相談支援，事業利用のためのプラン作成などを実施する事業である．2）は，離職により住宅を失った生活困窮者に対して家賃相当の「住居確保給付金」を有期で支給するものである．必須事業は，福祉事務所設置自治体が事業主体となるが，自治体直営のほか，社会福祉協議会，社会福祉法人，NPO などへ委託も可能となっている．これに 3）から 6）の任意事業の選択が加わると，自治体の選択に応じて，自治体職員の業務内容はヴァラエティの富んだものになるだろう．3）の「就労準備支援事業」は，就労に必要な訓練を日常生活自立，社会生活自立段階から有期で実施するものである．4）の「一時生活支援事業」は，住居のない生活困窮者に対して一定期間宿泊場所や衣食の提供をおこなう．5）の「家計相談支援事業」は家計に関する相談，家計管理に関する指導，貸付のあっせんなどをおこなうものである．6）の「学習支援事業」は，生活困窮家庭の子どもあるいはその他生活困窮者の自立の促進をおこなう事業である．これら 6 つの事業を柱としてさらに，都道府県知事，政令市長，中核市長が認定する 7）就労訓練事業（いわゆる，「中間的就労」）がある．これは生活困窮者に対して事業者が就労の機会の提供をおこなうとともに，就労に必要な知識及び能力の向上に必要な訓練などをおこなう事業を実施する場合に，その申請に基づき一定の基準に該当する事業であることを首長が認定するもので，地域の就労訓練市場を作り出すものである．

このように自治体が事業主体となる場合には，経験的に自治体の対応に差が出ることがわかっている．地域包括支援センターが全自治体に設置されるのに 2〜3 年ほどの時間を要したが（沼尾 2014），生活困窮者自立支援の準備にも自治体ごとに必要とする時間は異なる．たとえば，2015（平成 27）年制度施行前の，2014（平成 26）年度のモデル事業の実施自治体は，254 団体（道府県 40，指定都市 20，中核市 24，一般市，区 169，町 1）であった．この結果は，2013（平成 25）年度の（参加予定）68 団体（道府県 21，指定都市 10，中核市 7，一般市，区 30）を大きく上回っている．人口規模の比較的大きい都道府県，指定都市のモデル事業実施自治体数はこの1年間で倍増している．また一般市，区の実施は2013（平成25）年度に対して5倍増している．とくに対応の鈍かった市区レベルの参加が，この1年で急激に改善されている[9]．制度の施行を間近に控えての対応は，自治体がモデル事業を選択するための意思決定が一般市，区において時間のかかるものであったことを示している．直前に駆け込みでモデル事業に参画せざるを得なかったことは理解できるとして，それでも2015年4月1日時点で1,741ある基礎自治体の中でモデル事業に参画したのは254であり，その数は全基礎自治体の15％ほどである．対応を保留する自治体が大半であった．モデル事業に参加する自治体については，都県の中には不参加の自治体がある．秋田，東京，岡山，広島，香川，愛媛の6つである．指定都市では，2014（平成26）年度にすべての自治体がモデル事業に参画しているのに対して，中核市は43市[10]のうち2013（平成25）年で7自治体，2014（平成26）年で半数を超える24自治体の参画があった．このことは自治体のタイプによっても対応が異なることを示している（国立社会保障・人口問題研究所 2015）．

また地域包括ケアにおける自治体の直営・委託選択が生活困窮者自立支援の選択に影響を与えていないとはいえない．日本総合研究所（2014）によれば，厚生労働省がヒアリングした10自治体の地域包括ケア導入の直営・委託選択と，同じ自治体が2015年の生活困窮者自立支援導入時に直営・委託選択した結果を比較してみると，2013年時点での直営選択をした自治体4のうち，2015年でも直営を選択しているのは2自治体である．同様に，委託では4自治体のうち3自治体，協働を選択した自治体を含んだ残りの5自治体は選択を変更している[11]．自治体の直営・委託選択に前例を継承する強

9）一般市と区は1つのカテゴリーとなっているので，厚生労働省の生活困窮者自立支援制度の「モデル事業」に掲載されている「モデル事業実施自治体」の個別名を確認し，一般市と区それぞれの増加を確認した．区の増加は1区から8区，一般市の増加は29市から161市であった．

10）2014（平成26）年4月時点の中核市数であり，2015（平成27）年には45市，2016（平成28）年には47市になることが決まっている．

11）厚生労働省は，北海道当別町，山形県鶴岡市，福島県楢葉町，千葉県浦安市，神奈川県横浜市，富山県南砺市，愛知県名古屋市，滋賀県東近江市，福岡県大牟田市，鹿児島県肝付町についてインタビュー調査を実施している．これらは好事例として提示されている．

力な傾向はみられないのである.

ここまでみてきたように，生活困窮者自立支援の導入に際して，指定都市20市のすべてがモデル事業に対応し準備したのに対して，都道府県では47自治体のうち東京都を含む6自治体，中核市では43市のうち24自治体，市，区では725市23区のうち161市8区では対応しなかった．比較的人口規模の小さな市において選択に向けた意思決定が遅い傾向がある．このことは人口規模の小さな市ほど対応に時間を要したというよりも，この事業の緊急性に対して各市の対応が分かれたと考えられる[12].

3　全国の自治体における支援状況

本章の分析で使用するのは，厚生労働省が自治体から集約してHP上で公開している「平成27年度自立相談支援機関窓口情報（2月12日現在）」[13]と，同様に全国の福祉事務所設置自治体（901自治体，回収率100%）に調査した「生活困窮者自立支援制度の事業実施状況について」(2015)，そして2015年4月以降厚生労働省が毎月実施している「生活困窮者自立支援制度の支援実施状況調査」（4～11月）を再集計して使用する（以下，それぞれ「機関調査」，「事業実施調査」，「支援実施調査」とする）．これらの厚生労働省調査に対して，2014（平成26）年4月から2016（平成28）年2月末までに国立社会保障・人口問題研究所が実施した「社会保障サービスの受益・業務負担の軽減に向けた地域組織の空間的配置・人的連携の基礎的研究」の地域ヒアリング調査の結果を照らし合わせて自治体の直営・委託選択についてアプローチする．分析はこの時期に実施した28自治体とその地域の社協，ハローワーク，その他社会福祉法人，NPOなど含む85か所のヒアリングに基づいている（以下，「社人研調査」とする）[14].

制度施行前に自治体に対して支援の運営方法についてのみ調査した「機関

12）たとえば，高齢者の構成比が高い人口規模の小さな市では，その支援の中心は健康福祉であり，ワークフェアを必要としていない.

13）http://www.mhlw.go.jp/file/06-Seisakujouhou-12000000-Shakaiengokyoku-Shakai/280212.pdfより再集計した数値を用いている.

14）詳細は序章を参照.

表1　基礎自治体別にみた直営・委託選択（2015年2月12日現在）

	N	%
直営	542	42.7
直営＋委託	6	0.5
委託	720	56.8
内訳（社協）	565	44.6
（他社会福祉法人）	34	2.7
（複数の社法人）	17	1.3
（公団・財団・社団など）	33	2.6
（NPO法人）	49	3.9
（株式・有限，事業体）	22	1.7
計	1268	

出所：「平成27年度自立相談支援機関窓口情報」より作成.

調査」（窓口一覧；1319自治体）に基づいて作成した表1によると[15]，生活困窮者自立支援の支援サービスについて，自治体が直営でサービスを提供するのは，542自治体であり，全体の42.7%であった．委託を選択した自治体は，720自治体であり，全体の56.8%である．調査時点（2015年2月12日現在）では，4月に施行される生活困窮者自立支援の支援サービスは，直営よりも委託を選んだ自治体が多い．委託の内訳は，565自治体（全体の44.6%，委託の78.5%）が社会福祉協議会，34自治体がそのほかの社会福祉法人（2.7%），複数の社会福祉法人に委託した自治体は17で1.3%，公団・財団・社団などは33（2.6%）自治体，NPO法人は49自治体（3.9%），株式・有限など事業体が22（1.7%）自治体となっている．すなわち，生活困窮者自立支援法施行直前の時点ではその事業は，自治体直営か社会福祉協議会のほぼ2択であり，例外的に他の組織が選択されることがわかる．

直営選択をした自治体を47都道府県別にみると（表2），東京都と和歌山県が100%の直営率であった[16]．直営率の高い都道府県を列記すると，先の

15）http://www.mhlw.go.jp/file/06-Seisakujouhou-12000000-Shakaiengokyoku-Shakai/0000088324.pdfを再分析した.

16）「機関調査」によれば，東京都の直営率は，100%であるが，2015年の4月1日に公表した認定NPO法人自立生活サポートセンター・もやいの大西連によれば，東京20区の運営方法は，「42%が直営であり，52%が民間委託」であり，委託の「約4割を社会福祉協議会が受託しており，他には社会福祉法人や派遣会社などの民間企業が受託していた．NPO等の受託は板橋区のワーカーズコープのみ」であったという．http://bylines.news.yahoo.co.jp/ohnishiren/20150401-00044443/を参照．本章では，調査時期が異なるために，直営

表2　都道府県別に見た生活困窮者自立支援事業の直営率

	直営	直営＋委託	委託	直営率		直営	直営＋委託	委託	直営率
1 北海道	16	0	39	29.1	25 滋賀	12	0	9	57.1
2 青森	4	0	12	25.0	26 京都	15	0	5	75.0
3 岩手	4	0	19	17.4	27 大阪	18	2	40	30.0
4 宮城	5	0	10	33.3	28 兵庫	29	1	9	74.4
5 秋田	8	0	9	47.1	29 奈良	9	0	5	64.3
6 山形	1	0	23	4.2	30 和歌山	21	0	0	100.0
7 福島	7	0	7	50.0	31 鳥取	9	0	11	45.0
8 茨城	35	0	9	79.6	32 島根	7	0	12	36.8
9 栃木	21	0	8	72.4	33 岡山	18	0	6	75.0
10 群馬	8	0	5	61.5	34 広島	11	0	12	47.8
11 埼玉	27	0	24	52.9	35 山口	5	0	10	33.3
12 千葉	8	0	36	18.2	36 徳島	3	0	22	12.0
13 東京	54	0	0	100.0	37 香川	4	0	14	22.2
14 神奈川	31	0	10	75.6	38 愛媛	2	0	20	9.1
15 新潟	7	0	14	33.3	39 高知	2	0	32	5.9
16 富山	4	0	15	21.1	40 福岡	25	0	13	65.8
17 石川	5	0	9	35.7	41 佐賀	2	0	8	20.0
18 福井	9	0	6	60.0	42 長崎	10	0	12	45.5
19 山梨	7	0	6	50.0	43 熊本	6	0	57	9.5
20 長野	5	0	23	17.9	44 大分	3	0	15	16.7
21 岐阜	4	0	21	16.0	45 宮崎	8	0	6	57.1
22 静岡	2	0	40	4.8	46 鹿児島	18	0	24	42.9
23 愛知	28	2	15	62.2	47 沖縄	4	1	7	33.3
24 三重	6	0	10	37.5					

出所：「平成27年度自立相談支援機関窓口情報（2月12日現在）」より作成.

2つに加えて茨城県，栃木県，神奈川県，京都府，兵庫県，岡山県が70%以上の高い直営率である．高い直営率には，直営率の高い一般市が多く含まれる．55-69%の直営率は，群馬県，福井県，愛知県，奈良県，福岡県，宮崎県であった．低直営率の自治体は，山形県，静岡県，愛媛県，高知県，熊本県の5つであった．これら5県はほとんど委託で支援サービスを実施しており，県内の市町では社会福祉協議会が委託先となっている．

表に示さなかったが，「機関調査」を詳細にみると，直営の福祉事務所に窓口を設置したのはわずかに12か所であった[17]．その他の対応としては，

率100%という結果を誤りとはしていない．こうした違いは東京23区のみの回答なのか，それとも全国的な傾向なのかは判断できない．しかしながら，これらについては「事業実施調査」が補っていると考えられる．

表3　事業内容ごとにみた生活困窮者自立支援制度の運営方法・委託先

	運営方法					委託先					
	n	直営	委託	直営＋委託	未回答	n	社協	他社会福祉法人	他法人	株式会社等	NPO法人
必須											
1）自立相談支援事業	901	40.0	49.0	11.0	0.0	538	76.0	8.0	6.7	6.3	12.6
任意											
3）就労準備支援事業	253	8.0	85.0	3.0	4.0	223	27.6	21.3	10.9	13.1	30.8
4）一時生活支援事業	172	45.0	45.0	8.0	2.0	91	11.0	27.5	12.1	4.4	34.1
5）家計相談支援事業	205	10.0	86.0	1.0	3.0	179	70.9	3.4	2.8	3.4	6.1
6）子どもの学習支援事業	300	24.0	62.0	11.0	3.0	221	17.6	10.0	20.4	7.2	39.4

出所：生活困窮者自立支援制度の事業実施状況調査，2015年4月17日～4月30日，901福祉事務所設置自治体.

直営のセンターが102か所，直営の課が279か所（49.0%），直営相談室が14か所であった．自治体の相談窓口は，新たに相談窓口を設置するよりも主に課内の職員で対応することを想定していることがわかる．これらはそのまま職員の業務の増大につながると考えられる．

制度施行開始後の平成27年の4月17～30日に厚生労働省は，全国の福祉事務所設置自治体901か所（回収率100%）に支援制度の施行当初における選択状況を調査している．この「事業実施調査」は，事業ごとに運営方法と委託先が把握できる．

必須事業の結果からみると（表3），1）自立相談支援事業の直営率は40.0%，委託率は49.0%である．「機関調査」の直営率42.7%，委託率56.8%と比較すると「事業実施調査」の結果は似通った傾向にあるものの，直営＋委託の割合は少し高くなっている．2つの調査からは，委託先における社会福祉協議会への依存度が高いことが示され，「事業実施調査」の比率は76.0%となっている．他方でNPO法人への委託率は，「事業実施調査」のほうが「機関調査」よりも高い水準で12.6%になっている．この調査結果の齟齬は一部の自治体では，事業の開始間際まで選択の意思決定に時間を要したことに起因すると考えられる．

任意事業（3～6）の実施を決めた自治体は次のようであった．3）就労準

17）　福祉事務所に窓口を設置したのは，秋田県の4か所，長崎県の2か所，長崎県松浦市，大分県津久見市，豊後高田市，沖縄県の宜野湾市，石垣市，名護市の計12か所である．

備支援事業の場合は，任意事業を選択したのは901自治体のうち253自治体であり，その構成比は28.0%である．5）家計相談支援事業で任意事業を選択した自治体は，205自治体（22.8%）であった．これらの事業はともに委託率が85%を越えている点で共通している．委託先では3)就労準備支援の場合，NPO法人（30.8%），社協（27.6%），他の社会福祉法人（21.3%）と多様な選択肢がある．5）の家計相談支援については，一時貸付業務の経験がある社協（70.9%）に集中している．任意事業の中で4）一時生活支援事業の直営率はもっとも高く，委託率と同程度の45.0%となっている．6）子どもの学習支援事業は，自治体にある教育委員会との関係から直営が期待されたが，普遍主義を志向する教育機関では特定層の支援について支持を得にくいために，委託率が62.0%と高くなったと考えられる．この事業に社協を含む社会福祉法人が委託を受ける割合は低く，主な委託先はNPO法人（39.4%）と他法人（20.4%）となっている．学習塾・補習塾など地域でこれまで培ってきた教育関係資源をもつ組織が新たに参加しているとみていいだろう．「社人研調査」から得られた知見によれば，万全の準備をしていた自治体がある一方で，まわりの自治体の状況を様子見しているかのような自治体も確認できた．これらはモデル事業にも参画してはいない．

施行後の相談実績について厚生労働省は生保関係の支援実態を含めて毎月報告を求めている．相談実績は，生活困窮者自立支援の6事業に加えて，既存の8）自立就労事業，主に社協が実施する9）生活資金貸付と，生活保護から就労へと移行した場合の給付金として2014（平成26）年7月に創設された10）生保就労自立の相談（給付）実績である．この「支援実施調査」の結果は，都道府県，指定都市，中核市という自治体種別に支援事業の実態を調べている．特記すべきは，生活困窮者自立支援がこれまでに事業化された地域支援のなかでどの程度を占めるかがわかる点にある．町村の数値は都道府県に含まれているが，残念なことに，一般市，区のカテゴリーでは公表されていない．それでも毎月自治体がどのような支援状況にあるのかを確認できる．ここでは2015年の4月と最新の11月の結果をもとに，支援状況の傾向を確認する（表4）．

自治体が把握する支援事業の中で，もっとも件数が多いのが新規の事業で

表4　2015年度生活困窮者自立支援制度における支援状況（4月と11月）

		2)住居確保	3)就労準備	4)一時生活	5)家計相談	7)就労訓練	8)自立就労	9)生活資金貸付	10)生保就労自
都道府県	4月	11.9	2.8	11.1	8.6	0.1	35.1	17.0	13.4
	11月	14.0	4.0	6.1	8.6	0.2	38.3	13.2	15.6
指定都市	4月	8.5	4.2	39.7	3.3	0.4	29.9	5.4	8.6
	11月	7.5	1.6	49.1	3.2	0.3	24.4	2.5	11.5
中核市	4月	12.8	5.3	6.3	10.7	0.4	39.1	11.8	13.5
	11月	11.4	3.1	4.0	11.7	0.3	41.4	11.7	16.4

出所：生活困窮者自立支援制度支援状況調査の結果より作成.

はなく，8）自立就労であり，30～40％ほどを占めている．8）自立就労は，任意の3）就労準備支援事業あるいは認定を必要とする7）就労訓練の枠外の自立相談支援として件数を計上している．現状では地域の支援には「自立就労」を目指す自治体がもっとも多くなっている．また支援件数は9）生活資金貸付，10）生保就労自立においても多く，これら3つの既存支援が自治体のタイプに関係なく，どこにおいても件数のうえでは主要な支援であることがわかる．2015年4月以降の新規支援においては，とくに顕著なものは，指定都市の4）一時生活事業である．これは住居のない生活困窮者に対して一定期間宿泊場所や衣食の提供をおこなうもので，野宿生活者，ネットカフェ難民と呼ばれるような安定した住居をもたない生活困窮者のニーズに合致した支援制度である．表5にあるように，4）一時生活事業は，4月と11月よりも7～8月に顕著に支援数が高い．指定都市のように比較的規模が大きな都市で目立たないように生活する生活困窮者特有のニーズかもしれない．同様の支援で必須事業の2）住居確保給付金の支給は離職に伴って住居を失った生活困窮者に家賃を給付するものなので，どちらもまずは住居の確保にニーズがあるのが相談実態なのである．任意事業の支援のなかでもっとも回避され，かつそのかなりの部分が社協による委託事業としておこなわれている．5）家計相談支援は，これまでの福祉サービスとは性質のことなる支援である．これまで積み上げた支援に要するスキルが地域にはほとんどないため，自治体がもっとも対応に苦慮した事業なのかもしれない．相談件数によって表5の結果をみると，規模としては都道府県がもっとも多く，指定都市が少ない．特定の傾向は見づらいが，都道府県の結果は町村の積み上げたも

表5　2015年度生活困窮者自立支援制度における支援状況（4月～11月）

都道府県	住居確保	一時生活	家計相談	就労準備	就労訓練	自立就労	生活資金貸付	生保就労自立	計
4月	283	266	205	66	2	838	407	321	2388
5月	349	166	160	65	8	899	418	393	2458
6月	500	186	218	80	5	1384	509	432	3314
7月	428	179	260	90	2	1283	490	474	3206
8月	438	217	236	96	3	1192	399	444	3025
9月	422	192	287	86	1	1139	442	500	3069
10月	446	173	288	124	5	1275	383	529	3223
11月	427	186	262	121	5	1167	402	476	3046
指定都市	住居確保	一時生活	家計相談	就労準備	就労訓練	自立就労	生活資金貸付	生保就労自立	計
4月	80	375	31	40	4	282	51	81	944
5月	169	319	35	25	3	384	66	159	1160
6月	176	726	72	39	7	413	58	215	1706
7月	177	3018	64	24	0	440	67	230	4020
8月	142	1359	64	19	8	398	51	214	2255
9月	153	1110	70	35	3	398	58	204	2031
10月	209	1135	86	52	0	561	59	228	2330
11月	139	914	59	29	6	454	46	214	1861
中核市	住居確保	一時生活	家計相談	就労準備	就労訓練	自立就労	生活資金貸付	生保就労自立	計
4月	67	33	56	28	2	205	62	71	524
5月	85	29	81	30	2	320	73	91	711
6月	116	29	92	34	0	334	70	132	807
7月	114	18	124	21	1	306	74	148	806
8月	102	27	66	20	2	271	70	125	683
9月	116	21	103	17	0	275	76	145	753
10月	93	29	82	40	5	340	76	176	841
11月	82	29	84	22	2	298	84	118	719

出所：生活困窮者自立支援制度支援状況調査より作成.

のだと考えると，自治体規模が小さいほどニーズの高まる事業といえるのかもしれない．他方で，中間的就労を担う7）就労訓練事業の支援件数は少ない．表5の件数によると，どの自治体タイプでも月当たりの件数は10件に満たない．3)就労準備支援事業も件数が少ない．就労を介した自立支援は委託が8割を占め，委託先はNPO法人あるいは社協が担うことが多く，就労可能性の高い場合にはハローワークなどが職業紹介をする．ここ数年の求人倍率は比較的安定して高いこともあり，就労訓練・就労準備のニーズは比較的低調であると考えられる.

4 地域サービスの3極化と業務負担——福祉・福祉就労・家計再生

生活困窮者自立支援の直営・委託選択において地域の実情にあわせるということは，地域資源に基づいて自治体が選択の意思決定をすると考えている.これまで確認したように，地域資源とは自治体の規模・職員の業務[18]，社協などの福祉法人，NPO法人などポテンシャル総体のことを指している．第3節までのデータの整理と「社人研調査」を踏まえると，直営と委託の決定には，地域資源に加えて，自治体として積極的に新たな地域の支援サービスに関与するか，それとも消極的であるかという軸が重要である．図1は地域資源と自治体の姿勢という2軸によって選択を類型化したものである.

住民支援に積極的な自治体に活用できる資源が豊かにあれば，それは直営，委託あるいは協働といった多様な選択肢が選べる．しかしながら，このように第4象限に類型される恵まれた自治体は多くはない．同じ直営選択であってもその理由は1つではない．地域資源が乏しい場合に自治体は支援事業を

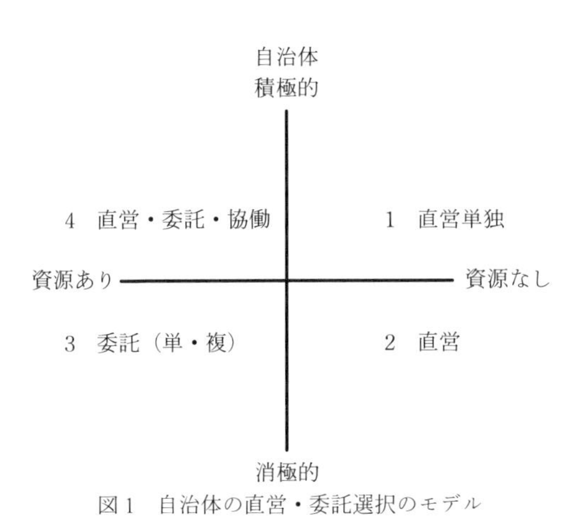

図1 自治体の直営・委託選択のモデル

18）「社人研調査」では，新たに支援サービスの導入を図る場合に，その意思決定（企画，組織・人員配置，直営・委託，実行）に関わるキーパーソンの存在が確認できた．その詳細については，別の機会に整理することにして，本章では扱わない.

直営で運営せざるを得ないと考えるだろう．あるいは地域の支援サービスに積極的な自治体は地域の資源が乏しくても直営の運営を選択するであろう．対照的にみえるこれらの選択も類型上は直営なのである（第1象限）．第1象限とは対極の選択である委託は次のように整理できる．地域資源が豊かである場合，あるいは自治体ができるだけ支援サービスを回避したい場合[19]には，自治体は委託によって支援事業を運営する（第3象限）．第1象限と第3象限には一見相反する選択が含まれているので，表層的な現状認識には留意が必要である．直営にしても，委託にしても自治体は支援事業の全部を実施しているわけではない．現段階では住民のニーズを自治体が正確に把握しているかは不明で，正確に把握したとしても自治体がその支援事業を実施できるかは難しい判断となるだろう．直営・委託には新たに開始する事業もあれば，終了する事業も想定される．そうしたなか今後の動向が注目されるのは，地域資源も積極性もない自治体の直営である（第2象限）．基本的には，生活保護との間にある支援サービスのニーズに気づいていないか，気づいていても何をしてよいかわからない自治体である．これらは自治体組織を変革していくか，あるいは地域の支援団体などを育成していくか，どちらにせよ組織的・人的な課題は多い．

第2象限以外の3つの象限について，地域の支援業務で有効性が評価されているワンストップを例に検討しておこう．地域包括ケア以降の地域提供の生活支援・福祉サービスは，窓口業務を拠点化するワンストップを有効な手法としてきた[20]．「機関調査」によると，直営の542自治体のうち課内に窓口を設置しているのは279自治体（51.4%）であり，半数を占める．「社人研調査」によれば，相談者に対するワンストップ型の利便性の高さは常に指摘されるが，直営でワンストップ型（a. 組織内連携）を運営するには，自治体組織の改編（配置，意識）が必要である．ワンストップのため自治体は，相談に向けた人員配置，相談案件の共有・情報管理のルールづくり，役所内

19）都市の自治体の特有の事情として，委託は，顔の見えない住民からの相談を回避するという側面もある．

20）ワンストップの類型は第5章3.3を参照．類型には，a. 組織内連携，b. 組織内組織間連携，c. 組織外組織間連携があるという．

の連携に向けた合意と実質的な協力体制の構築，相談担当者と役所の他部局の相談窓口への駆けつけ，他機関との連携――すなわち，業務の協働――，議会での報告が求められる．担当部局の職員だけではなく，自治体全体の職員の理解・行動が必要になるという．ここで留意が必要なのは，自治体職員は長時間労働のために福祉系部局への配属を回避する傾向にあり，また人事ルーティーンが厳格であるほど適性が高くとも福祉部局に定着できない構造がある[21]．人口規模の小さい自治体ほどルーティーンは緩和されるが，平成の大合併までの影響もあり，自治体は規模が大きくなっている．ワンストップが機能している自治体は，公共サービスとして自治体の管理する個人情報を役所内で担保しながら相談を受けつけ，具体的な支援へと結びつけている．直営と委託の組み合わせ（b. 組織内組織間連携）では，役所の窓口に社協の出先機関・ハローワークを配置することで多様な相談内容に対応できるようになるという指摘もある．自治体が事業とすることの少ない，5）家計相談支援，3）就労準備支援，7）就労訓練（認定）などは，こうした協働のワンストップに包括して実施しやすい．

第6章で部分的に指摘があるように，a. 組織内連携よりも b. 組織内組織間連携の方が多様なニーズには対応しやすい．本来自治体の業務ではない部分は外部化するほかは方法がないからである．しかし，連携をするためには，自治体内外の調整に多くの労力が必要となるだろう．連携を可能にする方法は，連携相手がどのような業務をどの程度達成できるかを認知しておくことが要件としてあり，組織間で相互に研修をし合うなどのプロセスが必須となる．自治体内部の連携については，自治体の職員の特徴が，人事ローテーションにより連携相手の業務に対する理解がしやすい，いわゆるジェネラリスト・キャリアという連携促進の要因と，セクショナリズムという連携の障害となる要因の2つが指摘されているが，「社人研調査」では，組織内外の連

21）人が来ない，経験値を高めることができない，サービスが不十分，業務負担が多いという業務の負のループに陥る危険性がある．支援を期待して社会福祉士・保健師などを採用して定着させようとしても，管理職の異動によりご破算になることが一般的である．ただし，これは短期的な変化であり，数年後に福祉部局に戻ってくることが期待できるという．管理職経験者によれば，社会福祉士は事務的な業務においては平均的な職員に比べ処理スピードに時間がかかることがあるという．

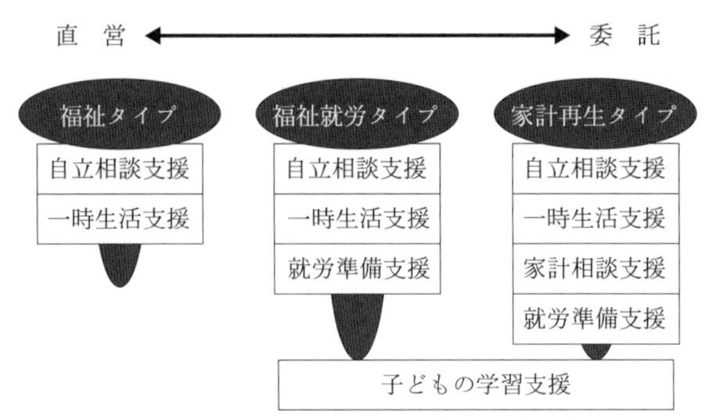

図2　地域のサービス類型（3極化）

携の困難さ・不安を指摘する声が多かった[22]．

委託の場合は，社協が従来高齢者福祉・介護福祉と9）生活資金貸付の支援をもとにそれを拡張するかたちでワンストップ型を実践している．自治体の直営と比較して，社協は従来の福祉サービスの経験と機動力のあるアウトリーチをもち，あるいは他の法人なども地域包括の委託で培った連携を用いて（c. 組織外組織間連携），ワンストップ型を多地点・多拠点に展開しやすい[23]．地域の実情として，社協の地域サービスの地盤が安定している場合は社協へ委託をしやすい．委託の成否は，ノウハウをもつ委託先の有無に左右される．

以上，直営と委託という選択の背景要因について検討をしてきた．最後にこれらの実態からみえる事業主体としての自治体の方向について記しておきたい．われわれは，自治体が事業主体となる近年の生活支援・福祉サービスにおいては，必須事業と4つの任意事業（1つの認定）のどの事業を組み合わせるかでおおまかに3つの方向性を確認した（図2）．1）直営・委託，2）支援事業の選択，3）支援の目標という要因の選び方によって支援サービスを3極化すると考えられる．ここではそれぞれを福祉タイプ，福祉就労タイプ，家計再生タイプに分類している．福祉タイプは，旧来の地域の福祉サー

22）　セクショナリズムについては，第5章でも指摘するが，地方自治体の方が中央官庁よりもセクショナリズムの弊害は小さいことは指摘されている（伊藤 2015）．

23）　このような支援サービスに対して，点と点を結びつける線の役割－連携の構築が基盤となる．

ビスに基づいて支援が提供されるタイプのものである．地域資源の中でも，とくに医療・介護・高齢者福祉・生活保護などに従事してきた組織・人員が支援を担っている．医師・看護師・保健師，民生・児童委員に加え，社会福祉士・介護福祉士（主任ケアMGを含む）などの新しい専門職などで構成されている．福祉就労タイプは，古くは障害者就労の支援，1990年代の後半以降では若者の就労支援を起点として，近年ではシングルマザーの就労などを包括して支援してきた．ハローワーク（労働局），ジョブカフェなどと協働して生活支援も実施することを選択した自治体が含まれる．家計再生タイプは，個々の住民の消費生活というさらに新しい支援を提供していこうとするものである．この支援は生活資金貸付制度を担ってきた社会福祉協議会などが委託を受けて実施している．住民の公共料金・税の滞納，借金などから生活を安定しようとすることは，これまで行政サービスとして関わってこなかった支援へと踏み込んでいるといえる[24]．後者の2つのタイプは，これまで福祉の概念には収まらない支援といっていいだろう．この点は，第6章において改めて議論される．

この論文の労働局（ハローワーク）・就労支援・職業訓練に関する調査・分析は，日本学術振興会から科研費26380833の助成を受けている．

参考文献

藤村正之（1999）「自治体福祉政策の実施構造の変容」藤村正之『福祉国家の再編成――「分権化」と「民営化」をめぐる日本的展開』東京大学出版会，pp. 117-143.

藤村正之（2006）「福祉化と社会変動――その社会学的構図」藤村正之編『福祉化と成熟社会』ミネルヴァ書房，pp. 1-36.

畑本裕介（2012）『社会福祉行政――行財政と福祉計画』法律文化社.

早川征一郎・松尾孝一（2012）『国・地方自治体の非正規職員』旬報社.

平野方詔（2015）「地域での生活支援を担う自治体行政をめざして」『月刊福祉』pp. 26-29.

24）厚生労働省が生活困窮者自立支援の5）家計相談支援事業を中心とした支援の好事例として直営選択（ワンストップ型）の自治体の実践を提示している．「社人研調査」では，この事例の視察をした自治体職員が地元で導入に頓挫していることを把握している．詳細については別の機会に整理する予定である．

猪飼周平（2010）『病院の世紀の理論』有斐閣.
伊藤正次（2015）「多機関連携としてのローカル・ガバナンス――就労支援行政における可能性」宇野重規・五百旗頭薫編『ローカルからの出発――日本と福井のガバナンス』有斐閣，pp. 81-101.
岩間伸之（2015）「地方自治体における生活困窮者支援制度がもつ意味と可能性――住民の生活を基点とした行政施策の転換に向けて」『月刊福祉』pp. 30-33.
岩田正美（2016）『社会福祉のトポス――社会福祉の新たな解釈を求めて』有斐閣.
川崎市健康福祉局生活保護・自立支援室（2015）『いっしょに歩けばだいじょうぶ――だいJOBセンターの実践』バリューブックス.
国立社会保障・人口問題研究所（2015）『社会保障サービスの受益・業務負担の軽減に向けた地域組織の空間的配置・人的連携の基礎的研究 報告書（平成26年度）』所内研究報告第59号.
厚生労働省（2013）「地域包括ケアシステムの構築に係る自治体の取組状況の整理・分析に関する調査研究事業 報告書「地域包括ケアシステム事例集成」」.
宮本みちこ・小杉礼子編（2011）『二極化する若者と自立支援――『若者問題』への接近』明石書店.
宮本太郎編（2014）『地域包括ケアと生活保障の再編――新しい「支え合い」システムを創る』明石書店.
宮本太郎（2014）「地域社会をいかに支えるか――生活保障の再編と地域包括ケア」宮本太郎編『地域包括ケアと生活保障の再編――新しい「支え合い」システムを創る』明石書店，pp. 15-44.
宮本太郎・猪飼周平・沼尾波子・堀田總子（2014）「座談会 地域包括ケアと地域共生のこれから」宮本太郎編『地域包括ケアと生活保障の再編――新しい「支え合い」システムを創る』明石書店，pp. 221-275.
日本総合研究所（2014）「地域包括ケアシステム事例集成」『地域包括ケアシステム事例分析に関する調査研究事業 報告書』平成25年度 老人保健事業推進費等補助金老人保健健康増進等事業.
日本都市センター（2014）『生活困窮者自立支援・生活保護に関する都市自治体の役割と地域社会の連携』.
西尾勝・村松岐夫（1994）『講座行政学5業務の執行』有斐閣.
野口裕二（2006）「専門職と専門職性の変容――医療化と福祉化をめぐって」藤村正之編『福祉化と成熟社会』ミネルヴァ書房，pp. 185-210.
沼尾波子（2014）「地域包括ケアシステムにおける自治体行財政運営の課題」宮本太郎編『地域包括ケアと生活保障の再編――新しい「支え合い」システムを創る』明

石書店, pp. 119-150.
岡村重夫 (1983)『社会福祉原論』全国社会福祉協議会.
岡村重夫 (2009)『地域福祉論 新装版』光生館.
奥田知志・稲月正・垣田裕介・堤圭史郎 (2014)『生活困窮者への伴走型支援――経済的困窮と社会的孤立に対応するトータルサポート』明石書店.
杉岡直人 (2006)「福祉化のなかの家族と地域社会」藤村正之編『福祉化と成熟社会』ミネルヴァ書房, pp. 39-70.
武川正吾 (2006)『地域福祉の主流化――福祉国家と市民社会 III』法律文化社.
田尾雅夫 (2015)『公共マネジメント――組織論で読み解く地方公務員』有斐閣ブックス.
東京大学高齢社会総合研究機構編 (2014)『地域包括ケアのすすめ――在宅医療推進のための多職種連携の試み』東京大学出版会.
筒井美紀・櫻井純理・本田由紀編著 (2014)『就労支援を問い直す――自治体と地域の取り組み』勁草書房.
宇野重規・五百旗頭薫編 (2015)『ローカルからの再出発――日本と福井のガバナンス』有斐閣.

第4章　管理職の意思決定過程

西村幸満
藤間公太

1　先進事例を構想する管理職[1)]

地方自治体が実施する生活支援・福祉サービスを取り巻く環境は，近年大きく変貌してきた．2000年には地方分権一括法と社会福祉法が施行されており，これらの法の制度化は，地方自治体の事業主体としての役割を強力に後押ししている（第1章，第7章参照）．社会福祉法のなかには地域福祉という考え方が明記され，また地方自治との密接な関係から，生活支援・福祉サービスについて「地域福祉の主流化」（武川 2006）という考え方も提示されるようになった．同様に，行政における社会福祉窓口の「総合化」も指摘されている（第7章参照）．介護の「社会化」がもたらした介護保険制度は，介護と医療の連携を想定した自治体主導の地域包括ケアへと結実し，地域の提供する新しい支援体制を具現化している（宮本編 2014）．さらに，さまざまな事情を抱えて「自立」[2)]へと結びつかなかった住民を自治体が後押しできるように，2015年には生活困窮者自立支援制度が施行された．これまでの生活支援・福祉サービスに，任意事業とはいえ，緊急を要する短期的生活支援，就労へつなぐ支援，借金・税などの滞納への対処，生活困窮層の子どもの学習支援などについての相談が加わることになった．このように，2000

1）本章では，管理職としては課長以上を想定している．また特段の断りがない限り，公務員ではなく，自治体職員で用語を統一している．

2）社会保障審議会（2013）において「自立」は，「社会的経済的」（p. 5）なものとの指摘がある．岡部（2015, pp. 44-46）では，一般的な自立から，社会福祉法，介護保険法，障害者総合支援法，生活保護法，生活困窮者自立支援法における「自立」の整理がおこなわれている．2000年以降の「自立」概念の変遷については第1章を参照のこと．

年以降に整備された仕組みによって，地方自治体を中心とした公共サービスにおける意思決定が，住民に近いところでおこなわれ，さらに住民の多様なニーズに応えることを目標とするようになったのである（畑本・黒田 2016）.

自治体を中心とする生活支援・福祉サービスの提供は，近年，地域資源の活用とサービス提供をおこなう組織・団体の連携によって担われることを想定している（社会保障審議会 2013）．組織間の連携という言葉で想定されるものは，実際にはそれぞれの組織に所属する職員・従業員間の連携のことであり，職員・従業員が担当を替わっても，連携に支障がないように持続的に運営する必要がある．同時に，2，3年間隔で人事ローテーションが組まれる自治体職員と，業務が専門化する委託先とが持続的で効率的な連携体制を築くためには，職員・従業員個人間で成立する連携にとどまらず，だれであっても連携がとれる組織間連携の構築が望ましいと考えられる[3)].

課題の解決にはまだ多くの努力を要するなかで，それらを担う自治体職員数はこの20年にわたり一貫して減少しており，関係団体の職員数を加えても，OECD・ILO統計に計上される国の中で，労働力人口に占める地方自治体の職員（地方公務員）数の規模が最低水準であることが分かっている（前田 2014，p. 35）.

矢継ぎ早に拡大・再編される支援システムとその担い手の減少という地域の一般的状況においては，自治体の提供する生活支援・福祉サービスをどのように運営していくのかという全体像を描く役割が重要になる．現在は地域福祉計画の策定にみられるようになっているが，以前はそれが地方自治体の一般的な業務ではなかった．中央集権的なシステムにおいては，国が組織と職員・従業員を管理運営する地方自治体の先行きを決定したが，それは福祉目的の機能の拡大においては地方分権を進めざるをえないという見解もある（神野 2002）.

他方で，社会が変化するなかで，人々の生活保障が十分に保てなくなって

3）　連携の構築の重要性は高まり，また周知されているものの，各供給者間に生じる境界の問題が解消されなければ，その実質的機能は発揮されにくい．地域包括ケアで想定される医療と介護の連携においても同様である．この点については，猪飼（2010，2015）などを参照のこと.

おり，住民の公共サービスへの期待はより一層大きくなっている．地域の実情に合わせて社会福祉サービスシステムをあらたに再構築していくには，けん引役となる自治体職員が必要となる．先行研究においても，自治体の業務が成功するための共通基盤としてキーパーソンの存在があることが指摘されている（福田 2011，畑本 2016）．今後の地域の生活支援・福祉サービス提供体制のあり方を考えるうえでは，そうしたキーパーソンが登場する背景に着目することが重要であり（畑本 2016），本章でもこの点に注目している．しかしながら，上記で述べたように，キーパーソンの登場に影響する自治体職員のおかれた状況は，2000 年の制度変更以前と以後では異なっている．またキーパーソンの登場には，自治体の基盤整備が必要であることは予想されるものの，そもそもどのような条件が整備されればキーパーソンとなる人材を輩出できるのか，その必然的な条件は現段階では顕在化しておらず，調査の分析結果においては，むしろ偶発的なもののようにもみえる．

そこで本章では，過去から現在において管理職を経験した自治体職員へのヒアリングから，第 3 節に示す限定的な条件を置いたうえで，整理をおこなうことにしたい．具体的には，自治体の管理職級の職員がどのようなきっかけでそのような先進的な事例と評価された構想に至ったのか，構想が実現されるための条件は何か，実際に構想を実現するときにどのような困難があったのか，といった点を検討する[4]．一見偶発的にみえるキーパーソンの登場に，若干の筋道をつけることができれば，人材育成に向けた具体的な施策に寄与することにもつながるだろう．

2　地域の実態把握と体制の構築による 4 類型

本章で注目するのは，自治体ガバナンスのなかでも，福祉行政においてその方向性を決定する意思決定権と現場の統制・調整を担う，組織の管理的な地位にある職員である．自治体職員の業務管理については，行政学と人事管理論・労使関係論からのアプローチがある（真渕 2009，中村 2004，2007，太田

4）本章は一時点でのヒアリングにもとづく事例整理を主たる目的としているため，管理職の選択のインパクトについては別の機会に論じることとする．

2011など）．けれども，現実には自治体職員を対象とした研究は教育職を除くと量的には少ない．

2.1　自治体職員の特質と管理職

自治体職員については，真渕（2009）による概論的整理が役に立つ．自治体職員（地方公務員）は，特別職[5)]と一般職に分かれ，一般職は1980年代になると筆記試験によりふるい分け，口述試験による個別面接で採用を決めるようになったという（真渕2009，pp. 373-374）．重要なのは，職員の配属においては，「一般職は事務系と技術系とに分かれ」（真渕2009，p. 374）ることであり，われわれが本分析で対象とする福祉関連の窓口業務に従事する職員は，この「事務系」に分類される点にある．筆記と口述試験による採用をうけ，事務系職員として採用された自治体職員が，人事異動で福祉系の業務を担うのである．ヒアリング調査からは，自治体が，この福祉系の業務の増加に対応して，3つの対応策をとったことを確認した．1つは，介護保険の導入に向け，技術系職員ではあるが，経験のある保健師の中途採用である[6)]．近年は，社会福祉士・介護福祉士の資格をもった大卒者を，「福祉系」職員として採用するようになっている[7)]．さらに，新卒で採用した「事務系」職員を生保関係部課に配属し，ケースワーカー（CW）の経験値を積ませる自治体も増えている．相談窓口業務に従事する職員は，従来の試験方法では確保しにくかったと考えられる．なかでも，地域福祉計画の作成などの事務系と技術系の境界業務における熟練した保健師の貢献については，管理職から高い評価を受けていることも確認した．

管理職についても，真渕（2009）は，以下のように整理をおこなっている．

5）特別職は，首長，議員，副知事，助役など，長の秘書，臨時または非常勤の委員，顧問，調査員，消防団長，失業対策などで雇用されている者をいい，これら以外を一般職という（真渕2009，pp. 372-373）．

6）保健師の採用は，「医療職」としての採用が一般的であり，これは一般職の技術系に相当する．ただし，業務の実態は，本来の業務から事務的な業務の負担が大きくなっている．

7）社会福祉士は，保育などと同じ福祉俸給表を適用するか，一般行政職と同じ俸給表となる．注6の保健師は，医療職俸給表を適用する．一般に，どの自治体でも経験のある保健師のニーズはとくに高い．他方で，同じ大卒学歴をもつ事務系職員と比べて，「福祉系」職員のもつ適性が，事務処理能力よりも，対人関係能力に秀でていることを管理職は認めている．

自治体職員（地方公務員）が管理職になるための昇任（昇進）は，競争試験が原則であるが，明確な基準をもたない「選考」が主で，最近は変化があるものの，「その実態は年功序列による選考」（真渕 2009，p. 375）であるという．競争試験を建前としつつ年功序列による選考がおこなわれる理由については，実は以前から指摘されている．大森（1987）は，「特定組織部門の課長職にのみふさわしい人材を選定するのではなく，また特定部門の課長についた後，別の部門の課長に就任するには別個の管理職「選考」をおこなうわけでもない」（p. 246）ことをその理由とする．自治体の管理職「選考」は，「包括的な判定」（p. 246）ゆえに採用されているという．ただし，「選考」同様に，「包括的な判定」とはどのようなものかについては明らかにはなっていない．

他方で，人事管理アプローチにおいては，企業に勤める一般労働者を参照して自治体職員のもつ特質を際立たせることに寄与している．これらの議論では，そもそもの自治体職員の特徴として，働き方においてはルーティーン（定型）業務の比重の高さを想定し，ルーティーン外（非定型）業務の比重を自治体職員みずからが高めることを，人的資源管理と位置づける（中村 2004）．そこでは，「やる気」を喚起する方法について心理学的にアプローチするものであるが（太田 2011），この「やる気」が組織的な問題なのか，それとも個人的な問題に帰属するのかは不明であり，その点は留保したまま何らかの施策・人事制度によって「やる気」を喚起することが目標となっている．

自治体職員の一般的な働き方については，大森（1987，1994，2015）の一連の研究が整理をしている．大森は，一貫して「大部屋主義」と呼ばれる特質を強調する．それによると（大森 2015，p. 133），自治体職員の特徴は，1）公式の（事務分掌規程上は）所掌事務は，部・課・係という単位組織に与え，2）その規定は概括列挙的（○○にかんすること）であり，3）職員はそのような部・課・係に所属し，4）しかも，物理空間的には一所で執務するような組織形態という．「大部屋主義」については，近年，自治体が実施してきた相談窓口の理念型であるワンストップ型の窓口との類似性が見受けられる．しかし，入江（2004）によれば，「大部屋主義」の特質を自治体の部課ごとに比較すると，建設部においてその特質がみられるものの，それほど強い制約をもっているわけではなく，また企画部，福祉部の順で「大部屋主義」の特質は薄れているという．この事例をもって判断するのは早計であるものの，「大部屋主義」とはあくまで事務業務の形式であり，これを福祉のワンストップ型の相談窓口と同じものとみることは難しいようである．以上のように，先行研究においては，生活支援・福祉のサービスの相談窓口の管理職の業務も明らかではない[8)]．

2.2　本章の分析枠組み

管理職研究は総論的に整理されているものの，とくに福祉行政における管理職の役割，およびそれと福祉行政のキーパーソンとの関連については未だ十分な研究蓄積はない．そこで以下では，9つの自治体（a～i）におけるヒアリング調査の結果にもとづき，自治体における管理職と福祉行政改革との関連について検討することにする．この検討に際しては，次のような分析枠組みを用いて実施することにした．本分析では，自治体の管理職の特徴について，住民のニーズと地域資源の把握――すなわち，自治体ニーズ――の正確な把握（とその意欲）というフェーズと，資源活用による地域支援の仕組みの構築というフェーズから把握することにした．すなわち，支援体制に向けた地域の実態把握と対応した体制の構築に分けて指導的立場である管理職を評価することにしたのである．このような2段階のフェーズは管理職の業務全体を網羅するものではないが，この2つの軸を使うことで，部分的にせよ管理職の業務は図1のように表現できるだろう．

タイプAは，地域の実態（地域資源の確認と地域住民の支援ニーズ）を積極的に把握し，かつ地域の支援体制の構築に向けて指導的な役割を積極的に果たす管理職のいる自治体である．地域の実態の把握では，量的・質的な調査を実施するなどし，そのうえで，必要な支援を提供するための施設・組織・人員の配置に関する制度化に向けた計画を立てる[9)]．あるいは，優先順

8）このほか，自治体における女性管理職育成についての事例研究も近年おこなわれている（蓼沼 2014）．われわれの調査では，生活困窮者自立支援の担当課長に税務経験者が多いことが確認されたが，この背景については現段階では確認できていない．

9）大森（1994, pp. 17-18）では「企画力」と呼ばれ，「入庁して2，3年でルーティーン・ワークに慣れると消えていく」と表現され，「政策形成能力」の1つと位置づけられる．併

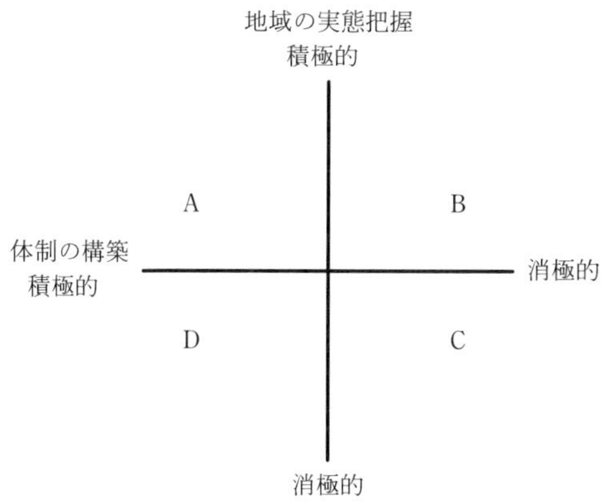

図1　自治体管理職の評価の枠組み

位をつけて実施したり，必要と思われる支援であっても断念するなどの意思決定をおこなう（意思決定に向けて統計・資料の準備をおこなう）．近年は，地域福祉計画の策定が規定されており，その策定の中心的役割をはたす．まさに指導的な役割をはたす管理職がいるといえる[10]．

タイプBは，新たな体制の構築には消極的な態度を示す管理職のいる自治体である．地域ニーズについては十分に把握していながら，いわゆる政策的志向に対しては，慎重な姿勢をみせる．

タイプCは，たとえば，大森（1994）が指摘する，「役所組織はまず破産や廃止がないため，ただいるだけの「人在」型の管理職もいる」（p. 19）自治体のことである．他の自治体に率先するだけの情報がなく，明快な政策的特徴も乏しい．近隣の自治体の動向を見据えていながら，現状で十分であり，変化を好まず何もしない場合すらある．

タイプDは，地域の実態を十分に把握しなくても体制の構築に向けて積極的に対応した自治体である．このタイプでは，政治信条あるいは直観といったものが重視される．タイプBに近い特徴ともいえるが，選択には一貫

せて「毎年の予算折衝に際して新規予算の要求のために施策を立てること」も含まれる．

10）　2000年6月より始まった地域福祉計画の策定状況は，2017年4月1日時点で全自治体（1, 741）の74. 0%であり，市区部（89. 7%）より町村部（60. 3%）が低い．生活困窮者自立支援方策を地域福祉計画に盛り込んだ自治体は39. 1%にとどまる．

なお，地域福祉計画と連携については第7章2. 2を参照．

性に欠けるところがあり，選択のミスが生じる可能性もある．住民のニーズあるいは地域資源の実態などを把握する必要に関しては，比較的消極的であり，限りある資源という制約における選択は，行動に移す力をもつ管理職に左右される．この点に，このタイプの自治体はリスクを内包しているともいえる．すなわち，地域の実態が把握されないまま，主張の政治的心情や直観，また，厚生労働省が提示したモデルにしたがって制度が構築されることで，まったく住民のニーズにそぐわない施策が実施される可能性がある．これは，住民サイドから求められていない制度が構築，運用されるということであり，効率性や効果に欠けた施策に公費が投入されてしまうリスクがある．

3　自治体の規模と多機関連携

本章の分析対象は，表1の通りである．本章では政令指定都市を除く基礎自治体に対象を限定している．それらは，地域資源がもともと希少であるか，ほとんどないのが実態であり，自治体が事業主体となるにあたって比較的大きな影響を受けた層だと推察される．それゆえに，管理職がはたす役割の波及効果はとても大きいと考えられる．

タイプAに含まれるのは，本分析で使用する9事例のうち4つの自治体である（図2）．これらはすべて同じサービスを提供しているというわけではない．すべての生活支援・福祉のサービスを提供しているわけでもない．また直営だけでサービスを提供しているのでもない．自治体のニーズを把握し，「地域の実情に合わせて」，そのなかで自治体の役割を明確にしているのである．具体例を示そう．c自治体が高齢者に対して実施した調査は，単なる「訪問調査」ではない．ニーズの実態をつかむために家族の協力を得て，支援対象者の生活日記の記載を依頼し，有無の○をつけ確認する行動調査を工夫した．c，d，iはいずれも人口が小規模の自治体であり，自治体そのものの規模も小さい．量的なものだけでなく，質的な調査においてもニーズが収集しやすいという特徴がある．

cが構想し実現したのは，公立病院と老人介護施設を併設し，その中に直営と委託（社会福祉協議会）を組み合わせたワンストップ型の相談窓口であ

表1　対象自治体のプロフィール

	人口規模	生活保護受給率	地域包括ケア	生活困窮者自立支援
a	～5万	19.49%	直営・委託	直営・委託
b	10～50万	30.25%	委託	委託
c	～5万	—	直営	委託
d	5～10万	約10%	直営・委託	直営
e	5～10万	約1%（世帯）	委託	委託
f	～5万	—	直営	直営・委託
g	5～10万	—	直営	直営・委託
h	5～10万	—	直営	直営
i	5～10万	4.90%	直営	直営

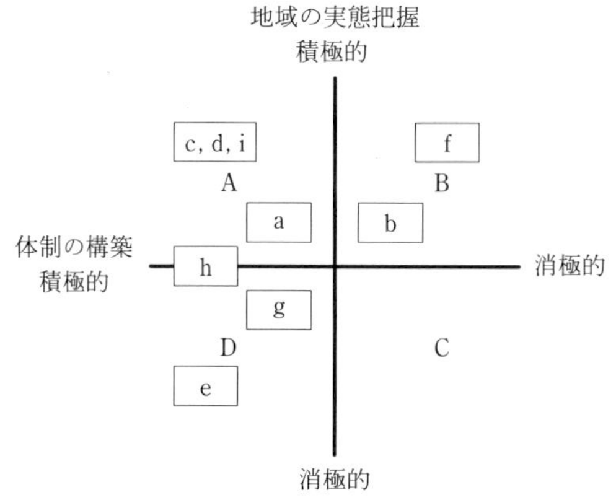

図2　自治体の類型と分析の対象者の分布

る．高齢者の人口構成比が多いことから，生活支援の必須事業のみを選択し，住民に提供する．d が構想したのは，地域包括ケアの拠点を直営で実施するものの，生活困窮者自立支援においては，c 同様に，自立相談支援事業と住居確保給付金のみの窓口を設置し，任意事業については実施せず，その代り可能な限りの相談を受け，法テラス・適切な民間・ハローワーク（HW）などへの紹介を実施することを決めた．あらかじめ住民のニーズのほかに，地域のもつ利用可能な生活支援・福祉のサービスの情報を周到に収集しており，住民と行政との連携を行政の一部と位置づけ整備してきていた．

他方で a は，支援体制の構築には積極的である．直営・委託の組み合わせを利用し，とくに高齢者支援を充実させる選択を一貫しておこなっているが，相談窓口においては専門的な職員を配置できずに十分に機能していない．現在に至るまで，委託先の社会福祉協議会に機能の多くを依存した状態が続いている．体制の構築は最低限である．他方で，高齢者のニーズについては十分に把握しているものの，それ以外の世代のニーズについて把握できていない．

タイプBのfは，複数の調査を実施し，地域の実態とニーズの把握に務めている．自治体が実施可能な支援サービスに限界があることを熟知しているが，選択は，すべての支援サービスを実施するに至る．国が示す好事例に準じれば支援は可能であると決定している．bは，人口規模も範囲も今回の事例では比較的大きな自治体であるが，支援サービスの拠点が中心部に偏在しており，また一部の支援においては，住民ニーズに対してサービス提供体制の構築を保留している．今後，タイプAに移行が期待できるが，その慎重すぎる姿勢から，2015年度まではタイプBに類型されている．

タイプDのeとg，軸上のhは，どれも体制の構築には積極的であるが，同様の特質をもつわけではない．eは体制の構築のために配属された管理職が，わずかな事例に危機感をもち体制構築に向けて動き始めた．とくにgは，住民のニーズに対して正確に把握しているというよりも，首長の政治的判断によって支援サービスの優先順位が決定している．hは体制の構築には積極的でありながら，収集している地域の実態と連動しているようには思えない．それは社会福祉法人からの関与が大きいことが理由である．

4　管理職の役割

今回の9つの事例のうち，多くは実態の把握においては濃淡があるのに対して，体制の構築においては，ほぼ積極性があると判断できるものであった．しかし，この結果が全自治体の平均的な像に近づいているとは考えていない．たとえば，積極性が問われるタイプCの類型にはかなり多くの自治体が含まれると予想されるが，今回は考慮に入れていない．この分析はあくまで自治体の類型とその特質を記述し，そこに管理職がどのように介在するのかを解明することが目的である．

ここでは，管理職の役割について，それぞれのタイプごとに確認しておきたい．タイプAの管理職は，自治体の支援内容の選択に主導的な役割をはたしている．cの元管理職は，財政・財務の経験を経て，デンマーク・スウェーデン，イギリスなどの障がい者福祉の視察を経験し，医療・保険・福祉の連携のあり方を課題として見出している（詳細は6節を参照）．dも同様に，高齢者に対する悉皆調査を毎年実施して記録を残している．その再分析を研究者に依頼して，ニーズの実態について正確性を高める試みもおこなっている．dの管理職は情報系の修士号・博士号を取得して，自らニーズの実態を把握する技術的なスキルを高めている．iの元管理職は，自らも現場出身であるという経験値を活かしつつ，消費生活相談窓口での経験をもつキーパーソン職員と協働して，現場から積み上げる形での連携体制を構築した．タイプBの管理職の指導的役割は，これらの選択に時間を費やしてむしろ消極的な判断を残してしまっている．最終的な期限に間に合うよう厚生労働省あるいは同様の自治体の動向に準じて支援体制の整備に着手してはいるが，管理職の指導的役割によって体制の整備をおこなったとは考えられなかった．タイプC同様に，潜在的規模は大きいと予測される．タイプDのe元管理職は，むしろ実行力の高さで指導的な役割をはたしている．相談支援の窓口実施の期限に合わせて，体制を整えており，地域の実情あるいは支援ニーズに関する情報は並行して収集している．h元管理職の場合は，社会福祉協議会などとの協働を前提としており，委託先ができるか否かにもとづいて，体制の構築に向けて選択をしている．結果として，法律あるいは首長，上司，他の自治体などの方針（期限）に沿って体制を整える実務的管理職といえる．なお，中心に近い自治体（a，b，g，h）では，管理職の指導的な役割は，確認できなかった．

5　2つのタイプの比較

続いて本節では，タイプAとタイプBとにあたる自治体の代表事例における管理職のヒアリング調査の結果を整理しておこう．

5.1　c の事例

まず，c からみていこう．c の元管理職は，財政，財務分野での職務を経て，1996（平成 8）年 4 月，新設された総合福祉推進準備室の管理職に就任する．その際とくに重視したのが，住民の福祉への参加を促すことである．高負担高福祉の実現が難しいなかで，保険・医療・福祉資源や住民力を結集し，包括的・重層的なサービスネットワークを c のなかに張り巡らせることを元管理職は目指した．そのようなスタンスにもとづき，1994（平成 6）年から 1995（平成 7）年にかけて「c 地域包括医療推進構想（当時仮称）」のたたき台作りに着手するとともに，1996（平成 8）年 4 月には構想案を策定した．介護保険を補完するためには，ボランティアなど住民の力を借りないと無理だと感じ，「隣近所，向こう 3 軒，両隣の福祉」を実現するため，保険制度・行政・地域・住民というネットワークを構想した．具体的には，「健康長寿まちづくり会議」や，住民の生活を支える最大の組織である「在宅福祉ネットワーク」がある．住民同士の関係がないと，地域福祉は難しいのではないかと c 元管理職は指摘する．加えて，高齢者支援に関しては，ドイツをモデルとした日記を用いての支援を家族の協力も得て実行している．このように住民力を集結できたのは，c が人口規模が小さく，積極的に自治体のイベントなどを利用したことがあるためである．

専門職の協力も構想実現のために重要であった．要介護状態となったとき，どのような機能が求められるのかは高齢者本人にはわからない．そこで c 元管理職は，住宅改善支援チームを組織した．これは，建築士会が輪番で現場に調査に行き，改築に必要な費用の見積りまでやるというものであり，介護士，保健師も同行してチェックする．また，介護相談員もいち早く導入した．第三者の目を入れ，入所者，利用者の意見を聞いたうえで事業者に伝えることを目的として，この仕組みを創設した．

以上のような変遷を辿った c 元管理職の福祉への取り組みの 1 つの集大成が，「総合ケアセンター」の設立である．このセンターには，児童福祉を除くほぼすべてが統合されている．居宅介護支援事業者も含め直営でおこなっている理由は，ケアプランを民営委託すると抱え込みが起きるため，行政がきちんとやらなければいけないという意識があったためである．さまざまな部署をワンフロアにまとめていることで，「顔を見ながら働ける」（協働）ことがケアセンターの強みであるとc元管理職はいう．また，総合ケアセンター自体がニーズや情報を収集する機能をもっており，それをもとに会議や連絡会を運営することが可能であるため，利用プランの策定においてもメリットがあるという．生活困窮者自立支援の導入も，このケアセンター構築の延長におかれている．

cにおいて自治体と外部との連携がうまく成立した理由は，保健師に熱意があったことや，保健師同士が同じ方向を向いていたことにある．介護問題に苦悩している自治体は，介護保険制度によって利用者本位に転換したことについて，職員の意識が転換していないのではないかとc元管理職は指摘する．ただし，cにおいても介護保険制度の中身や実際の実務をどうやっていくのかはっきりしていない点が，今後の課題である．

5.2　iの事例

iは人口5万人規模の自治体である．この自治体の最大の特徴は，消費生活相談のノウハウをベースに，自治体主導で生活困窮者への支援体制を構築したことにある．現場で勤務していた経験をもつiの元管理職は，多重債務の問題が明るみに出るよりやや前の2008（平成20）年前後に，当時県におり，iの嘱託の相談員として採用されたキーパーソン職員と協働し，福祉サービス提供体制を構築した．2014（平成26）年の消費者安全法改正は，本人の許可なく見守りリストを作れるようにしたが，iは，2017（平成29）年に全国で初めてリスト作成を実施した自治体でもある．届いた情報にもとづき，障害者介助サービス，認定を受けている人，高齢者介護認定を受けている人，振込詐欺被害を受けた人のリストをiでは作っている．このリスト作成メンバーに医師会が入るなど，医師との協力体制もできている．

消費相談窓口のノウハウがベースになっていることで，iにおける生活支援・福祉サービスの提供は役割をはたせている．たとえば，家にどの程度財産があるのかなど，利用者の金銭的な問題が把握できなければ，福祉サービスや介護サービスの計画を十分綿密には立てられない．この点，iが直営でサービスを運営していることも重要であろう．iにおいては，相談受付票に個人情報提供に関する同意の欄を設けているが，委託では課税状況を調べられないと考えられるためである．iに限らず，消費相談窓口に来る住民は，借金の問題さえなくなれば終わり，という状況にはない．そのためiでは，相談を受けるうちに発覚してきた問題を解決するため，生活保護やひとり親担当といった別部署や，外部の弁護士と連携するようになった．そうしていくうちに，連携によって問題が解決していくという成功体験が積み重り，さらに連携が進んでいった．たとえば，ヘルパーやケアマネジャーなどが，介護サービスを活用していく中で高齢者が悪徳商法の被害に遭っていることが判明した場合，サービス提供側からしても，消費生活につないで解決する動機づけになったのである．また，一般的には，地方税22条があるため，税金担当部局と他の部局との連携には壁があるが，iに関しては，中間にある市民部に消費生活相談窓口があるため，仲介が行われやすい状況にある．税金担当部局からしても，市民の金銭的な問題が解決されれば税金納付が増えるため，連携するインセンティブとなる．消費生活相談窓口を中心とした現場の積み重ねによって，iにおける現在の福祉サービス提供体制がつくられたのである．

加えて，連携体制を構築していくうえでのポイントが2点ある．第1に，iが大きな自治体ではないことである．県や金融庁でも多重債務相談はやっているが，組織規模が大きすぎるため，実際は公共料金の滞納などの金銭面での相談しかできない．iにおいてもキーパーソン職員を相談員としてむかえた直後は，消費生活に来た人を他の部につなごうとしても，各部署の守備範囲という壁があった．しかしながら，iにおいては，職員が顔の見える範囲の距離にいたため，部署をこえて現場担当者同士で相談し，それぞれの問題への対処法などを現場から積み上げて体制を築くことが可能になった．たとえば，法律家を中心にして相談事例検討会を開き，そこに社会福祉協議会も含めたさまざまな機関が集まった．役所においては，1つの課のみでなく，複数の課で1人の相談者の問題を洗い出す取り組みも実施した．自分たちの職務範囲を明示したうえで，住民から相談を受ける際に気づいたことがあったらつないでもらえるよう他部局に依頼していたことは，相手に負担感を与えないという意味でも重要であった.

関連して第2に，iという自治体の「物理的な面積」もそう大きくないことである．iではごく限られた範囲に人が住んでおり，そのため，住民が役所の窓口に来るのも，逆に職員が現場に行くのも苦にならない距離感にある．相談支援の取り組みに関しても，こうした自治体特性を活かし，iの職員は積極的に外に出て行く．一般的に，ケースワーカー以外の自治体職員が，現場に出て行くことはあまり多くないと考えられる．しかしながら，元管理職，キーパーソン職員は，とにかく現場に出て行くことが最重要であると捉え，それこそが相談業務であると考えた．現場に行くのに費用はかからないし，現場に行かなければ分からないことがあるためだ．たとえば，住民のある生活上の問題が発覚して現場に訪問したら，家がゴミ屋敷であることが分かった，という場合などである．加えて，このことはよく現場の担当者からも指摘されることであるが，窓口で待っているだけでは，本当に必要なところに支援が届かない．たとえば，生活保護などの市役所の支援は絶対に受けないと決めている頑なな人や，手続きを面倒くさがる人は一定数いる．精神障害がある，制度を知らないといった場合もある．そのため，支援へのアクセス経路は複数あったほうがよく，iでは，その1つとして職員が現場に赴くことが重視されているのだ.

以上のiの事例を踏まえると，近年注目されている窓口の「ワンストップ化」の問題（第5章参照）も見えてくる．iにおいては，相談窓口が1つの場所に集約されていない．しかしながら，これまで築いてきた内外連携体制によってお互いの職務内容を把握しているため，どこか1つの窓口で相談を受ければ，すぐにその支援を専門とする部局につなぐことができる．本来ワンストップとは，このような内外連携が機能している状態を指すものであるはずである．窓口が1つの場所に集約されているかどうかという，空間配置的側面のみに目が向くと，このことを見落とす可能性がある.

また，iにおける連携構築は，枠組みを作るというよりは，1つ1つやってきたことを条例に落とし込むという，後から法整備をつける仕組みである．この点を踏まえると，国が上からモデルを提示することの課題もみえてくる．なぜなら，1つ1つ現場から積み重ねてつくりあげられた結果としてのiの制度のみを先進モデルとして国が紹介したら，現場で構築するという近年の地域相談支援のステップが見落とされてしまう．結果として，iと同じ体制を築きたいと他の自治体が望んでも，そこに至るプロセスが分からずに，うまくいかないと考えられる．iの元管理職，キーパーソン職員も，うまく制度を作れていない自治体にヒアリングに行き，何が課題かを聞き出すことが重要であると指摘する．

5.3　fの事例

最後に，fについてみていこう．この自治体の2016（平成28）年7月1日現在の総人口は4万3,611人である．2013（平成25）年度より社会福祉法人の認可等の権限が県からfへと移管した．また，2017（平成29）年度より社会福祉法人の制度が改正され，理事が経営に関与し，評議員の理事に対する監督権限が強化された．認可権限の移行は地方自治体の事務量を増加させており，職員の知識と経験が追いついていない．制度改正についての国からの情報が不十分であり，事実確認のための事務負担はさらに大きくなる．以下では，f首長へのヒアリング調査結果にもとづき，制度変更過程における自治体の対応について確認する．

fにおける福祉行政施策は，基本的に厚生労働省の方針に従う形でおこなっているという．生活困窮者自立支援，高齢者支援，子ども・子育て支援のいずれについても直営でおこなっている．その理由は，厚生労働省の方針を受け，「自分たちでできそうだ」と課長クラスが感じたためである．

施策について具体的にみていこう．たとえば高齢者福祉については，2005（平成17）年，2014（平成26）年の介護保険法改正により，地域包括支援センターの設置や地域密着型デイサービスを創設し，その充実を図るとともに，予防給付の地域支援事業への移行などがおこなわれた．いずれについても，職員の確保，育成がfの課題となっている．住民のニーズなどの把握は，以下の方法でおこなっている．高齢者支援については，2013（平成25）年12月に，要介護・要支援の認定を受けた人と受けていない人それぞれ600人を無作為抽出した市民調査をおこなった．また，看護師や介護支援専門員による日々の個別訪問による情報収集，市内約30の介護保険事業関係者による毎月の事例検討会などもおこなっている．子ども・子育て支援については，『子ども・子育て支援事業計画』の策定に併せ，就学前児童のいる保護者と小学生のいる保護者各1,000人ずつを対象とした市民意向調査をおこなった．この結果を踏まえて，生活困窮者自立支援については，日常相談業務のなかから相談内容や件数を把握している．

以上のように，厚生労働省の方針に従う形で直営での福祉行政を展開しているfであるが，f首長は，自分が首長になってから福祉の業務量が増えていると感じている．行政の資源が限られているなかで新しいものが入ってきており，対象領域も増えてきている近年の動向を考慮すれば，このことは理解しやすい．そのうえ，もう減らせるところまで人員を減らしているにもかかわらず，「人口が減っているのだから職員もさらに減らせ」という方向性は無理があるというのがf首長の所感である．人材育成は国がいうほど簡単ではなく，それなりのコストと時間がかかる．そもそもそういう人材が地域にいるのか，地域が「なぜ自分たちがその仕事をするのか」について各自職員が理解しているのかが大事であるとf首長はいう．この課題の一例として，主任介護専門員になるのに時間がかかりすぎるという問題がある．主任介護専門員は，まるで総合診療医のように何でも知っていることが求められるが，そもそもそうした人材は簡単には見つからない．窓口に来る人はさまざまで，複合的な困難を抱えている人もいれば，1つのポイントを抑えるとうまくいく人もいる．その点を見極められなくてはならないが，そうした人材は簡単に育成できないということである．ルーティーン的な仕事と，新しいことに取り組むために創意工夫をする創造的な仕事との双方を市役所の人間はおっており，そこに新しいものが降ってくると，職員1人1人にかかる負荷は跳ね上がる．

加えて，個人ではなく，組織レベルで知識を蓄積，共有，検証，活用していけるかが課題である．fには，周辺地区である2市1区3町のなかで模範にならないといけないという自負がある．いろいろなことにチャレンジしていきたいという考えはあるが，5万に満たない規模であっても，人材面での困難があるのも事実である．そのなかで，全体としての施策の展開の仕方を，どの程度全員が理解しているかが重要になる．f首長は，研修だけではないやり方があるのではないかと考えている．福祉行政は他の施策とリンケージしており，たとえば，公共事業について費用対効果を図る算定方式のようなものがあれば，施策の効率性を明示化できるし，そこで浮いた財源を福祉に回したり，雇用確保にあてたりできる．福祉行政の質を決定する要因は自治体の財政状況ではないというのがf首長の考えである．人，組織，団体，ネットワークに，f首長は注目している．しかし，そのようなネットワークを図には描くことはできても，そこに有機的な機能，連帯を付与できるかが課題であるが，その課題に対してどのような方策をとるのかについての具体的な言及は少ない．「業務負担軽減には各セクションがアライアンスをきちんとするのが合理的ではあると思う．自治体が専門機関をつくって，育てていかなくてはいけない．その結果，自発的に組織ができていけば行政としてはありがたい．感性で仕掛けだけ作ったら，そこから派生するような構造が作れるとよい」というのが今後に向けたf首長の展望である．

5.4　タイプAとタイプBの比較からの示唆

以上，c，iとfを事例として，タイプAとタイプBとに分類した自治体について素描し，管理職がそれぞれの自治体における福祉行政の体制をどう構築してきたかをみてきた．本項では，2つのタイプの比較から導出できる論点を提示したい．

まず，両タイプの管理職3名が共通して人材育成の難しさを語った点は重要であろう．福祉行政に限らず，人材の育成にはコストと時間がかかるうえ，成果が不透明である．自治体職員の場合，ローテーションによる異動があることも，専門性の高い人材育成の難しさに関係していよう．c元管理職とf首長の語りから共通して明らかになったように，福祉行政の体制を構築するうえでは，地域住民のニーズを正確に把握していることが重要である．また，そうしたニーズには地域特性が深く関わってくるため，なるべく長く同じ人物が福祉行政に関わった方が，持続性，効率性の観点からは好ましいと直観的には考えられるし，現場でもそのように認められている．にもかかわらず，異動が制度化されていることで，そうした福祉行政を敷くことが難しくなっている．この点，対応を考えるべき課題である．

次に，どのように現在の体制を構築してきたのかについては，2つのタイプの自治体の間で明確な差異がある．c元管理職は，北欧で受けた研修の経験を踏まえて住民に必要な体制を考え，自らが主導する形で，病院と介護，社会福祉協議会職員を1か所に集める「ワンストップ体制」を構築した．i元管理職およびキーパーソン職員は，どのような相談でも対応することからはじめ，その後消費相談窓口に集約していくノウハウをもとに，現場から職員の成功体験を積み上げる形で体制を築いてきた．これに対しf首長は，厚生労働省の方針にしたがいつつ，福祉行政担当課長らの判断を尊重し，体制をつくりあげてきた．すなわち，タイプAとタイプBとの間での管理職の差異は，独自の経験にもとづき施策を整備したか，厚生労働省の方針にもとづきそれをおこなったかという点に認められる．

この差異は，自治体の資源の量にもとづいていると考えられる．すなわち，実態把握への試みはあっても，体制構築に自治体が積極的に動けるとは必ずしも限らない．cにおいては自治体そのものの資源が限られていたため，リーダーシップと「住民力」を頼るという戦略をc元管理職は選択した．これに対し，fの首長の場合は福祉に関わる各課長が「ブレーン」として動けることを積極的に活用し，厚生労働省の方針に準拠する形で福祉行政体制を構築した．このように，仮に厚生労働省がモデルとなる方針を示しても，それに準拠できるか否かは自治体の資源に左右される．このことは，今後の地域での支援体制を考えるうえで重要な論点となるであろう．

6　キーパーソン集団の相互作用と外部機関との連携

本章では，生活支援・福祉サービスの提供体制が改革される際の，管理職の選択について論じてきた．そこで明らかになったことは以下の点である．

第1に，確かに福祉の提供体制における管理職の選択や意思決定は重要であるものの，そのあり方は一様ではない．そこで本章では，地域の実態把握と制度構築に対する管理職のスタンスを軸に，4類型を提示した．何らかの形で管理職自身が福祉に対する強い関心をもっている点は共通していたが，その関わり方は大きく2つのタイプに分けられる．まず，cやiのように，それまで培った経験から，イニシアティブをとって体制を提案し，ほかのキーパーソンに指針を提示するタイプである．次に，fのように，厚生労働省の方針にもとづき，内部関係部署の部長，課長と協力しつつ，人員配置を整えて福祉の提供体制を構築していくタイプである．外部機関との関係のあり方など，自治体の状況に即してこれらの方針は選び取られていた．いずれにしても，本章冒頭で述べたような管理職とキーパーソンとの相互作用ではなく，管理職も含めたキーパーソン集団の相互作用によって，支援の提供体制は作り上げられていると理解すべきであろう．

第2に，少なくとも本章で対象としたような規模の自治体においては，自治体外部の専門機関との連携が，福祉の提供体制を構築するうえで非常に重要であると位置づけられていた．むろん，外部との連携は万事うまくいくものではなく，連携する専門職の就業慣行と自治体ニーズとのズレが生じることもあるだろう．

ただし，本章の知見には自治体の規模によるセレクション効果がかかっている可能性がある．今回対象となった自治体は，いずれも中核市，政令市に満たない規模であり，自治体組織の構成も比較的シンプルである．それゆえ，外部と連携する際のアクセスポイントも明確化されており，また内部での意見集約，調整等も円滑におこないやすい．より規模が大きく組織構成が複雑な政令市の場合には，本章で確認されたような内外連携による提供体制を構築することは容易ではない．本章での知見が規模の大きな自治体に対してどのようなインプリケーションをもちうるかは（第1章，第8章参照），今後検討する必要がある．

また，完全に外部委託する，あるいは事業を実施しないというケースも，自治体管理職研究の一部として実施すべきかもしれない．仮説的ではあるが，地域の実態と自治体資源との双方とを十分に調査し，自治体資源が不足していることが分かれば，民営に委託する，あるいは事業をミニマムにとどめるという選択もありえる．にもかかわらず，事業を実施したことで負担が増したという実感をもつ自治体が多くあるのであれば，それは何らかの理由で管理職が実態を把握できていない，あるいは把握できていても委託や事業の不実施という選択をできていない可能性がある．この点も今後の研究課題である．

＊本章は，2016年10月15～16日に同志社大学において開催された社会政策学会第133回（2016年秋季）大会のテーマ別分科会⑦「自治体における社会福祉行政の人員体制」における報告をもとに，加筆修正をおこなったものである．

参考文献

遠藤公嗣編（2013）『同一価値労働同一賃金をめざす職務評価――官製ワーキングプアの解消』旬報社．

福田育弘（2011）「自治体におけるソーシャルワーク業務の課題と展望――地域包括支援センターの事業モデルに着目して」『同志社政策科学研究』13（1）：47-61．

花田光世（1987）「人事制度における競争原理の実態――昇進・昇格のシステムからみた日本企業の人事戦略」『組織科学』21（2）：44-53．

畑本裕介・黒田有志弥（2016）「市町村の社会福祉行政における組織体制・職員配置の制度的枠組みと実態についての歴史的変遷と現在の課題」社会政策学会第133回（2016年度秋期）大会報告原稿．

畑本裕介（2016）「福祉行政における総合相談窓口設置についての一考察――P市の事例をもとに」国立社会保障・人口問題研究所『「社会保障サービスの受益・業務負担軽減に向けた地域組織の空間的配置・人的連携の基礎的研究」報告書（平成27年度）』pp. 59-76．

蓼沼康子（2014）「女性管理職の育成と現状――坂戸市役所における女性管理職」『城西短期大学紀要』31（1），pp. 35-45．

猪飼周平（2010）『病院の世紀の理論』有斐閣．

猪飼周平（2015）「『制度の狭間』から社会福祉学の焦点へ――岡村理論の再検討を突破口として」『社会福祉研究』122: 29-38．

今田幸子・平田周一（1995）『ホワイトカラーの昇進構造』日本労働研究機構．

今城志保（2014）「科学性に基づく人的資源管理を進めるために――管理職研修の効果検証を例として」『情報知識学会誌』24（4）：381-392．

稲垣浩（2015）『戦後地方自治と組織編制――「不確実」な制度と地方の「自己制約」』吉田書店．

稲継裕昭（2002）「公務員制度改革の背景と今後」『日本労働研究雑誌』509：11-20．

猪木武徳（2002）「経済学的視座から論点を整理する」『日本労働研究雑誌』509：4-10．

入江容子（2004）「地方自治体における職務管理――大部屋主義の再検討と目標管理の導入に向けて」『日本労働研究雑誌』524：84-94．

石原俊彦・山之内稔（2011）『地方自治体組織論』関西学院大学出版会．

出雲明子（2014）『公務員制度改革と政治主導――戦後日本の政治任用制』東海大学出版部.
神野直彦（2002）『地域再生の経済学――豊かさを問い直す』中公新書.
真渕勝（2009）『行政学』有斐閣.
前田健太郎（2014）『市民を雇わない国家――日本が公務員の少ない国へと至った道』東京大学出版会.
前浦穂高（2002）「地方公務員の昇進管理――A県の事例を中心に」『日本労働研究雑誌』509：42-51.
前浦穂高（2004）「地方公務員の人事異動――A県の事例を中心に」『日本労働研究雑誌』509：72-83.
前浦穂高（2013）「公務員の労働組合と発言機能――地方公務員非現業職員を中心に」『日本労働研究雑誌』637：56-67.
牧里毎治・野口定久・武川正吾・和気康太編（2007）『自治体の地域福祉戦略』学陽書房.
宮本太郎編（2014）『地域包括ケアと生活保障の再編――新しい「支え合い」システムを創る』明石書店.
守巧・中野圭子・酒井幸子・矢澤弘美（2015）「保育現場におけるコンサルテーションの実情と課題の解明――管理職・ベテラン保育者へのインタビューの質的分析より」『保育学研究』53（2）：185-193.
村松岐夫（2002）「公務員制は入り口が大切」『日本労働研究雑誌』509：1.
中村圭介（2002）「教育公務員の制度改革を考える――教育社会学者との対話を通じて」『日本労働研究雑誌』509：31-41.
中村圭介（2004）『変わるのはいま――地方公務員改革は自らの手で』ぎょうせい.
中村圭介（2007）『実践 自治体の人事評価――「評価される側」からのアプローチ』ぎょうせい.
中村圭介・前浦穂高（2004）『行政サービスの決定と自治体労使関係』明石書店.
日本都市センター（2007）『都市自治体の戦略的な組織定数マネジメント』.
西村美香（1999）『日本の公務員給与政策』東京大学出版会.
大井方子（2005）「数字で見る管理職像の変化――人数，昇進速度，一般職との相対賃金」『日本労働研究雑誌』545：4-17.
岡部卓（2015）『生活困窮者自立支援ハンドブック』中央法規.
大森彌（1987）『自治体行政学入門』良書普及会.
大森彌（1994）『自治体職員論――能力・人事・研修』良書普及会.
大森彌（2015）『自治体職員再論――人口減少時代を生き抜く』ぎょうせい.

太田肇（2011）『公務員革命――彼らの〈やる気〉が地域社会を変える』ちくま新書.
大谷強・澤井勝編（2008）『自治体雇用・就労施策の新展開』公人社.
社会保障審議会（2013）『生活困窮者の生活支援の在り方に関する特別部会報告書』.
下井康史（2002）「公務員法と労働法の距離――公務員身分保障のあり方について」『日本労働研究雑誌』509 : 21-30.
武川正吾（2006）『地域福祉の主流化――福祉国家と市民社会 III』法律文化社.
田尾雅夫（2015）『公共マネジメント――組織論で読み解く地方公務員』有斐閣.

III

サービス提供機関の窓口へのアクセスとサービスの利便性

第5章　福祉サービスにおける連携の類型化

西村幸満

1　生活保障の持続可能性と地域サービス

われわれの生活水準は，1973年12月から続く安定成長の結果，1990年代初頭に社会経済的に戦後のピークを迎えた．1991年3月から1993年10月までの景気後退期－バブルの崩壊を経て，日本は「失われた20年」と呼ばれる低成長期に突入している．2000年代に入ると，あらたに社会保障の財源不足問題が顕在化してきた．団塊の世代を中心とする戦後の人口ボーナス層が60歳を迎え，社会を支える現役世代から，社会から支えられる層へと転換することの規模の大きさから生活に対する社会的不安はましており[1)]，社会保障への期待は大きくなっている．

財源不足においてなお社会保障への期待が大きくなった理由は，個人の就業が不安定化したこと，家族機能あるいは社会関係機能が弱まったこと，国際競争による企業の業績が悪化し，安定的な税収が期待できなくなったことなど，われわれの生活保障を担保するそれぞれの柱（基盤）が弱体化したことにある．「日本的」と呼ばれた雇用システムは，同時に，「男性稼ぎ主」の就業とその配偶者による生活保障に向けた家族（分業体制）戦略であったし，また企業側の安定的な業績が個々の長期的なキャリア展望の前提となってい

1)　日本の人口が，団塊の世代以降減少したという見方があり，そのことによって団塊の世代が過度に社会的なリスクとしてみられる傾向がある．佐藤（2008）が指摘する通り，日本の人口にとって団塊の世代とは，「大正の終わりからはじまった出生率の長期的低下傾向が，唯一，逆転した時期」（p. 22）であるという事実は意外と知られていない．この人口ボーナス層の最初が60歳となる「2007年問題」，年金受給開始年齢の65歳となる「2012年問題」が社会問題となった．

た．企業業績の安定は税収の安定をもたらし，このことは再分配によって，われわれの生活——とくに生活が不安定な状況にある人々——にさまざまな支援をもたらしてきた．このようなサイクルの仕組みを運営する中央主権的な国家のあり方として，福祉国家という明確な姿が描かれてきた．すなわち，国家のあり方としてみれば福祉国家が，国民一人一人からみれば生活保障（Livelihood Security）が，それぞれ不安定化しているというのが，われわれが直面している問題の総称であるといえるだろう．

われわれの生活を保障する基盤の中で，個人・家族レベルではどうにもできない部分を担うのが制度としての社会保障[2)]であり，さまざまな生活支援・福祉サービスを国・自治体だけではなく，民間を通じても提供してきた．社会保障は，個人が，病気・けが・障害・死亡，老化・弱体化，失業あるいは出産など，生活上の困難を抱えた場合に，生活困窮や貧困への支援，高齢者への年金の給付，医療・介護の提供，最低限の生活を保障するための生活保護をおこなう．個人の社会経済状況の悪化と企業による福利厚生の削減により，近年の社会保障は，かつてよりも複雑な問題に対処する必要が生じている．

これまでわれわれの生活を支えてきた基盤が機能しなくなるどころか，むしろそうした基盤がわれわれの生活をおびやかす「逆機能」に陥るという指摘もある（大沢 2007）．われわれの生活は，自助・互助（共助）・公助という枠組み，あるいは個人保障・企業保障・社会保障といった枠組みで，こうした基盤同士のバランスの悪化，あるいは「逆機能」となってしまった基盤の健全な機能の回復に向けた方策（支援方法）を考えなければならない．

直近の厚生労働省の施策では，2015 年の 4 月には，生活困窮者自立支援法，内閣府と共同で子ども・子育て支援法が施行された．これらの法律では，事業実施の責任主体は市町村などの基礎自治体（以下，自治体）となる．自

2)　ここで社会保障サービスとは，社会保険，公的扶助及び社会福祉各法上，地方自治体が実施する（委託を含む）こととされている給付あるいはサービスの枠組みを指し，実践としては福祉サービスとして区別している．従来ソーシャルワークと対置されてきたものを指すが状況によっては幅広く用いることもある．社会保障改革においては，人口の高齢化という趨勢と制度設計の持続性問題を理由に，給付と負担のバランスばかりが問題となってきた．その利便性を高めることが利用者の支援をスムーズに進めることにつながると考えている．

治体は社会福祉法人等の民間事業者に事業を委託することもでき，地域の実情に合わせた選択ができるようになっている[3]．生活支援・福祉サービスの供給は，地方自治体あるいは地域のさまざまな担い手によってこれまでもおこなわれてきたが，制度の導入・変更に応じてこれまで以上におこなわれていくことが期待されている．

なかでも，社会保障制度上の具体的支援を受けるためには，支援内容にとどまらず，自治体等の出先機関を含めた窓口へのアクセスの容易さをはじめとする，サービス受給の利便も求められる（国立社会保障・人口問題研究所 2015）．生活上の問題を抱える住民に対して，地域の実情に応じてきめ細やかな支援を目指して，2000年以降，地域の福祉サービスは「寄り添い型」支援体制を検討してきた．サービス供給側のもっとも末端で，最初に困難を抱えている住民と直接対面し，地域の福祉を担ってきた福祉サービスの窓口（巡回を含む）業務の実態についてのわれわれの注目はこれまで十分であっただろうか．本書の元になった「社会保障サービスの受益・業務負担軽減に向けた地域組織の空間的配置・人的連携の基礎的研究」（以下，窓口プロ）は，このような問題関心から出発している．生活支援・福祉サービスの窓口業務には，利用者が抱えている問題の解決あるいは支援に向けて，どこに相談すればいいのか，相談以前に窓口はどこにあるのか，という根本的な問題がある．

2011（平成23）年版の『厚生労働白書』は，国民の社会保障制度の認知度とサービス手続きの認知度の間にかい離があるだけではなく，彼らが「サービスを必要とする場合にどこに行けばどのような社会保障のサービスが受けられるのかといったことが正確に知られていない状況」（p. 114）を指摘している．

生活支援・福祉サービスという観点からみると，自治体が事業主体となる支援体制は，これまでの経緯からアクター間の役割・機能が複雑に絡み合っ

3）生活困窮者自立支援法では，自立相談支援事業及び住居確保給付金の支給については，必須事業として，就労準備新事業，一時生活支援事業，家計相談支援事業，学習支援事業については任意事業として福祉事務所設置自治体が実施する．子ども・子育て支援法では，ニーズに基づいた計画策定，給付・事業を実施する．都道府県・国がこうした自治体を支える．

ているように見える．さまざまな事業体，組織体のサービスのせめぎ合い，連携の実態，ケア労働において提起される「感情労働」の問題，地域包括ケアにおける多職種連携が提起する職域の問題，生活困窮者自立支援などで生じる相談員の職域あるいはアウトリーチの範囲など，自治体も住民も全体像がみえないまま事業が進んでいる．

以上のような問題を踏まえて窓口プロは，サービス事業所の窓口の業務に注目したヒアリング調査を開始することにした．本章は，その成果の一部をとりまとめたものである．ここでは生活困難・生活不安定者に第一次に接する窓口業務を取り巻く環境である，自治体と福祉の連携の体制に注目した．2014年度に実施した19の自治体（府県，政令市，市町）のヒアリング調査に基づき，サービスの提供体制の主導主体と主たる提供主体と連携に着目して，ワンストップによる相談窓口の類型化をおこなった．その類型化を踏まえて，今後社会保障サービスが対象とする支援サービスに関する研究領域の提示をさいごに行う．ただし，窓口（巡回を含む）業務の実態解明については，すでに根本的な疑義も投げかけられている．たとえば，田尾（1994）は「サービス組織では，その成果が無形であり，蝕知できない．したがって，それが，どの程度のものであるかを，量的に補足することは難しいし，質的な評価も困難である」（p. 181）ことを指摘する．本章ではこうした指摘を踏まえたうえで，後述する多機関連携の観点から「何が望ましいか」ではなく，「どのように機能しているか」に主眼をおいた分析をおこなう．しかし，現段階では，新しい制度の導入初年でもあり，名目上の連携と実質上の連携（すなわち，機能）については判別が難しいという限界もある．次節では，新制度の導入の背景と制度と現場の関係について整理しておこう．

2　新制度の導入と「制度の狭間」問題——社会福祉と社会保障

福祉を取り巻く制度的環境は，近年，変わりつつある．2012（平成24）年，政府の「社会保障・税一体改革大綱」では，「給付・負担両面で人口構成の変化に対応した世代間・世代内の公平が確保された制度へと改革していく」（閣議決定2012，p. 1）ことが指摘された．その際には，「全世代対応型の制度」（同，p. 2）と「国と地方が一体とな」（同，p. 2）ることを目指すことが示された[4]．全世代型対応においては，現在，日本社会が直面する，年金，医療，介護，子育てに加えて，若年層の雇用問題も対象とされた．対象とされた子育てについては，すでに指摘した2015年4月に施行される「子ども・子育て支援法」があり，同時に全世代対応に向けた「生活困窮者自立支援法」も施行される．

政府が，改めて国と地方が一体となることを強調するのは，宇野（2015）が指摘するように，戦後日本の「政府と自治体の関係は，必ずしもヒエラルキー的ではなくなるものの，実態としては各省庁による機関委任事務と補助金行政，さらに精緻に構築された中央・地方の財政システムの連動性によって，両者は密接に結び付けられてきた．その意味でいえば，現在，地方分権改革によって機関委任事務制度が廃止され，さらに財政の悪化によって，補助金行政もより厳しくなっている」（pp. 29-30）ため弱くなった（と思われる）国と自治体の結びつきを，ここで改めて強調する意図があったためだと思われる[5]．

2000年に社会福祉事業法から社会福祉法へ改正された[6]あと，地域における生活支援・福祉サービスは，たとえば高齢者を対象とした分野では，介護保険制度に基づく介護サービスの地域包括支援センターなどにより，支援の拠点化がすすめられてきた．他方，生活困難者に対して政府は，「ワンストップ・サービス・デイ」（2009～2010年度），「パーソナル・サポート・サービス」（2010～2012年度）など，多目的に対応した「寄り添い型」と呼ばれる支援体制を試みてきた．重層的なセーフティネットは，地域が提供する生活支援・福祉サービスに基づいている．地域の多様な生活支援・福祉サービスの提供がすすむほど，セーフティネットの網の目が細かくなっていき，社会からこぼれ落ちる人がでることを防げるようになると期待されている．

4）当時，インフラとして期待された，マイナンバー（当時，社会保障・税番号制度）の導入も，2015年秋には国民の番号割り当て，2016年の1月には利用開始の見込みとなっている．

5）両者の結びつきだけでなく，社会を支えていた「分厚い中間層」が喪失してしまったという認識があるかもしれない（閣議決定2012，p. 5）

6）社会福祉法の第1条が「地域福祉」を「地域における社会福祉」と位置づけたのは2000年のことである．

こうした制度の動きについて，地域の生活支援・福祉サービス[7]との関係から議論は多い．武川（2006）は，「社会福祉だけではなく，現代日本の地方行政，地方自治，地域社会などに関係する諸問題が地域福祉のなかに集約的に表現される事態」（p. ii）と整理し，これを「地域福祉の主流化」と呼んだ．地域福祉は，a）地域組織化，b）在宅福祉[8]，c）住民参加型福祉[9]，d）利用者主体[10]という4つの軸が時間とともに重なり合ってでき上がったものというのが，武川（2006）の主張である．地域組織化は，サービスの供給主体が多元的・分散的であるアメリカのコミュニティ・オーガニゼーション（CO）の影響にもよるという（伊藤 2015，p. 82，武川 2006，p. 26）．近年，日本の行政学でも注目されている，ローカル・ガバナンス論では，「地域における政府部門と民間部門の連携・協働（公私協働）という様式に着目」（伊藤 2015，p. 81）しているが，地域の福祉の現場で連携・協働はすでに日常的な課題であった[11]．

地域の生活支援・福祉サービスは，家族が負担してきたさまざまなリスクのうち，地域の資源を活用しながらサービスを提供しようとする．これは社

7）岡村（1974）は現在においても地域福祉を捉える射程を提示している．武川（2006）の概念化にも影響が大きい．参照されたい．

8）1980年代には，イギリスのコミュニティ・ケアの影響を受け，在宅福祉が社会福祉協議会によって普及され始める．武川によれば，地域組織化と在宅福祉は，外国の影響を受けつつも「国産概念」（たとえば，岡村（1974）を参照）と位置づけられるという（武川 2006，p. 82）．国内にもともとあった福祉のあり方の1つを，諸外国の事例を提示しつつ，直面する福祉の課題解決に向けて戦略的に練り上げたようである（全国社会福祉協議会編 1979）．

9）福祉サービスの需要主体が，低所得者から要介護支援者に制度的にも拡大すると，最低賃金水準以下の謝礼で従事する有償ボランティアが自発的に生まれ，在宅福祉サービスを提供する団体へと成長した．これが福祉分野のNPOであるが，1990年代になると住民参加型福祉として注目された（武川 2006，pp. 27-28）．

10）1990年代の後半になると，「措置から契約へ」という考え方に基づき，利用者主体の考え方が日本の福祉でも根づいてきたという．イギリスの福祉サービスにおける消費者重視の考え方と同様に，利用者は行政処分の対象という取扱いから契約者という扱いに転換したという（武川 2006，p. 28）．法制度上も，社会福祉基礎構造改革の中で社会福祉の各サービスについて契約の仕組み，すなわち当事者の合意によるサービスの利用関係の設定が図られ，それに対応する形で，サービス利用者の利益の保護が社会福祉法の目的の1つとして明記された．

11）たとえば，日本復帰前の沖縄では，1951（昭和26）年に「沖縄群島社会福祉協議会」が設立され，日本と直接関係のない状況で，福祉サービスの提供が民間を中心におこなわれていた．

会福祉協議会が主に福祉サービスを担うという体制のなかで，自治体の役割の確立，NPOなどの新しい担い手の登場もあいまって，地域に重層的なネットの形成を構築しようとする意図がある．同時に，「行政にできないことを住民に委ねるのではなく，むしろ住民が自ら実現できない課題を行政の力を借りて実現するという『地方自治』の本旨に立ち戻る」（宇野 2015，p. 31）ことでもある．

社会保障における新たな制度の導入（＝枠組みの構築）は，地域の生活支援・福祉サービス（＝実践）に影響を与えてきた[12]．そのことを端的に示すのが「制度の狭間」（猪飼 2015，p. 29）問題である．岡村（1983）は，社会保障と社会福祉の関係について，「社会福祉は社会保障制度の一部であるという見解が支配的であったので，それに対して社会保障の一部ではない社会福祉固有の意義，従ってまたその固有の対象領域と機能を明らかにする」という立場をとる（岡村 1983，はじめに）．「最低生活の経済的保障を目的とする社会保障制度は，個人の経済生活という特定の側面にかかわる専門分業制度であって，個人のもつ社会関係の客体的側面にかかわるものに対して，社会福祉は社会関係の主体的側面にかかわる社会的援助である．」と規定し，生活問題をとらえる視点が異なるという[13]．

猪飼（2015）は，こうした岡村理論を，「日本の社会福祉における制度的支援と『狭間』への支援としてのソーシャルワークとの関係」と位置づけ，「狭間」を「社会福祉の『固有性』の領域として規定する理論」であると整理する．猪飼は，岡村が明確に言及した社会保障制度を「日本の社会福祉における制度的支援」と転換して，対立図式というよりも補完的な位置づけに読み直しており，日本の制度と地域の生活支援・福祉サービスの関係を端的に示している．新たな制度の導入により，今後，地域の生活支援・福祉サービスの一角を担う窓口（巡回）業務がどう変貌していくのか，地域ごとの実情に合わせた課題は何かを追究する必要が生じている．次節では，この課題に対するアプローチとして，連携の必要性について整理する．

12）注2を参照．

13）「社会関係の主体的側面に視点を据えて，社会関係の困難を生活困難として把握するところに社会福祉固有の対象領域が開ける」

3　生活支援・福祉（窓口）サービスの実態へのアプローチ

3.1　われわれが直面している社会的リスクの特徴

セーフティネットの中心が家族であったのは間違いないものの，家族機能は変貌している．家族の抱える問題群について，整理したものが図1である．家族を中心に据えそこからリスクが社会化されていく様子を描いている．

たとえば，学校を経由して，若者は労働市場へ参入していく．1990年代の後半まではあたり前のように考えられていた．若者が学校から職業へのスムーズな移行がすすんでいた1990年代初頭までと比べ，いまでは若者の就労への移行が困難化しているだけではなく，就労したとしても非正規就業や3年後の離職率の高さなどの不安定な状況におかれている．現役で働いている者は，失業や病気のリスクに晒され，家族の介護不安もある．年齢とともにそれらのリスクは高まっていく．結婚したとしても，離死別により生活不安が生じることもある．母子世帯のように，就業と育児の両立がうまく機能しないため貧困に陥ったり，生活を維持するためにさまざまな支援が必要になったりすることもある．いま「福祉から就労へ」というスローガンが強調されるのは，就労可能でありながらもその機会が閉ざされてしまい，不安定な生活を送っている地域の人をすくい上げようとするためである．ここには，年間約40万人ともいわれる生活保護の申請をしながらも，その受給を認められなかった人々や，もちろん，生活保護受給者も対象となっている．

地域の生活支援・福祉サービスの重要性の高まりの背景には，社会が人々を支える仕組みにゆらぎがあり，また家族のもつ機能では支えきれない多様な問題にわれわれが直面していることに他ならない．

3.2　多機関連携アプローチ[14]の適用可能性

このような課題に対して，多元化する福祉サービスの実態を捉えるのに有効とされるのが，ローカル・ガバナンス論[15]で用いられる，多機関連携アプ

14）ここでは地域の福祉を担う諸組織・団体との関連を指して多機関連携という．

15）「地域における政府部門と民間部門の連携・協働（公私協働）という様式に着目した点は，

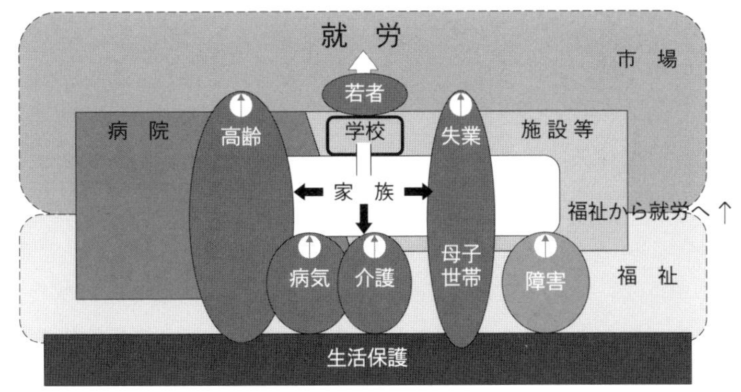

図1 家族が抱える問題群

ローチである．自治体と協働する機関との間で生じる関係性に焦点を当てた多機関連携は，行政サービス分析における重要な視点である．これまでのローカル・ガバナンス論には，官僚制組織の効率化による説明あるいは民間経営手法を取り入れたNPM（New Public Management）理論の適用という一面性への批判がある．公私協働を前提として，多数の性質の異なる拠点（多核性）と予備のシステムや一部を多重的に準備する（冗長性）を想定しており，多様な福祉サービスが提供する業務の重複におけるインフォーマルな交渉・調整を評価するアプローチである．伊藤（2015，pp. 97-98）は，多機関連携が実効性を備えるために，3つの課題を整理している．

1 関係機関の間で政策やサービスに関する情報が共有されている
2 多機関連携の「場」のマネジメント（運営）が適切に行われなければならない
3 多機関連携を支える人材の育成

地域の生活支援・福祉サービスを公私協働と捉え，公的な部分においては，自治体の特徴，職員の特質に注目し，私的な部分との協働関係（情報の共有と連携のマネジメント）をヒアリング調査と資料から明示的（とくに模式

確かにローカル・ガバナンスの新規性を表している．しかし，とくにアメリカの行政研究では，むしろ地域におけるサービス供給主体が多元的・分散的あることが前提とされていた」という（伊藤 2015，p. 81）．

図）に構成することにした．自治体について伊藤（2015）は，「伝統的な行政学は，行政組織の多元性，分散性を部局間対立の原因として否定的にとらえ，日本の行政学も中央省庁のセクショナリズムの弊害を指摘してきた．これに対し，自治体の『総合性』が強調される日本の地方自治の文脈においては，中央政府の場合に比して地域行政におけるセクショナリズムの弊害は相対的に小さいと考えられてきた」（p. 82）と整理する．日本では，自治体職員が一定の部局に長く留まることから発生する不都合な問題を回避するために，人事ローテーションをルーティーン化してきた．これは自治体職員が関係団体と不祥事を起こすたびに強化されるが，他方で，セクショナリズムの弊害を小さくする効果もみられている．この傾向は，「政党政治の腐敗を打破するため，連邦・州・都市自治体の各政府階層において専門知識を備えた行政官僚を育成するとともに，執行権の集中と強化を通じて能率的な行政を実現することを主張していた」（p. 83）というアメリカの自治体職員の特質とは異なるものである．なぜなら，一般的な傾向として，日本の自治体職員は政治家ではなく，サービスの利用者に目が向いているといわれる．自治体職員を規定するローテーションの一般原則を自治体ごとに確認し，職員の視線の先にあるものを見据える必要がある．

3.3　ワンストップと連携

さらに，多機関連携の実態は，日本ではワンストップと組織間連携の仕組みとして，自治体が支援する多様な対象軸を包括する手段として導入が検討されてきた（図2）．ワンストップ[16)]は，行政窓口サービスの一元化（総合窓口化）を目指すもので，その原則は単一組織内の連携（a）か，福祉事務所とハローワークの一体的支援のように，特化した複数の支援サービスを同じ場所に常設して実施する組織内組織間連携（b）を想定している．この2つの想定から，連携を同じ場所で実施したとしても，必ずしも有効に機能しないものであることがわかる．たとえば，組織内連携（a）は本来行政のサービスそのものであるが，従来は「縦割り」，「セクショナリズム」，「大部屋

16）畑本（2012，p. 96）は，この考えは2001年より始まるイギリスの若年就労支援により注目が集まったと指摘する．

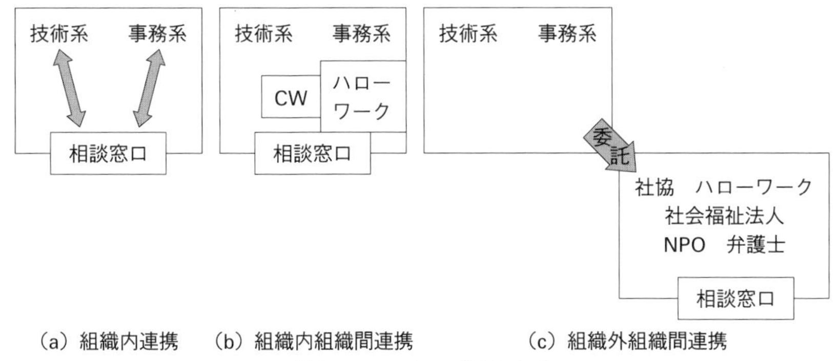

図2　ワンストップのタイプ

主義」などと行政サービスを批判する典型的な事例として示されるほどに自治体サービスから欠けやすい機能である．サービスを分業体制で提供する場合には，職員個人で対応できない相談に対しては職員間で補完し合う――すなわち，連携する――ことになる．その連携を行政サービスの前提とすると，実際は，次第に個々の職員が分業体制に依存して同僚の業務を知る必要性を回避する傾向にあるようだ．(a)は自治体職員らの同僚の業務への知識・理解が十分でないという実態を解消し，本来の行政サービスを取り戻そうという試みともいえる．

厚生労働省は，職業相談だけでなく，住居・生活支援の相談・手続をおこなう「ワンストップ・サービス・デイ」[17]をハローワークなどで実施しており，このイベントは若者自立支援などの就職支援において，相談から就職，定着までのサービスを提供する形態をであった（五石 2011，p. 56，p. 268，p. 439）．その後，内閣府の「パーソナル・サポート・サービス」事業で用いら

17）　非正規労働者の雇用対策として，ハローワークが実施する（1）職業相談，職業紹介，（2）職業訓練の受講あっせん，訓練期間中の生活資金の給付のご相談・手続，（3）住宅入居初期費用等の貸付のご相談，（4）求職中の方が利用できる公営住宅等の情報提供，地方公共団体が実施する（5）住宅手当のご相談など，（6）生活保護のご相談，社会福祉協議会が実施する（7）生活福祉資金の貸付のご相談など，保健所，精神保健福祉士協会，臨床心理士会などが実施する（8）心の健康相談，弁護士会などが実施する（9）多重債務のご相談など，労働局と労働基準監督署が実施する（10）総合労働相談を指しており，生活困窮者自立支援法の枠組みと同じである．なお（6）の生活保護については，当日は，原則として相談のみの対応であり，相談内容は管轄の福祉事務所に連絡をする．

れた連携は，組織間協働を指し，もともと社会的ネットワーク論，組織論，あるいは企業マネジメント研究などで発達した手法を自治体の運営に応用しようとするものである．本章では上記の（a）と（b）と区別して，これを組織外組織間連携（c）と呼ぶ．この連携[18]は，非常設型の連携であり，一時的に多職種の組織・団体が集合するもので会議・研究会（大会）・事例報告会といった形式をとる．

ワンストップと連携（組織内（a と b）・組織間（c））を機能的にみると，自治体職員個人あるいは 1 つの組織では対応しきれない問題について，複数の個人あるいは複数の組織間で業務を補完し合うという意味では，同じ機能的限界をもつ．すなわち，幅広いスキルをもたない個人，多様な専門的対応が可能な組織ではない自治体などでは，ワンストップと連携による対応は必要不可欠な方策と考えられるのである．

このように整理すると，近年の支援の供給体制の構築には，第一義的には個人の業務対応の幅を広げることが必要である．これは，およそ 2～3 年の人事ローテーションによって幅広い業務の担当を経験する，いわゆるジェネラリストと呼ばれるキャリア形成のことで，自治体職員にとっては新たな負担とはなりにくそうである．しかし，自治体職員は自治体の人口規模が大きくなるほど細分化された業務に従事し，いわゆるスペシャリストというキャリア形成へと水路づけられてもいるという[19]．さらに，どの規模からこれらのキャリアの違いが現れるのかは明らかではないが，合併などによる規模の拡大によって職員スキルのスペシャリスト化が進み，スキルの幅広さが欠落する傾向にあり，それがワンストップと組織間連携を必要としている背景にあるのであろう．本章でワンストップというのは，自治体職員の業務が制度により増大し，本来の行政サービスの提供に必要な仕事の幅をもちえないう

18）「ワンストップ・サービス・デイ」を実施したハローワーク，地方公共団体，社会福祉協議会，保健所，精神保健福祉士協会，臨床心理士会，弁護士会，労働局，労働基準監督署の成果を引き継ぎ，これまで福祉支援を提供してきた福祉事務所を組み合わせている．社会保障審議会（2013，p. 11）では，さらに家計相談支援事業者，医療機関，教育委機関，矯正・厚生保護機関，サポステ，障害・介護・児童等福祉サービス提供事業者，NPO，商工会議所等・民間企業，公益企業，民生委員・児童委員などが列記されているのが，地域の主要な組織である．

19）　中村（2004）に同様の指摘がある．

えに，それを人的増員という形で量的には解消できないために生じた，業務補完の方法という位置づけとなる．この見方は，第6章でも用いられる．

4　分析の手続きとヒアリング調査結果

ここでは，地域ごとに実践されている多様な多機関連携の特質を整理する．求められるのは，多機関連携の有機的な運営と要支援者の自立にはたす機能である．しかし，生活困窮者自立支援と子ども・子育て支援は2015年に始まったばかりである．名目上の連携と実質上の連携の違いによって，自立にはたす連携の機能を正確に取り出すのは時期的に難しい．そこで自治体と多機関連携の実態について，ヒアリングと自治体の資料（HPなどを含む）に基づいて作成された関係図を，自治体名が特定できないようにモデル化したものを提示する．最初に都道府県レベルを提示し，そのあと市（町村）を提示する．地域の福祉の重要性の高まりという大きな動きがあるものの，福祉サービスを自治体が主導で提供するのか，それとも自治体以外の委託先や民間サービスが主導するのかを説明する．

4.1　県レベルの多機関連携

図3は，県レベルの外部委託の中で，社協主導タイプをモデル化したものである．ここでは，従来の貸付業務に加えて，社協が福祉施設・介護施設等の連携をけん引し，既存の施設に住民の生活支援を業務とする相談員の設置を達成している．相談員の人件費は，連携をしている福祉系の諸団体の基金からなっているという．都道府県レベルでは，2014年度でハローワークとの連携について明確になっている自治体とそうでない自治体があった．

図4は同じ外部委託によるものであるが，県社協以外の労働者福祉系の団体が中心となって，生活支援・就労支援をワンストップ型で実施するもので，厚生労働省のモデル事業から出発している．ワンストップ型の事業所には，パーソナル・サポート・センターがあり，ハローワークの端末に加えて，就職相談員が常駐しており，また労働局が連携することで若者と母親の就業支援も実施している（第6章）．都道府県レベルの連携は，町村を事業主体と

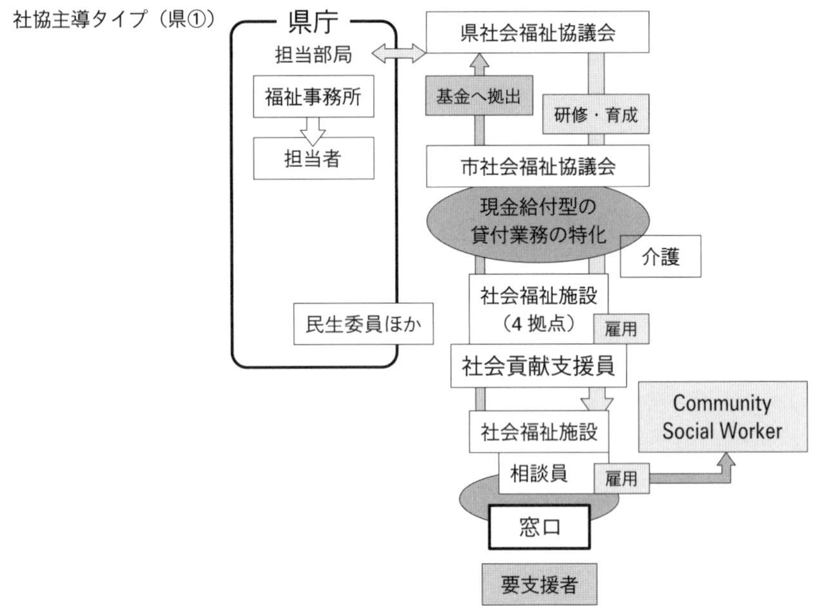

図 3　県レベル・社協主導タイプ

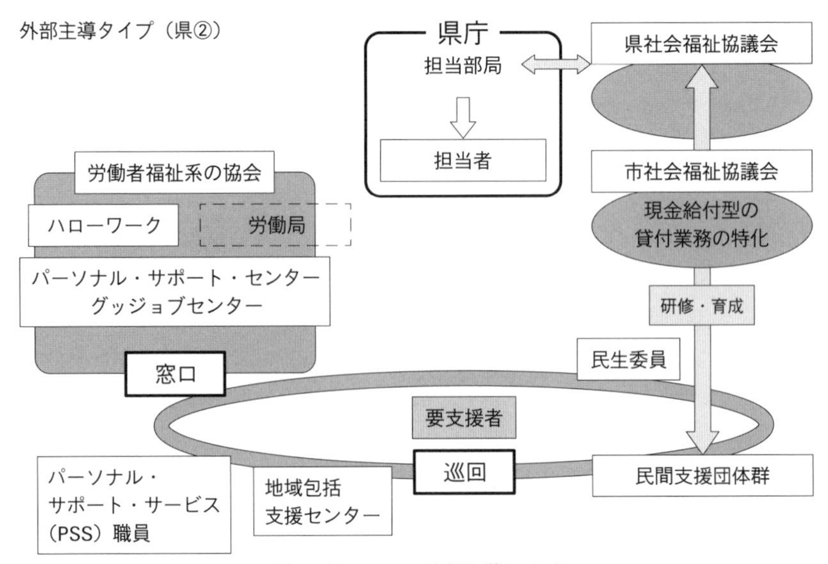

図 4　県レベル・外部主導タイプ

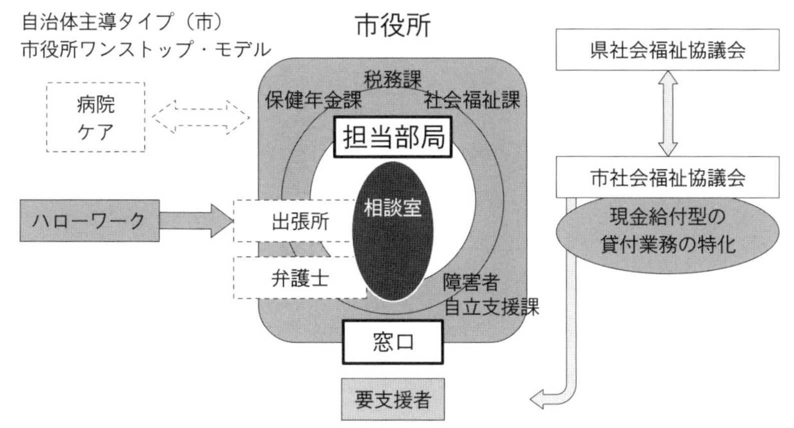

図5　市レベル・自治体主導タイプ

して民間への業務委託から始まっている.

4.2　市町村レベルの多機関連携

図5は，自治体主導タイプをモデル化したものである．主に生活困窮者の自立支援に向けた試みとして構築されたもので，市役所内でワンストップ型の支援をおこなうものである．図4の外部主導タイプのアイディアをそのまま市役所内に包括し，利用者が抱える問題の1つ1つに対応した各部局の担当者が相談に乗り，相談と生活支援までにかかる時間の短期化をすることで，利用者負担の軽減を目指すもので，すでに実績をあげている．市役所のもつ個人情報を支援に生かすため，弁護士との連携により利用者の同意を取りつけたうえで，法的な問題をクリアするとともに，就業可能性があるときには，ハローワークからの求人情報提供もその場で得ることができる.

図6は，自治体主導と外部委託が混在するタイプで（直営＋委託），地域の高齢者人口が多いことを反映して，就業支援はおこなわず，高齢者支援を中心に生活支援・福祉サービスを提供している．自治体は，在宅支援を中心に，障害者や要介護・要介護支援者支援の窓口となり，施設，病院，地域包括支援センターとのパイプ役となる一方で，高齢者の健康維持・増進のための支援を社協に委託するという．病院との連携は自治体ごとに濃淡がある.

図7は，セーフティネット連絡会（仮称）という多機関連携の情報交換・

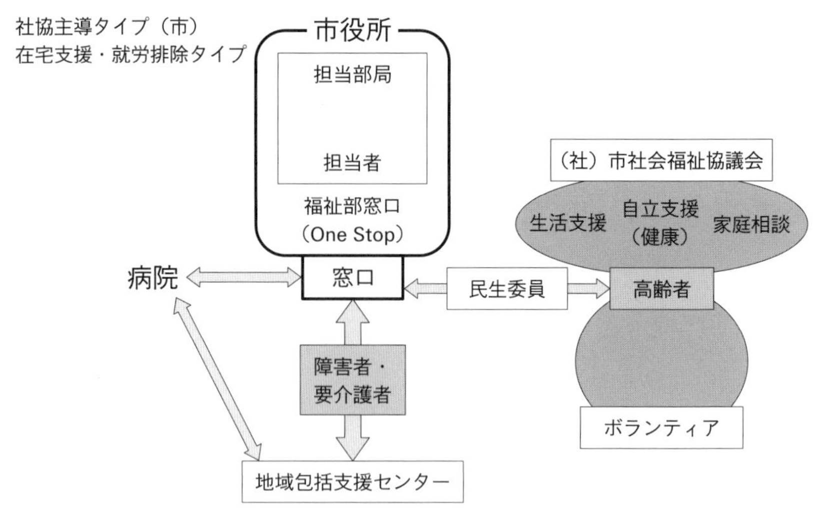

図6　市レベル・社協・自治体混在タイプ

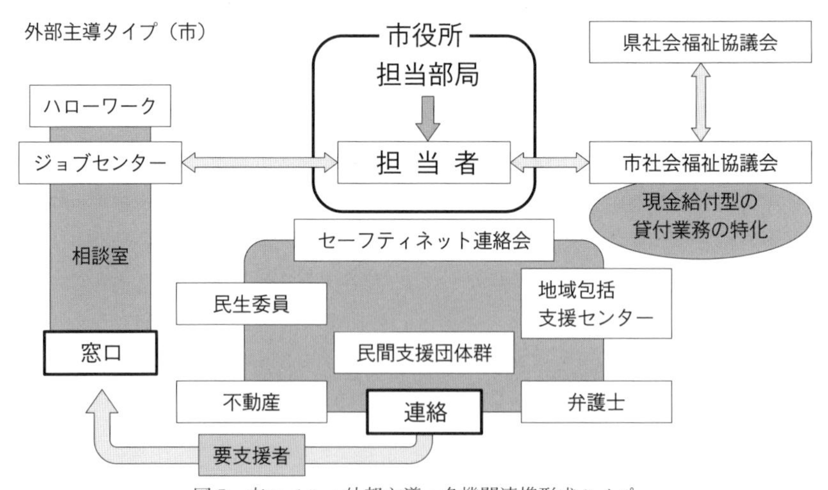

図7　市レベル・外部主導・多機関連携形成タイプ

調整の場を設けているものの，利用者（要支援者）の対応は，それぞれの機関で実施するというもので連携の実現に課題をもつ．ただし，就業可能性の高い利用者（要支援者）に関しては，セーフティネット連絡会（仮称）からハローワークへの就労支援に連絡するという．外部主導とはいえ，セーフテ

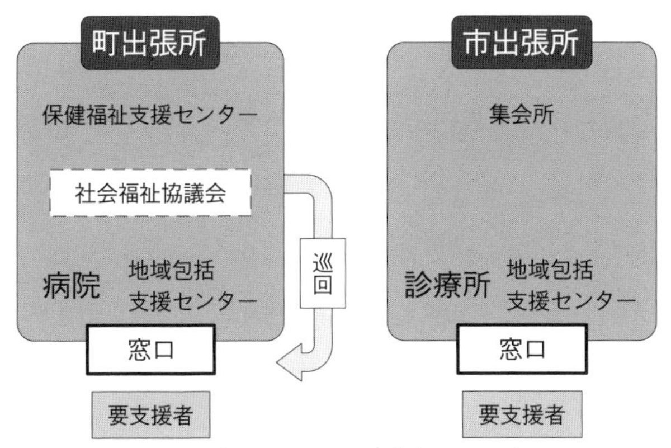

図8　市・町レベル・病院中心タイプ

ィネット連絡会（仮称）には市役所も関与しており，市の社協との連携も実施する．

図8は，病院と地域包括支援センターを組み合わせたワンストップ型の拠点を構築している．市でも町でも運営が可能であり，就業支援は住民のニーズがなくおこなわれていない．若者の支援というよりは，高齢者支援が主だったサービスである．病院あるいは診療所では，利用者は自分が必要とする福祉サービスを認識しており，相談内容も健康・介護などに限られている．しかし，治療あるいは入院などの際に生活支援を必要とする利用者もおり，短期的に社会福祉協議会の貸付などが求められることもある．病院・診療所と地域包括支援センターとは相互に密接な連携をとることが可能になっている．一般に，医療機関との連携は，医療関係者との相談にまで到達するのが難しい．ワンストップ型（(b) 組織内組織間連携）は，その点で顕著なメリットをもつ．

多機関連携については，われわれの2015年度の自治体におけるヒアリング調査によれば，情報共有の試みは積極的と判断できる水準から，ほぼ閉じているものまで実効性に自治体間で大きな差が確認された．かりに多機関連携が実施されていても，「場」のマネジメントについても何が「よい」のかについて，どの自治体も手探り状態なのが実態である．事実，「ローカル・

ガバナンス論は，多元的な主体間の「連携」や「協働」の意義を強調するが，それがどのように作動しているかを，具体的な事例に即して検討した研究は必ずしも多くはない」（伊藤 2015，p. 82）という現実があり，われわれの試みも含めて，今後の課題は大きい．

5　組織間連携に及ぼす諸要因の検討

第 4 節において地域ごとにみた多機関連携の模式図をもとに，福祉サービスと多機関連携の関係について検討をおこなう．とくに，ここでは，生活保護，介護（高齢者福祉）に加えて，2015 年 4 月に施行される，生活困窮者自立支援との関係（就労支援と中間的就労支援）に注目して整理している．この検討に利用したのは，自治体のレベル・規模，サービス内容・供給体制，直営－外部委託の選択，さらに業務の性質である．

5.1　福祉サービスと自治体規模の関係――就労と中間的就労の位置づけ

多機能関連を確認するまえの第 1 の整理として，サービスの内容（就労・中間的就労，生活保護・高齢者・子育て）を自治体のレベル・人口規模を考慮して，次のような現状を確認した（図 9）．地域の福祉が供給するサービスには，自治体の規模あるいは行政区画でみた場合に，全国一律でできるものと，そうでないものがある．この違いは法律のカバレッジによる制約ではなく，各自治体（住民など）のニーズの違いによる．ひとことでニーズといっても，この言葉が指す意味はかなり広くかつ曖昧である．

ニーズとは，ヒアリングをした担当者の実感，これまで自治体が提供してきたサービス，自治体別の官庁統計などに基づく判断のことを指し，明確な定義付けを行った体系的なニーズ調査の実施は，規模の小さな自治体ほど実施されていないようである[20]．

自治体の規模あるいは行政区画でみた場合の行政サービスの内容は，就労と中間的就労の 2 つのサービスを提供するか否かによって差異を確認するこ

20）規模の小さな自治体（町村）ほど，経験的なニーズの把握の信頼性は高いと考える傾向にある．

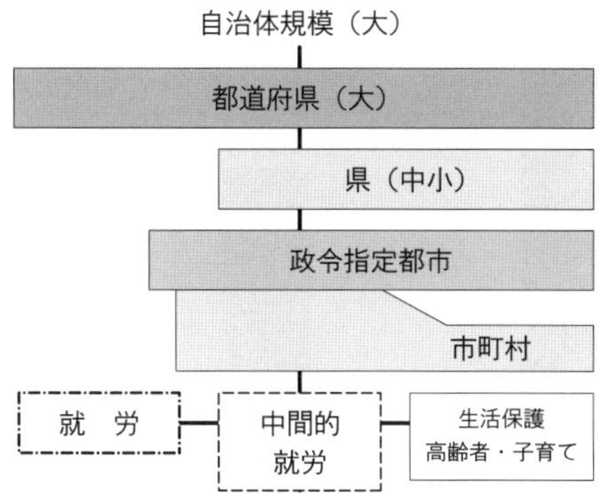

図 9　自治体規模・行政区画別の福祉サービス

とができた[21]．都道府県には，厚生労働省の地方支分部局の労働局が設置されているが，労働基準監督署と公共職業安定所（以下，ハローワーク）を下部組織とする国の出先機関であり，そこで働く職員の身分は国家公務員である．就労と中間的就労——とくに就労——は，ハローワークの求人情報サービスと関係があり，どの都道府県でもサービスを受けることができる．規模の大きな都道府県ほどハローワーク設置数は増える傾向にあり[22]，また，ハローワークプラザ・出張所・分室は，都道府県内の地域的な特徴をもつ自治体ほど多くなる傾向にある．

人口規模の大きな都道府県では，就労と中間的就労支援のサービスをワンストップ内にハローワーク機能をもたせることで提供することが可能であるが，人口規模が小さい県ほどハローワークのカバーできる地域は限られる．この図で中小県よりも政令指定都市のサービス提供が幅広いのは，次のような理由からと考えている．すなわち，50 万人以上の人口規模をもつ政令指定都市のうち 12 都市は 100 万人以上の人口規模をもっており，これは人口規模が下位 8 つの県よりも大きく，横浜市，大阪市，名古屋市に限っては，都道府県を含めて人口規模の大きい自治体の 20 番目までに入る．すべての

21)　就労と比較して，中間的就労がサービス提供しやすいのは，もともと地域の福祉が担ってきたサービスと親和性が高いことが理由だと思われる．

22)　都道府県内で経済活動が活発である主要な市に設置される．すなわち，市町村ではハローワークの利用が困難な地域が多数ある．

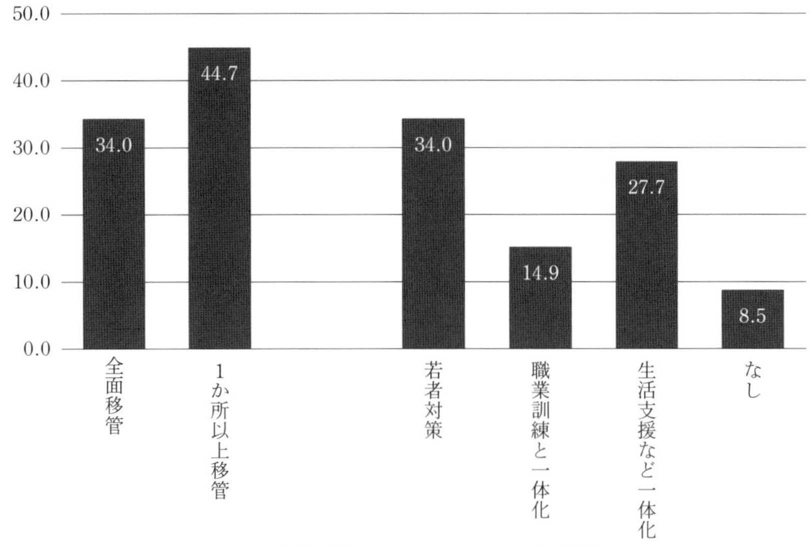

図 10　都道府県のハローワークの一体化提案

出所：http://www.cao.go.jp/bunken-suishin/jimukengenijo/teian-jirei.html より．公共職業安定所（ハローワーク）の一体的実施に対する地方自治体の提案書に基づく．

政令指定都市は，もっとも人口規模の小さい鳥取県よりも人口が大きいのである．自治体レベルよりも人口規模が説明しやすいことがわかる．

このような就労支援，中間的就労支援の中心的な役割を期待するハローワークの近年の位置づけについて確認しておこう．図 10 は内閣府が 2010（平成 22）年から希望する自治体において国の無料職業紹介と自治体の相談室業務を一体的に実施するための各自治体の提案について独自に集計したものである．

まず，都道府県でハローワークの全面移管を求めているものは，2014（平成 26）年の 4 月段階で 34.0% にとどまることがわかる．全面移管の条件には，財源と人件費を含めた移管の要請が多いことが特徴である．また，1 か所以上の移管を求めている都道府県が 44.7% あり，全面移管を求める都道府県よりも多くなっている．都道府県は，ハローワークの有用性を認知しながらも，その移管については積極的な方針をもつ自治体と，慎重な姿勢をもつ自治体がある．人件費などの財源と人口規模以外の理由の 1 つには，ジョブカフェとの重複業務に対する懸念がある．ジョブカフェは，「若者自立・

挑戦プラン」の中核的施策として，経済産業省のモデル事業として開始し，2007（平成19）年度以降，若者の能力向上および就業の促進支援サービスが自治体によって実施されている．ここには，求人情報や各種の職業訓練情報が重複業務の懸念となっている[23]．一方で，市町レベルになると，ハローワークのもつ求人情報，各種職業訓練情報の斡旋，相談機能などは限定的なニーズしかもたなくなる．

ハローワークとの一体化への期待は，若者対策が34.0％ともっとも高く，また旧来にないサービスである生活支援への期待も27.7％あることがわかった．ヒアリング調査からは，生活支援への高い期待は，自治体によっては，ワンストップ型で多様な支援サービスを提供しようとする（している）ことと関係があるようにみえる．

5.2　自治体の規模とサービス提供体制の関係

図11は，自治体の提供サービスの主体に注目して整理した．自治体が主導でサービスを提供するのか，それとも外部委託するのかを提供サービスを自治体規模でみたものである．一般に，公共サービスが民間委託によって生じる効果は，1）経済効率の基準，2）公平の基準，3）独占利益の吸い上げの基準から捉えられる（田辺1994，p. 89）．よりよいサービス効率をもつ機関・組織が担うのが資源配分の効率性からいっても望ましい，というのが民間（外部）委託の原則である．地域の福祉サービスにおいては，委託先として歴史的には社協が重要な役割をはたしてきた．近年は，新しいサービス・新しい担い手の台頭もある．とくに，就労支援は，地域の福祉サービスにはこれまで経験のないサービスであるため，1990年代後半から外部委託が顕著になっている．5.1で確認したように，就労・中間就労は自治体規模の大きさと関わりがあるが，自治体主導と外部委託のどちらもある．自治体主導でする場合は，ハローワーク・ジョブカフェなどを拠点に据え，相談サービスと自治体内部の部局間の多機関連携の向上をはかる．外部委託の場合には，

23）2014（平成26）年9月からはハローワークの求人情報を，民間職業紹介事業者（有料・無料），職業紹介事業を行う地方自治体や学校などを対象に，オンラインで提供するサービスを開始している．

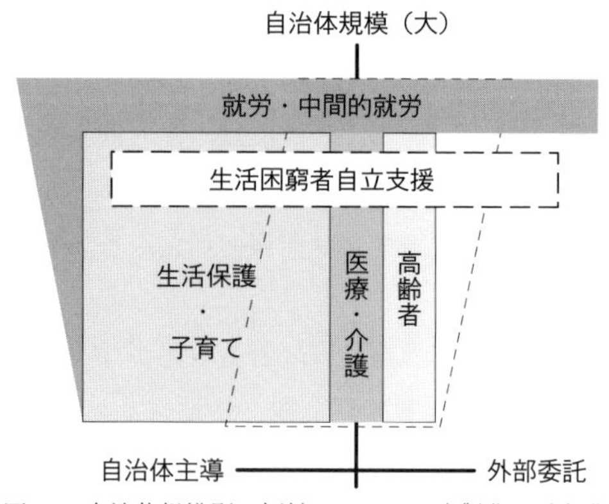

図 11　自治体規模別の福祉サービスの内製化・外部化

窓口・サービスを一体化したワンストップ型の相談所に，ハローワーク機能を常設する例もある．そのほか，役所内にハローワークの職員を短期に派遣したり，求人の検索端末を常設することがみられる．ただし，自治体主導と外部委託のどちらを選ぶにしても，ハローワークの拠点数が自治体数と比べ足りていないので，サービスの量的な課題はある．その他の就労支援の主体は外部委託が主流である．総じて，課題はサービス拠点へのアクセスとサービス内容の制約にある．生活保護・子育ては自治体が主導で提供するサービスの典型である．医療・介護は，公的なサービスを提供するものと，民間でサービスを提供するものが混在しているが，そもそも社会保険制度の一部である．規模の小さい自治体でもサービスの提供は受けられる．高齢者支援には，生活支援を典型として，外部委託の傾向が強い．生活保護・子育て，医療・介護，そして高齢者の支援は自治体の規模にかかわらずサービスを提供するが，図 11 に示すように自治体が主導することにおいて濃淡が見受けられた．生活困窮者自立支援法は，破線部分の自治体主導と外部委託の狭間にあって生活保護の受給を受けられないが，自立までの支援を必要とする人を対象としている．

5.3　地域の福祉サービスの実施主体と窓口業務との関係

そして本章の中心的な分析フレームワークである，多機関連携の位置づけについて検討をおこなった．とくに実施主体と相談支援の「場」――窓口業

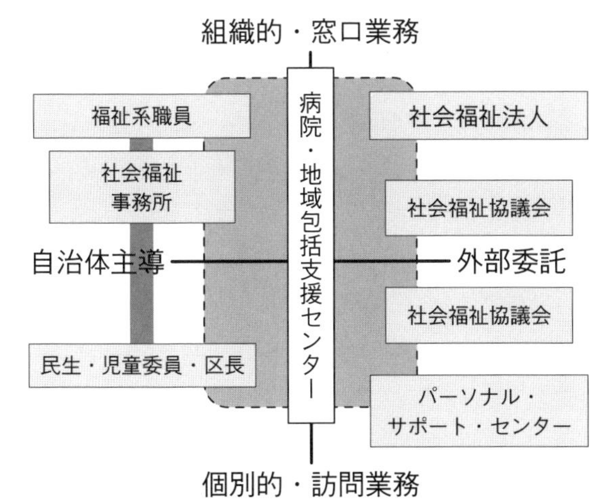

図12　サービスの提供方法別の業務・役割

務，アウトリーチとなる訪問業務との関係――について整理したものが，図12である．第1象限では，組織的・窓口業務を担う外部委託の組織として，社会福祉法人がある．社会福祉法の定めるところにより設立されたもので，障害者あるいは高齢者を対象とする各種福祉施設，病院あるいは診療所などを含む医療機関，保育園などが含まれる．利用者は，自分の置かれた状況と受けるサービスの内容の両方を詳細に知っている可能性が高い[24]．組織的な特徴をもつという意味では，社会福祉協議会もこの象限にはいる．第2象限には，組織的・窓口業務を担う自治体組織として設置されている社会福祉事務所とそこで働く福祉系の職員が振り分けられる．地域の福祉の拠点であり，生活保護，高齢者福祉，児童福祉，母子の福祉，身体障害者・知的障害者など，広範囲にわたってサービスを提供する窓口をもっている．第3象限には，地域の福祉のアウトリーチを担い続ける民生・児童委員や，その業務を代替する自治会長などが振り分けられる．第4象限では，民生・児童委員と同様の業務を担う，民間のパーソナル・サポート・センターが割り振られ，社会福祉協議会も便宜上ここに割り振った．中核的な位置づけとして，病院と地

24）厚生労働省（2011，p. 113）では，社会保障関連のサービスについて，利用したことがあれば，その事業所についての認知があるが，利用したことがない場合には，認知もないという結果を示している．

域包括支援センターを位置づけてある.

このような類型のなかで，歴史的な経緯もあってか，民生・児童委員と社会福祉協議会の関係は，どの地域でも連携がいい．もちろん，地域ごとに温度差は見受けられる．外部委託の第1象限と第4象限には，ここには記載されない多数のNPOなどが含まれるし，また委託先ではなく，独自に運営されているものも多い．都道府県社協の中には，自治体との距離を保ちながら，市町村社協あるいはNPOとの連携，研修・訓練の提供など地域福祉の中核的な役割をはたしているところもある.

6　本研究における多機関連携の全体像

地域の窓口業務に関するヒアリングに基づき，社会保障制度が提供する福祉サービス，とくに窓口業務の実態について，とくに当初の目的に示した全体像について，大まかに整理をした．それらの検討に基づいて，注目する多機関連携の対象領域を図13のように整理した．ここには，自治体，社会福祉協議会，地域包括支援センター，パーソナル・サポート・サービス，ハローワークなど，近年，地域の福祉の担い手として注目される代表的なアクターを提示している．これ以外にもさまざまなアクターが考えられるが，ここでは一部を提示している[25]．図13で注目しているのは，「人事ローテーション」，「窓口」あるいは「巡回」，「要連携」と書いてある箇所である．もう1つは，網掛けをしている箇所である．これらが，多機関連携アプローチを採用して分析をおこなう対象領域である.

「窓口」と「巡回」は人材に依存することの多い業務であり，情報の収集役を担っており，集められた情報がどのように共有され，関係者が集まる「場」のマネジメントをどのように実施しているかは，その地域の多機関連

25）例として，児童相談所，児童厚生施設（児童館・児童遊園），放課後児童クラブ，乳児院，児童養護施設，里親家庭，児童自立支援施設，情緒障害児短期治療施設，母子生活支援施設，母子福祉施設（母子福祉センター，母子休養ホーム），老人クラブ，福祉事務所，保健所，都道府県社会福祉協議会，市区町村社会福祉協議会，医療・介護保険者，労働局，公共職業安定所（ハローワーク），地域包括支援センターなどを想定した．まず地域における福祉サービスにとって基幹的な組織であり，現実にアプローチ可能であることを考慮した．さらに，複数の地域間で比較していることも代表的なアクターの選別が少なくなった理由である.

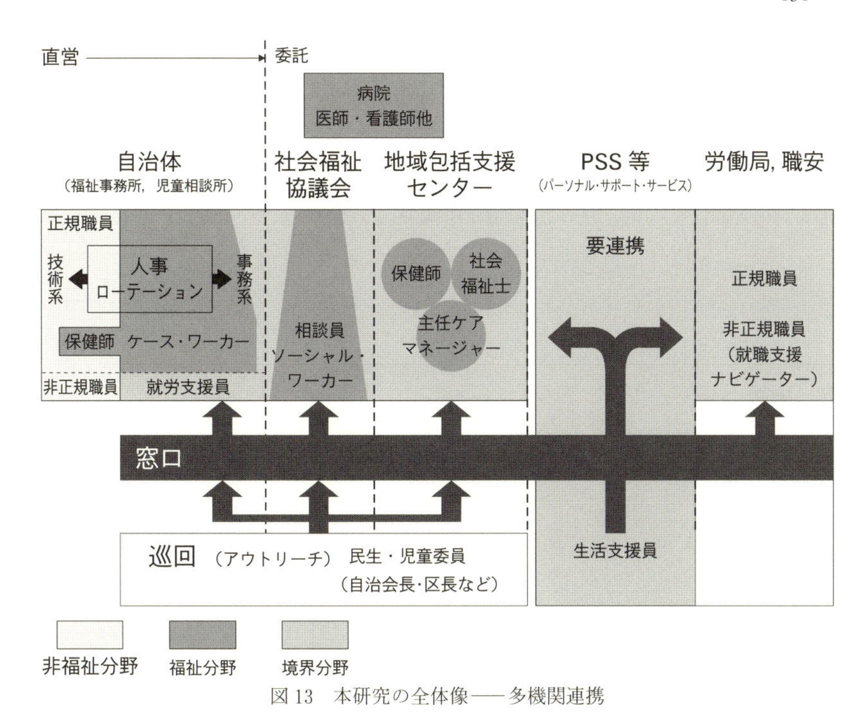

図 13　本研究の全体像──多機関連携

携の実効性を左右する軸となる．より重要なのは，図 13 で示された網掛けした「境界分野」と「要連携」で示された箇所である．多機関連携の実際は，サービスを提供する，自治体職員と専門家の決められた業務間のすき間をどのように埋めていくか，という点においてもっと調整が必要になる．たとえば，パーソナル・サポート・サービスの生活支援員のように，業務内容が「おせっかい」と呼ばれるような半無制限性をもつ場合がある．この特徴は，福祉サービスにかなり浸透している．これは従事者に過重な仕事量を負担させるため，現在においても大きな問題である．地域包括支援センターの場合は，主任ケアマネジャー，保健師，社会福祉士の 3 者で連携して高齢者を支援する場合にも，専門職として仕事の一部が重複し，誰がその仕事を担うかという点が現場で決まりやすいことや，増大する仕事の範囲に対して，どこと連携するかについて不明瞭さがある．実際，3 者の誰かが他機関との連携を使用せずに，専門外の業務を知らず知らずのうちに負担しているかもしれず，これは徒労感を高めてしまうであろう．民生・児童委員に至っては，「非常勤の特別職の地方公務員」という地位と活動費以外は無報酬というボランタリーな仕事であり，とくにパーソナル・サポートの職員と業務の重複が大きい．人的資源管理のあり方からすると，民生委員の処遇を現状のままにしておいてよいのか．大きな懸念が残る．

これらの課題は，第2節で示した「制度の狭間」問題にほかならない．これらの「狭間」をサービスによって埋めていくのか，それとも制度の改善によって埋めていくのか．これらは議論の分かれるところであるが，本章の範囲を超える問題なので，機会を改めたい．

参考文献

五石敬路（2011）『現代の貧困 ワーキングプア――雇用と福祉の連携策』日本経済新聞出版社．

畑本裕介（2012）『社会福祉行政――行財政と福祉計画』法律文化社．

猪飼周平（2015）「『制度の狭間』から社会福祉学の焦点へ――岡村理論の再検討を突破口として」『社会福祉研究』122：29-38．

伊藤正次（2015）「多機関連携としてのローカル・ガバナンス――就労支援行政における可能性」宇野重規・五百旗頭薫編（2015）『ローカルからの再出発――日本と福井のガバナンス』有斐閣，pp. 81-101．

神野直彦（2002）『人間回復の経済学』岩波新書．

神野直彦（2002）『地域再生の経済学』中公新書．

閣議決定（2010）『新成長戦略――「元気な日本」復活のシナリオ』．http://www.kantei.go.jp/jp/sinseichousenryaku/sinseichou01.pdf

閣議決定（2012）『社会保障・税一体化改革大綱』．http://www.cas.go.jp/jp/seisaku/syakaihosyou/kakugikettei/240217kettei.pdf

国立社会保障・人口問題研究所（2015）『社会保障サービスの受益・業務負担の軽減に向けた地域組織の空間的配置・人的連携の基礎的研究 報告書（平成26年度）』所内研究報告第59号．

厚生労働省（2011）『厚生労働白書〈社会保障の検証と展望〉――国民皆保険・皆年金制度実現から半世紀』日経印刷．

宮本みち子・小杉礼子（2011）『二極化する若者と自立支援――「若者問題」への接近』明石書店．

中村圭介（2004）『変わるのはいま――地方公務員改革は自らの手で』ぎょうせい.
日本都市センター（2014）『生活困窮者自立支援・生活保護に関する都市自治体の役割と地域社会との連携』.
岡村重夫（1973）『社会福祉原論』全国社会福祉協議会.
岡村重夫（1974）『地域福祉論』光世館.
岡村重夫（1983）『社会福祉原論』全国社会福祉協議会.
大沢真理（2007）『現代日本の生活保障システム――座標とゆくえ』岩波書店.
大塚久雄（2000）『共同体の基礎理論』岩波現代文庫.
佐藤俊樹（2008）「『数』からみた団塊の世代」御厨貴他『共同研究 団塊の世代とは何か』講談社，pp. 21-36.
社会保障審議会（2013）「生活困窮者の生活支援の在り方に関する特別部会報告書」.
政府・与党社会保障改革検討本部（2011）『社会保障・税番号大綱――主権者たる国民の視点に立った番号制度の構築』.
武川正吾（2006）『地域福祉の主流化――福祉国家と市民社会』法律文化社.
田辺国昭（1994）「民営化・民間委託・規制緩和」西尾勝・村松岐夫編『講座行政学5業務の執行』有斐閣，pp. 71-105.
田尾雅夫（1994）「第一線職員の行動様式」西尾勝・村松岐夫編『講座行政学5業務の執行』有斐閣，pp. 179-213.
筒井美紀・櫻井純理・本田由紀（2014）『就労支援を問い直す――自治体と地域の取り組み』勁草書房.
宇野重規（2015）「ローカルガバナンスを問い直す――近代日本の『地方自治』再考」宇野重規・五百旗頭薫編（2015）『ローカルからの再出発――日本と福井のガバナンス』有斐閣，pp. 15-33.
宇野重規・五百旗頭薫編（2015）『ローカルからの再出発――日本と福井のガバナンス』有斐閣.
全国社会福祉協議会編（1979）『在宅福祉サービスの戦略』全国社会福祉協議会出版部.

第6章　地域福祉支援サービスの新たな課題
――就労準備支援と家計相談支援――

西村幸満

1　制度の変更に伴う業務の変化

2000年に地方分権一括法と社会福祉法が施行され，地域の福祉関連事業（地域包括ケア，生活困窮者自立支援，子ども・子育て支援など）の主体を自治体が担うことになるなど，地方自治体が実施する事業の事務・運営は大きな変貌を遂げつつある．国から地方自治体への権限の委譲は，不可避的に，自治体職員（とその業務委託を受託する法人・団体・組織で働く従業者）の業務に影響を与える．これは民間事業者が競争的に関与する市場からの影響というよりも，制度の変更に伴う「業務の変化」と位置づけることができ，公共サービスに従事する労働者特有の性質である．

たとえば，すでに地域医療の分野では，地域包括ケアシステムの構築に向け，地域の医療従事者の目標がもっぱら患者の治療を重視する「医学モデル」から，要支援者の生活改善を目指す「生活モデル」へと転換し，医師・看護師の役割が，保健師・社会福祉士・主任ケアマネジャーとの協働・競合により変貌し始めている．ここには，新たな業務だけではなく両者にとって誰が担う業務なのかが明確ではない残余の部分も生じている．これはサービス供給体制として「制度の狭間」が生じているとたびたび指摘されている論点である（猪飼2010，宮本編2014）．このことは医療従事者に限らず自治体職員においても，事務業務から地域包括ケアの運営や福祉的な支援サービスを含む「生活モデル」を目標とする業務への転換を含んでいるといえる．本章で取り上げる，就労による自立に向けた準備支援事業と地方自治体とハローワークの一体的支援事業，そして家計相談支援事業では，明確に「自立」を目標とするために（社会保障審議会 2013），とくに自治体職員の業務にとっては新たな就労・家計管理を目指す「自立モデル」の追加を意味することになると考えられる[1]．

すなわち，2000年以降，主に福祉部局・福祉事務所内の事務系自治体職員には，機関委任事務の廃止を踏まえた事務業務に，最大で業務目標として新たに生活改善を目指す「生活モデル」と社会経済的自立を目指す「自立モデル」が加わったことによる業務の変化が生じていることになる．公共サービスにおける制度・管轄の変更は行政学の中心的テーマであったが，近年のこのような業務上の大きな転換を迎えているにもかかわらず，自治体職員の業務への影響についてこれまでほとんど顧みられてこなかった（社会政策学会 2017）．

そこで本章では，生活困窮者自立支援制度の施行前後の自治体の生活支援・福祉サービスの供給体制に注目し，第1に，必須事業の「自立相談支援事業」に加えた「就労準備支援事業」と「家計相談支援事業」の2つの任意事業と，2004年以降に可能になった地方自治体の無料職業紹介事業，「生活保護受給者等就労自立促進支援事業」（いわゆる，地方自治体とハローワークの「一体的実施事業」）を取り上げ，制度的・理念的な枠組みを整理する．そのうえで第2に，これらの事業において実施されるハローワークと自治体の連携と，家計相談支援と関わる自治体，法律家など組織内外の連携について，それぞれの組織の担当者について実施したヒアリング調査，提供を受けた資料に基づき「業務の変化」についてそれぞれ分析をおこなう[2]．ここでは，2015年に施行された生活困窮者自立支援制度の施行以降に自治体の直営・委託という事業選択の結果，生活支援・福祉サービスの「3極化」（西村 2016）が進捗しているという指摘を共有しており，後述するように，ここではその枠組みに沿って就労準備支援と家計相談支援を取り上げている[3]．

1）自立には，日常生活自立，社会生活自立，経済的自立があるが，ここでは経済的自立を指している．

2）生活困窮者自立支援に関わる2つの事業では，厚生労働省がそれぞれの支援員の研修制度を構築している（「主任相談支援員養成研究」「相談支援員養成研修」「就労支援員養成研修」「就労準備支援事業従事者養成研修」）．

3）就労準備支援事業と家計相談支援事業の2つは，任意事業のなかでも直営で実施されることの少ない事業であり，それぞれの直営率は8%と10%程度である．また直営＋委託率はまた，近年の自治体を中心とする生活支援・福祉サービスの提供は，地域資源の活用とサービスを提供する組織・団体の連携によって担われることを想定している（社会保障審議会 2013）．連携に基づく生活支援・福祉サービスが，有機的な支援の核となると考えている．ここで組織間の連携という用語で想定されるものは，実際にはそれぞれの組織に所属する職員・従業員間の連携のことであり，人事ローテーションのある自治体職員に主要な役割を果たすことが期待されている．そのような期待があるとすると，短期的な人事ローテーション下にある自治体職員のもつ業務のノウハウは，組織ではなく個人に帰属するために，組織間の連携は職員の異動のたびに再構築を余儀なくされることになるだろう．住民の立場からすると，「大部屋主義」（真渕 2009，大森 2015）または「セクショナリズム」（真渕 2009）と形容される自治体職員の仕事ぶりに対して，多様な相談内容を1か所で相談できることへの住民の期待が大きい．

本書の第5章3.3では，支援体制のワンストップ化と組織間の連携について，1）組織内連携，2）組織内組織間連携，3）組織外組織間連携の3つに概念的に整理している（pp. 116-119）．ヒアリング調査の現場で用いられるワンストップと連携の概念が一致しなかったためである．また，地域の支援体制の構築においては，本来は人員の増員により量的に解消すべき業務の負担増を，ワンストップ化・連携という供給体制の構築によって解消しようとする制度的な意図もある（社会保障審議会 2013）．自治体が事業主体である以上は，生活支援・福祉サービスのすべてを業務委託することができず，そのため委託先管理あるいは連携に関係する業務負担が自治体職員には生じてしまう．このような複雑な状況において，職員の業務改革による負担軽減について最後に検討をおこなう．

2　就労準備支援と家計相談支援

就労準備支援と家計相談支援は，「『雇用保険未満，生活保護超』の稼働年

それぞれ3％と1％である．85～86％が委託事業で実施されている．

齢層」（岩田 2016, p. 66）を対象とした自治体の「新たな」支援である．就労に関する公的な支援は，ハローワークによる職業紹介・自治体の提供する公共職業訓練を除くと，これまで学校教育制度の卒業生がそのまま就労へと接続していたために一部を除くとほとんど提供されてこなかった．ハローワークでは，地方分権一括法が地方事務官制度を廃止したことから，国（旧労働省）の出先機関を統括指揮監督する都道府県職員である地方事務官が業務から撤退し，2000 年以降，国の直接執行事務となり（五石 2011），改めて業務の一部は 2013 年 12 月 20 日に「移譲以外の見直しを行うもの」に含まれることが閣議決定された．委譲ではないものの，国と希望する自治体において国の無料職業紹介業務と自治体の相談業務を自治体主導の下で一体的に実施するよう見直しがおこなわれたのである（五石 2011）．生活困窮者自立支援法が 2015 年に施行されると，ハローワーク業務は，任意事業である「就労準備支援事業」による補完を受け，「福祉から就労」後の定着支援までを実施する連携体制の中に位置づけなおされた．

生活困窮者自立支援制度の施行を受けて，生活困窮者には，生活保護とは異なる支援ニーズが顕在化した．家計相談支援は，家計の診断・相談・再生というプロセスを基本とし，従来は貸付に対して法定金利の上限を超えた利子・過払いを是正するために弁護士・公認会計士などが「有料」で支援してきた過払い金返還制度などの受益者，公共料金の未払いによる利用停止，税の滞納などによる強制徴収などの行政執行が実施されてきた住民に対して，行政（あるいは業務委託先）が窓口対応するのであり，ワンストップ・サービス・デイ同様に，1 か所で弁護士などの法律家とのスムーズな連携を実施できるようになったのである[4)]．

以上のように，地域の自立・生活支援・福祉サービスは，制度上の整合性は整えられたものの，担い手である自治体職員の業務の変化と業務委託・連携との関係については十分な学術的アプローチはされていない．職員等の業務負担の増大は想定されるものの，事実確認も含めて実態の解明は十分ではないと考えられる（西村 2016）．たとえば，西村（2016）は，生活困窮者自立

4）　社会保障審議会（2013）を読むと，家計相談支援と学習支援の 2 つの事業は，それぞれ p. 27 と p. 32 に登場する．

支援法が，必須事業と任意事業を分けていることにより，自治体の構築する提供体制がどの任意事業を住民に提供するかという選択によって，1）福祉タイプ，2）福祉就労タイプ，3）家計再生タイプに3極化している実態を把握している．従来の1）福祉タイプは，高齢者，障害者，生活保護受給者あるいは年金生活者などの支援を中心に，生活支援を維持する．2）福祉就労タイプは，生活保護受給世帯あるいはこれまで地域の福祉支援サービスを受けつつも，就労可能性の高い被支援者の自立に向けた活動に，具体的な就労を目指す中間就労や就労訓練をはじめ，ハローワーク等の職業紹介業務との連携を支援サービスのなかに組み込んだものである．3）家計再生タイプは，これまで自治体による公共料金・市税の滞納，あるいは社会福祉協議会を通じた生活資金の貸付などを実施してきたことを除くと，その問題の複雑性と支援の範囲は，自治体がまったく関わってこなかった新しい支援領域である．とくに注目すべきは，家計再生タイプが個別の相談業務と生活支援を担ってきた福祉サービスの範疇には収まらないものとなっている点にある．なお，家計再生タイプには，就労による自立に向けた支援が家計の管理と分かちがたく結びついているため，就労に至らない層には就労準備支援が含まれている．これに対して，福祉就労タイプには，家計相談支援は含まれていない．

本章では，こうした制度施行後の地域で供給されている支援体制の実態を把握するために，2014年4月から2017年3月まで自治体に実施したヒアリング調査[5)]に基づいている．なかでも就労準備支援と地方自治体とハローワークの連携[6)]，家計相談支援を取り上げている．ハローワーク（労働局を含む）については，北海道（HW池田），青森県（HW八戸），岩手県（HW盛岡），長野県（HW長野），群馬県（HW前橋），石川県（HW金沢），福井県，東京都（HW亀戸），岡山県（HW総社，HW岡山），沖縄県（HW那覇，HW名護）に自治体との連携・業務内容について窓口対応の協働の実態確認

5）ヒアリング調査は，3年間で都道府県・政令市・中核市・市町など51か所（116部局・団体）に対して実施した．

6）社会保障審議会（2013，p. 25）によると，①常設のワンストップ窓口，②巡回相談によるワンストップ窓口，③予約相談制の導入等その他の連携体制を生活保護受給者等の規模に応じて構築することを求めた．なお，巡回相談は，「生活保護受給者等就労自立促進事業」の一環ではあるが，「一体的実施事業」ではない．

をおこなった．家計相談支援事業については，直営＋委託を組み合わせて実施するI市の事例を取り上げ，2017年時点でこのタイプの先進事例と位置づけられる支援体制の構築過程に関する確認をおこなった．

3　福祉就労タイプ――社会福祉と就労準備・一体化との関係

福祉就労タイプは，西村（2016）が指摘する3極化の1つであり，自治体の生活支援・福祉サービスにおいて，とくにハローワークとの連携の強化を念頭に地域の実態ニーズに即した支援を実施する自治体が含まれる[7]．これまで，「福祉から就労へ」というスローガンに沿って，早くから要支援者の社会経済的自立を目指してきた自治体も含まれる．他方で，次節で述べる，家計相談支援事業の実施には躊躇している自治体でもある．2015年の生活困窮者自立支援法の成立は，任意事業の就労支援事業を創設することで，生活困窮者だけでなく，既存の生活保護受給者についても，職業訓練と中間的就労につなぐことを可能にしている（図1）．就業可能なものはハローワークの職業紹介へつなぎ，就業に至らないスキル不足層には職業訓練や中間就労に移行させる筋道をつけたのである．これまでこぼれ落ちた「制度の狭間」問題の1つの解決策と考えていいだろう[8]．

このタイプには3つの特徴がある．第1に，2015年時点では，1つの事業と制度を構成する1つの任意事業が組み合わされた仕組みに重複があり，その重複が一部の支援の効率性を妨げている．「生活保護受給者等就労自立促進支援事業」のハローワークと自治体の連携・協働（チーム支援ともいう）では，生活保護を担ってきたケースワーカーと就労支援員，職業相談員[9]で

7）就労準備支援事業は，2015（平成27）年度で委託率85.4％，平成28年度で86.8％となり，これに直営＋委託率を加えるとともに90％を超える．

8）就労支援に関する事業は，一体的支援と就労準備支援の2つによって，従来自治体，ハローワークなどで実施されてきた支援体制が組みかえられたことによってでき上がったといえる．地方自治体とハローワークの一体的支援事業は，都道府県あるいは市によって開始時期などが異なる．

9）職業相談員規程（平成13年1月6日厚生労働省訓第57号）により安定所に職業相談員がおかれている．1）比較的容易な職業相談を担当し，職員の本来業務の補完，2）職員が有しない特殊な技能・経験をもつ者の専門性を生かし，就職等を一層促進することが役割である．これらは一般会計と雇用保険二事業から支出がなされている．

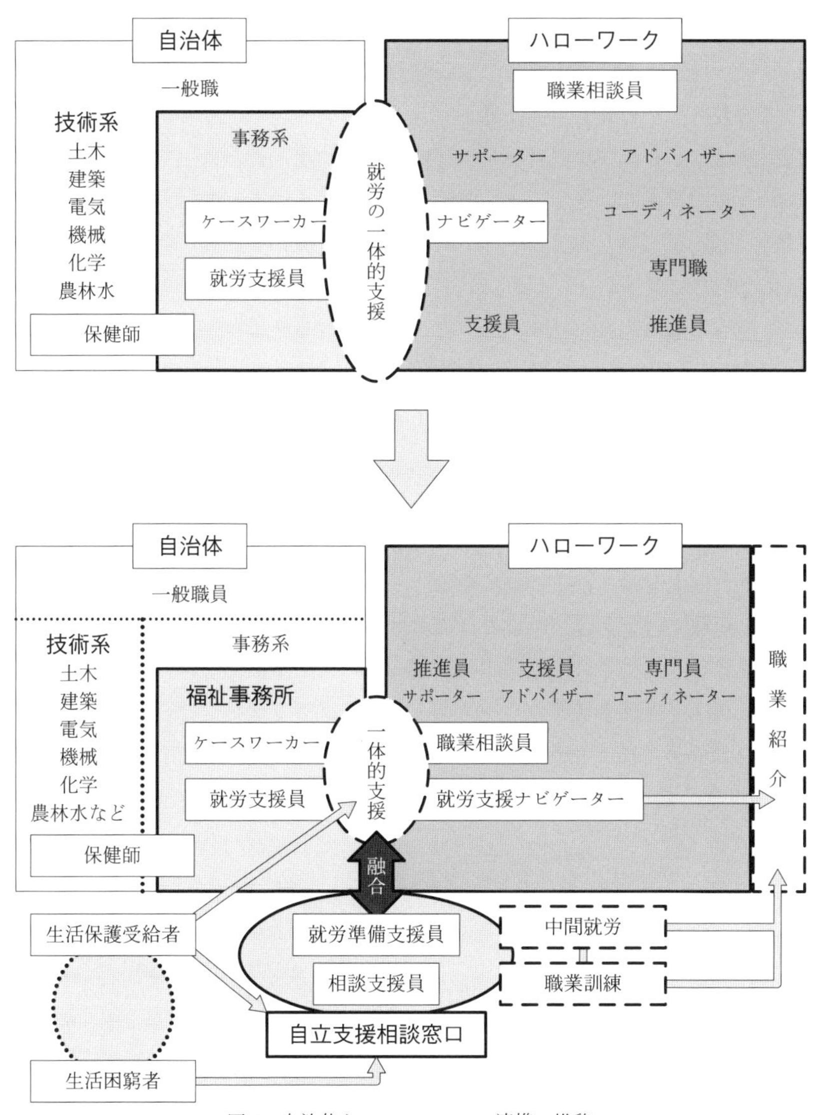

図1　自治体とハローワークの連携の推移

あるハローワークの就職支援ナビゲーター[10]が専任で担当することになっている[11]．自治体の就労支援員の主な業務は，ケースワーカーと共同で生活保護受給者の中から就労可能な者をハローワークへとつなぐことであり[12]，就職支援ナビゲーターはハローワーク内で実習を積んだハローワーク機能のダイジェスト業務といえる．支援対象者が異なる2つの制度は，就労準備支援（就労準備支援員）というクッションを設けることで重なり合うことができるようになった[13]．

この地方自治体とハローワークの一体的支援事業では，生活保護受給者の「その他世帯」の自立を主な支援対象としている．この分類に「稼働層」が多く含まれているからである．この事業では，自治体が支援窓口の設置場所を提供し，国が窓口設備（端末など）の費用を負担している[14]．配置する就労支援員数は，生活保護の「その他」世帯数120世帯に対して1人以上配置するとされており[15]，ハローワークの就職支援ナビゲーターは拠点となる窓口に1人以上配置されることになる．

就労準備支援事業は，直営の自治体とハローワークとの一体的支援と，生活困窮者自立支援窓口との狭間に位置づけられ，生活困窮者自立支援の相談窓口担当は，福祉事務所のケースワーカー・就労支援員ではなく，自立相談支援員と就労準備支援員が担う．就労準備支援事業が委託される場合にも（ほとんどこのケースであるが），委託先は福祉事務所とハローワーク[16]との

10）この一体化支援では，雇用保険二事業に基づく「生活保護受給者等就労自立促進支援事業」の就職支援ナビゲーターが担当する．

11）一体的実施事業が開催された2012（平成24）年度から2013（平成25年）度にかけて，生活保護の被保護世帯のうち「その他の世帯」について，全国計では増加しているものの，一体的実施施設で支援をおこなった地域では，減少に転じている．

12）民間には，たとえば，（公）全国民営職業紹介事業協会の研修がある．

13）就労支援チームの連携強化に向け，ハローワークが自治体の新任ケースワーカー及び就労支援員に対し，地方自治体がハローワーク職員に相互に研修の実施をする試みがある．その他，定期的なミーティング，ケース会議，意見交換会などの実施例もある．

14）配線工事等を含む設備工事費・移転費，窓口に設けている備品にかかる庁費などを国が負担する．

15）厚生労働省社会・援護局保護課（2016，p. 34），平成22年9月14日社援発0914第7号厚生労働省社会・援護局長通知による．

16）ハローワーク，役所内のほかに，国の「地域共同就職支援センター」を拠点にする場合がある．

狭間に位置づけられる．前者は，主にハローワークの職業相談・職業紹介業務と生活・就労支援相談業務の 2 つを組織内組織間連携の「ワンストップ」(b) で実施し，後者は，組織内における福祉事務所，ハローワークに加えて就労準備に向けた民間の中間就労が関わる組織外組織間連携 (c) ということになる[17]．

そして，生活困窮者自立支援制度における「自立相談支援事業」と「就労準備支援事業」の 2 つには，自治体ごとに実施の有無と直営・委託の有無が供給体制を規定している．この点には十分な配慮が必要である．ハローワークと自治体の連携は，比較的労働需給が活発な地域にある自治体で有効に機能しやすい．2017 年現在では改善されているが，無料職業紹介[18]が認められている自治体では，ハローワークの常設窓口の設置が「二重行政」につながるとの理由で認められていなかった時期があり，その時には無料職業紹介所を営む先進的な自治体が，この一体的支援に即応できなかった．就労準備支援は，これまで自治体が担ってきた業務ではないために，委託先の有無やサービスの需給にミスマッチが生じやすく，自治体規模が大きくないと民間の市場が成立しないことも多い．このことが直営・委託の選択以前に，就労準備支援を任意事業として自治体が選択しない理由である．

第 2 は，一体化支援の開始時期に自治体規模・単位の影響がある．ここには，自治体規模による開始時期の分散傾向が確認できる（図 2 と図 3）．この分散傾向には，さまざまな理由がある．典型的には，首長や自治体の管理職の判断により，一体化支援の開始時期がずれる（西村 2016，西村・藤間 2017，厚生労働省 2016）．このずれは，都道府県レベル[19]と，市町村レベルでは異なった傾向にある．図 2 と図 3 は，新しい制度への対応が早い都道府県と，対応にタイムラグが生じる市町村における一体的支援の開始時期をみたものである．開始時期には明らかな傾向がみられる．図 2 の都道府県レベルでは，

17） 詳細は第 5 章 3.3 を参照のこと．

18） 都道府県・市区町村は，2003 年の職業安定法の改正により，厚生労働大臣への届け出により，この事業を実施できるようになっていたが，2016 年の第 6 次地方分権一括法による改正後の職業安定法により，通知制に要件が緩和された．

19） 政令市・中核市など労働需要が高い自治体にとっては，生活保護受給世帯の稼働層を一体的実施施設において，国と地方自治体で個人情報保護協定を締結し，求職者本人の同意を得たうえで，自治体の要望に応じて必要な個人情報について情報共有をおこなう．

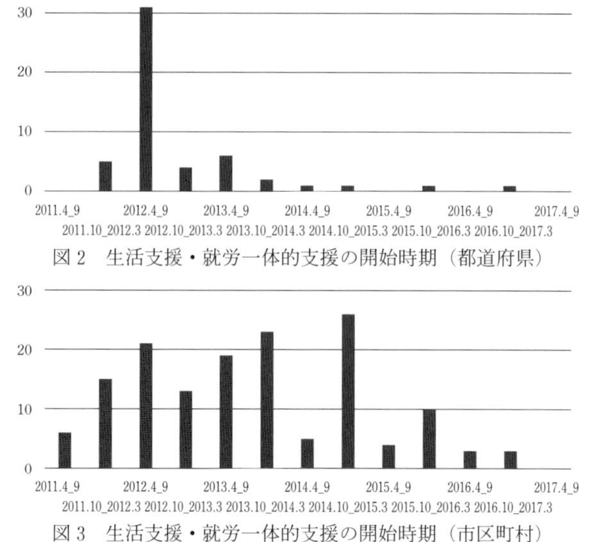

図2　生活支援・就労一体的支援の開始時期（都道府県）

図3　生活支援・就労一体的支援の開始時期（市区町村）

出所：「地方自治体の提案内容によって事業が開始されたもの」（http://www.cao.go.jp/bunken-suishin/doc/hw-shincyoku1.pdf）より集計.

注：都道府県の場合は，複数の一体的支援の拠点があるため，総数は47を越える.

開始時期は早期に集中している．それに対して図3の市区町村では，都道府県よりも開始の早い市区町村がある一方で，都道府県レベルで開始時期がもっとも集中していた時期の市区町村数はそれほど多くなく，むしろ市区町村では，生活困窮者自立支援法の施行前に散らばっている．この中には，無料職業紹介を先に実施していた自治体が含まれており，業務の重複から一体的支援の実施に躊躇してきたことも影響している．

一体的支援は，一般型で未だ33都道府県に限っての実施であり，市区町村ではわずか130自治体にすぎない[20]．国と雇用対策協定を締結した自治体は2017（平成29）年3月末時点で134自治体（43都道府県91市区町村）である．全国に544か所あるハローワークと同等の端末を設置する求人情報提供端末方式と，インターネット経由で求人情報[21]をダウンロードするデータ提供方式という2つの方法を用いたオンライン提供は2016（平成26）年9月1日より開始され，開始時点で826団体（職業紹介事業者・学校等607

20）　生保型では36都道府県97自治体の実施（厚生労働省2016，2017）.

21）　これに対して求職情報を提供することも2016（平成28）年3月22日より開始している.

団体，自治体219団体（43都道府県176市区町村））が利用しているが，自治体の参加数は低調である．

一体的支援の就職者数は，2012（平成24）年度の3万9,627人から2016（平成28）年度の8万1,885人へと上昇し続けている．2015（平成27）年に生活困窮者自立支援が施行されると，生活困窮者の職業紹介の成果が加わる．そのため実績としての就職者数は，依然，上積み傾向にある．それは，福祉事務所と生活困窮者自立支援の窓口からハローワークに来る求職者が，当初は，ケースワーカーと就労支援員から就職可能性の高さを見込まれており，就職ナビゲーターの支援が円滑に進んだからである．しかし，現場からは，高い就職者数を達成し続けたことにより[22]，近年は就職可能性が以前ほどは高くない求職者がハローワークに来ても就職へはつながりにくく，また就労支援員からも要支援者の情報が共有されにくくなっているという．比較的専門性の高い就職支援ナビゲーターへの負担が増しているとの指摘もある．

第3に，この仕組みを構成する雇用問題である．就労支援員と就職支援ナビゲーターはともに非正規であることが多い．就労支援員はその性質上，福祉関係の職業経験をもつのに対し，就職支援ナビゲーターはハローワーク内の研修を受けてハローワークの提供できる支援に精通している．就労支援員は「生活モデル」である職場と「自立モデル」で働く就職支援ナビゲーターと協働することになり，就労支援員は，要支援者がもつ就労への躊躇に寛容になりやすく，就職支援ナビゲーターは，定着指導などの新たな業務に関わりながら現実的な指導を担う度合いが高いことが報告されている．また就労準備支援員は，ハローワークへ紹介する前段階の比較的複雑な問題を抱えている要支援者を対象としており，とくに中間的就労への移行には，支援の委託先の量・質の高低があり，また自治体規模・単位によって認定実施状況が異なる[23]ため，複雑な選択となる．

現実的な対応として，福祉事務所の就労支援員は，生活保護受給者のなか

22）　また，一体的実施事業による就職支援は，生活保護受給者の就労につながっており，2013（平成25）年度には約15.6億円（推計値）の保護費の削減効果があった．

23）　認定就労訓練事業所は，2016（平成28）年6月30日時点で全国555件，108か所の大阪府，57か所の福岡県を除くと，10〜50か所15都道県，1〜9か所24府県，0か所が6県である．

から就労が可能と判断できる者をケースワーカーと，あるいはケースワーカーが可能と判断した受給者をハローワークにつなげ，就職し，自立(保護停止)するよう計画をたて，寄り添いながら相談を受けることである．福祉事務所にとって，ハローワークの就職支援ナビゲーターとの連携(チーム支援)は，職業紹介の専門家に業務をスムーズにつなぐことが第一義的な課題であり，同時に生活保護受給者の立場にたった情報提供をして，場当たり的な紹介とならないよう支援の質的なレベルを上げることによって，定着あるいは自立を達成することにあるだろう．

すなわち，福祉就労タイプの支援では，要支援者にかなったオーダーメードの支援の提供を，要支援者の特性に詳しい福祉事務所と，要支援者のニーズにかなう職業に詳しいハローワークが，専門性を発揮して成果をあげるところにある．これは，少なくとも 2011（平成 23）年以降に異なる事業名で継続してトライアルをしてきただけでなく，新規学卒者——とくに中卒と高卒——の就職において，学校の進路指導担当の教師とハローワークが連携をして仕事の斡旋(就職率の高さと定着率の高さ)に効果をもたらしてきた，「学校から仕事へのスムーズな移行」モデルと同型であり，未熟練やスキル不足におけるマッチングに効果が期待できる．また，この「学校から仕事へのスムーズな移行」モデルと比べても，中間的就労など今回の就労準備支援の事業化は，「狭間」問題に利点があるだろう．

4　社会福祉と家計相談との関係

4.1　求められる家計相談支援

家計再生タイプは，生活困窮者自立支援法の家計相談支援によって，あるいは生活保護に直結する可能性のあった層に相談を通じて生活改善の機会を提供し，また借金問題への対策など弁護士などの法律支援へのつなぎを自治体が実施するものである．生活困窮者自立支援法により家計相談支援が任意事業となったため，この事業を実施することを決めた自治体は，相談者（生活困窮者）の家計の見直し・再生することを目指す．

日本総合研究所（2014）によれば，家計相談支援の課題は，①家計に関わる問題と②家計以外の生活全般に関わる課題があるという（p. 16）．①には，1）収入，2）生活・消費，3）家計管理能力，②には1）精神面，2）家族関係，3）健康があり，これらに配慮した相談支援が求められている（図4）．支援を必要とする住民は，切羽詰まった緊急の状態で相談窓口に来ること，支援制度・適切な窓口についての知識が欠けている，という特徴をもっている．そのため，家計相談支援の効果には，日常的な経済生活を営むノウハウの習得などをはじめ，相談の障壁を低くすることで要支援者を顕在化することがあげられる．業務目標は，住民自ら家計を管理し，経済的に自立することの支援が期待されている．ポイントは，必須事業の自立相談支援事業と任意の家計相談支援事業には，所得・資産要件を定めていないため，失業者だけでなく，借金などにより生活保護の申請ができない生活不安定層も相談が可能になっている．主に，家計の安定・自らの管理という目標（自立モデル）に向けて意欲を高めることが求められているが，借金の解消により生活保護の申請にもつなげることもできる．日本総合研究所（2014）では触れられていないが，この事業では経済的自立に向けた要支援者には，不足している家計管理とそれを支える就労に向けたスキルの獲得が要請されている（図4）．

自治体は，他の任意事業あるいは委託・連携先を組み合わせることにより，家計の再生に必要な借金の解消に向けた法律家への相談，借金の返済に向け安定的な就業も期待できるハローワークの職業紹介，職業訓練，中間的就労へとつなぐ就労準備支援を組織間連携により提供できるようになった[24]．社会との接点をつくり，「寄り添い」という趣旨に沿ったものと考えられるが，この手続きは「社会性」の再構築といってよい内容である．地域・学校生活などを通して社会化されることを市民としての主なルートとする近代社会に

24）「平成28年度生活困窮者自立支援制度の実施状況調査集計結果」によると，家計相談支援事業の委託率は，2015（平成27）年度で86.3%，2016（平成28）年度で86.2%であり，直営+委託率はそれぞれ1.0%，1.6%である．就労準備支援事業同様，ほとんどの自治体は業務を委託しており，本章で取り上げるI市の事例は非常にレアなケースであると同時に，委託先は図4の相談支援部分を目指して事業を実施している．委託先の多くは社会福祉協議会（それぞれ70.9%，68.9%）であるため，役所・役場内の実施はそれぞれ27.8%，28.0%となっている．

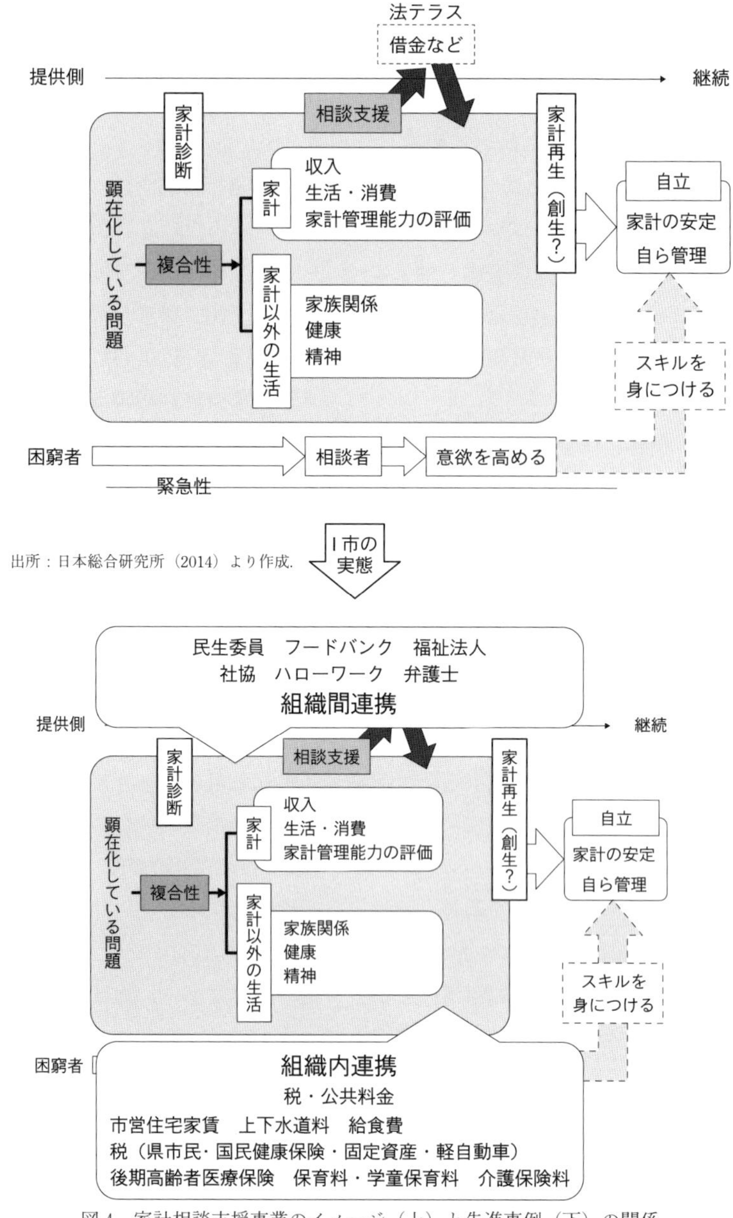

出所：日本総合研究所（2014）より作成.

図4　家計相談支援事業のイメージ（上）と先進事例（下）の関係

おいて，この作業は要支援者の「人生の再生」とも捉えられる．

4.2　I市の家計相談支援——税・公共料金の滞納からの支援

家計相談支援事業にも，「自立」を業務目標とする側面が強く反映している．しかし，どのように支援体制を構築するかについては，自治体に任せられている．ここではI市の事例をもとに，家計再生タイプについて検討する．I市の人口規模は地方自治法の最低基準の5万人前後にすぎないが，通勤圏には政令指定都市，県庁所在地市などもあり，比較的人の移動が多い立地条件にある自治体である．

I市の総合相談窓口支援という考え方は，必須の自立相談支援に加え，家計相談支援を直営で運営し，そこに常駐型（週5日）の無料職業紹介[25]，月に5〜6回の無料の法律相談[26]，そして貸付などの他の任意事業を委託した社会福祉協議会[27]の窓口と，相談用の談話コーナー2か所を市庁舎内1階に設置し，住民の相談に対応していることにある．先進事例としてたびたび取り上げられるI市の相談業務は，図4上のイメージよりも支援の幅は広く，また直営で家計相談支援を運営するため，市が保有する要支援者の個人情報を有効に活用し，自治体が要支援者にどこまで支援ができるかという課題に対して，現在も組織横断的に取り組んでいる．

相談業務を担うのは，庁内の福祉担当者，必要であれば税・公共料金などの担当職員，外部の弁護士，司法書士，行政書士，ハローワークの就職支援ナビゲーターなどが市役所内に集約し，相談場所は，基本的に窓口ではなく用意された個室においてであり，通常は，予約制——すなわち，時間を定めて（これ自体が重要なプロセス）——で相談を受け付けている．相談支援の中にハローワーク機能，法律相談機能，社会福祉協議会の家計改善・管理相

25）前述した自治体とハローワークとの一体的支援ではなく，内閣府が主導するアクションプランに基づく．土・日，祝祭日，年末年始を除く．

26）弁護士・司法書士の法律相談は月各1回，同様に，税務相談，行政書士相談，行政相談を月1回程度実施している．すべて2015（平成27）年の実績．

27）I市の社会福祉協議会は，市役所でおこなう，家計収支全体の改善，家計等に関する相談支援の他に，相談事業として主に障がい者の相談支援事業，地域福祉権利擁護事業と生活資金・生活福祉資金貸付事業を実施し，地域福祉事業（子ども，障がい，サロン運営など対象）を実施している．

談が含まれており，外部組織との多機関連携が市庁内で運営されるタイプである．「たらい回し」などと問題となりやすい市役所の庁内連携をスムーズにするために，総合相談窓口・相談用の個室を市役所の入口の側に配置し，緊急時においても相談員が相談内容に適した担当者を庁内から呼び出すことができ，相談員と担当者を含む最低2名以上で要支援者の相談を実施している．実際の相談に際しては，本人同意による税務情報の活用を前提としており，市に対する納付延滞などの解消・改善が第一義的な支援の骨子となっている．

すなわち，I市の特徴は，家計相談支援事業のイメージ（図4上）では触れてなかった，①市の保有する税・公共料金などの個人情報を本人同意のもとに活用した生活支援（不安の解消），②その他の債務に関して法律専門家にその場で相談が可能，③就労に向けた職業紹介が受けられる，ということができる．これは，第5章で整理した分類によれば，多業種連携型の庁内ワンストップの中に，連携する外部組織の出先機関を配置する，組織内組織間連携（b）になる[28]．事業の委託率が90％程度まで高まっている家計相談支援を実施する自治体では，①の条件を満たすのが困難であるため，I市のような支援に対応することができないことは明らかである．

このような取り組みを続けている理由は，Iのこれまでの相談業務には，いかなる相談も断らない姿勢が貫かれているからで，そのためには支援する側である役所も変わり続けなくてはならない．相談支援を実施するためには，支援の仕組みをただ導入するのではなく，その仕組みを創りあげていかなくてはならないのである．

4.3　I市の支援体制の構築

そこで，1999（平成11）年から始まる支援体制の構築過程に注目し，ヒアリング調査を実施して整理し追加した特徴は，表1の通りである．

④福祉部局をコアとする相談窓口ではなく，市民相談の担当課をコアにしており，課をまたがる案件が相談の前提のため，スムーズに協働できるよう

28）　第5章，p. 115を参照.

表1　家計相談支援（I市の事例）

	関連制度・庁内体制	市民向け	庁内向け
1999	消費生活相談窓口の開設	週3日開設	1名，管理職より周知
2000	環境政策課	相談に制限なし	他課へ営業，依頼を受ける
2001	市民課	毎日開設	
2002	生活安全室		
2003	闇金規制法		
2004			
2005	市民生活相談室		
2006	市民生活相談課	法律・行政・市民・消費生活相談へ集約	
2007	貸金業法改正		2名増員
2008			予算，企画立案
2009		多重債務者包括支援プロジェクト	消費者庁活性化交付金申請
2010		個人情報の取り扱いに関する同意書	
2011		パーソナル・サポート・サービス(モデル事業)	
2012			
2013		生活困窮者自立支援（モデル事業）	4名増員
2014			
2015	生活困窮者自立支援法		
2016			
2017			

出所：I市資料より作成.

に，担当者の上司が庁内に「顔つなぎ」（紹介）した，⑤制限を設けない消費生活相談から，闇金・貸金関連の法改正を経て警察の介入が可能になったことを受け，法律・行政・市民・消費生活相談に集約した市民生活相談をその前身とし，⑥消費生活アドバイザーとファイナンシャルアドバイザーの資格を有する職員（非正規から正規職員へ登用）が人事ローテーションを回避し，専任して常駐し，⑦相談業務の成果については，議会報告を前提とする業務として位置づけ，未だ自治体の実施率の低い地域福祉計画の中心におき，⑧必要であれば厚生労働省だけではなく，経済産業省などのモデル事業へ参画し，支援に必要な資金を獲得してきたのである.

このように，I市の事例[29]の特徴は，現在の体制にあるのではない．表1にあるように，市として「消費生活相談」という看板を掲げ，債務相談に主

29）I市に限らず，役所の組織改革までを実施した自治体は，その実現に時間をかけている．制度が導入されたからといって，職員・組織はすぐには変わらないし，まったく変わらないこともある．変わるためにI市が強調するのは，「成功体験」をもつことである.

軸をおきながら，市の相談窓口が有効に機能するように，関係する市の組織改革に時間をかけて実施し拡充してきたことにある．

これまでの経緯を改めて時系列で確認すると，「消費生活相談」の窓口を開設したのは1999（平成11）年である．当初，週3日の相談窓口開設に対して，1名の消費生活アドバイザーが非正規雇用され対応した．この窓口はその後，環境を担当する課，市民の相談を受ける課，生活上の安全を助ける課へと移行しながら，2006（平成18）年に市の相談窓口として，法律・行政・市民・消費生活相談に集約してサービスを提供するようになる．この時点で市民生活に関する相談のなかには福祉サービスは含まれてなかった事実を留めておきたい．すなわち，「生活モデル」ではなく，あくまでも生活支援がI市の相談窓口職員の業務目標であった．

I市の事例をみると明らかなのは，他の自治体で実施する家計相談支援事業は，現行では2つの債務について支援することができない．2つの債務とは，要支援者が市に対して対応・未払い状態にある公共料金，社会保険，税などである．もう1つは，一般的な債務である．すなわち，生活保護につなぐことが難しい．I市の市民生活相談課は，市営住宅家賃，上下水道料，給食費，県市民税，国民健康保険，固定資産税，軽自動車税，後期高齢者医療保険，保育料，学童保育料，介護保険料などの滞納・未払いに関する情報を一本化している．これらは，以前は6つの課にまたがる情報であった．情報の一本化は，I市の人口規模が5万人前後であったことと無関係ではない．

I市の実施する家計相談支援事業は，自治体にとって選択しにくい支援である．I市の事例は，全国的にも知られており，多くの自治体が視察に訪れている．I市の担当者は，「窓口担当者間で相談者の情報共有をするほど，業務負担は小さくなる」というが，まずその情報の共有に自治体はしり込みをしてしまう．視察に訪れた職員は，I市の体制の導入がいかに難しいかを自らの自治体にもち帰って実感する．I市の家計相談支援事業の実施には，相談員の市のお金の流れに関するスキル，庁内の関係部署の協力，相談内容に応じた連携先との円滑な協力体制，弁護士等の専門家の関与などが必須であり，業務の拡張に向けた条例の制定・議会の承認なども含まれる．

すでに指摘したように，これらの特徴は，5万人前後という人口規模の自治体が時間をかけて，自治体のニーズを把握し，必要な人材を外部から獲得し，また管理職が庁内の連携を誘導し，その基本的な仕組みをつくり上げたのである．積み上げた相談実績をテコにして，地域福祉計画の起案と厚生労働省・経済産業省など相談業務に関係するモデル事業などに参画し，成果は議会で報告し，承認と後押しを引き寄せたのである．これが現在先進事例として評価されているIの支援体制である．生活困窮者の支援をしているものの，経済的・社会的自立を目指す総合相談窓口は，厳密には福祉サービスとは異なった目標に基づいて機能している．

5 「自立モデル」の実施と，「生活モデル」との間で

このように地域の生活支援・福祉サービスにおいて，福祉就労タイプと家計再生タイプは，それぞれ異なる支援系譜をもつものであり，自治体が実施してきた福祉の枠では捉えきれない特質をもつ．それゆえに従来の福祉サービスでは即応できなかった．その結果，自治体は家計相談支援・就労準備支援などの任意事業の実施をせず，実施したとしても外部へ委託することになったのである．

福祉就労タイプは，ハローワークという職業紹介（求人紹介・職業訓練・雇用保険）に専門特化した既存の「自立モデル」業務を担うことを前提に，あらたに就労未満の要支援者に中間的就労という道筋をつける福祉サービスとの連続性を制度の後押しにより構築した．生活困窮者自立支援法以前のさまざまな就労支援――たとえば，制度上利用に時間的な即応性が低い雇用保険や就職活動が前提の各種の給付事業――との接続にも貢献があるだろう．ここで取り上げた生活保護受給者への地方自治体とハローワークとの一体的支援事業は，福祉就労タイプの雛形といっていいだろう．就労準備支援員は中間的就労などを提供する新しい支援団体・組織と自治体とのブリッジであると同時に，福祉的な支援を自治体に引き込むエージェントでもある．就労支援は，比較的人口規模の大きな自治体で実施されるが，それは労働市場の活発な活動に支援の目標が定められているためである．人口の高齢化が著しく進む自治体では，新しい雇用は生じにくく，また住民の福祉ニーズが高い

ために，支援の目標も「生活モデル」となる傾向が強い．

家計再生タイプは，生活困窮者と生活保護受給者を概念上明確に線引きする借金・滞納といった問題を抱え，それを放棄して生活保護申請をせずに，なんとか社会経済的自立を目指そうとする要支援者を支援しようとするものである．経済的困難の解消には長期的な寄り添いが必要であり，端的にいうと，経済的困難は就職するだけでは解決はしない．「生活モデル」を業務の目標とする福祉支援サービスを加えてもまだ不十分である．いわゆる家計簿のつけかたなどの生活レベルの日々の経済活動の改善が必要である．I市の場合は，市役所が市民から徴収する税あるいは料金の滞納の解消を業務目標としており，拡張的に借金・負債の整理までの道筋を法律専門家との連携によってつけようとしている．I市の例は，家計相談事業の先進事例として取り上げられることが多いが，その特徴は消費生活における，税の滞納と滞納の解消に向けたさまざまな支援を提供する自治体の組織改革――組織内連携の構築――である．それゆえに，多くの自治体からの視察があるものの，家計相談事業の枠で導入するのには，自治体内部からの反発が強くなってしまう．そうすると，家計再生タイプの多くは，比較的消費生活に比重を置くよりは，家計相談や従来の貸付に特化する．そのノウハウは，社会福祉協会に蓄積されているからである．

一見すると，生活困窮者自立支援制度は，地方自治体間の支援提供体制に差異を生じさせ，その結果，住民が受ける支援サービスに自治体間格差が生じたように見える．この判断において重要な分岐点となるのが，各自治体が，この制度をどのように受け止めたのか，という点である．生活困窮者自立支援と子ども・子育て支援については，ヒアリングをした自治体の多くが事務的な負担が増えたと答えている．しかし，支援制度をどのように事業化したかによって，その負担は自治体ごとに異なっていた．たとえば，制度ができる以前から，就労準備，家計相談，子ども・子育て支援を自前で実施してきた自治体では反応が二分した．1つは自前の支援制度が国に認められ，費用を国費で一部負担できるようになった，というものである．比較的好意的な反応である．もう1つは，制度が施行されたことで，国の様式に応じた事務対応が必要になり，業務負担が増したというものである．どちらの自治体でも，国費負担分については，十分とは感じておらず不満は残っている．他方で，委託された民間組織では，多くの点で，国費負担分に制約があると考えている．地域の生活支援・福祉サービスの提供体制は，中心に置かれた地方自治体の体制を変革しようとしており，この点はまだ始まったばかりである．国から地方への権限の移行も未だ十分ではないなか，地域に顕在化したサービスのメニューの違いを「格差」として批判するのではなく，支援体制の実現において生じているタイムラグの解決に向けた情報提供をしていくことが重要である．優れた事例の体裁だけを模倣するのではなく，業務の変化を見極め，職員・組織に不足している資源の投入をおこなう必要がある．これが「地域の実情に応じた」支援体制の構築ということになるだろう．

参考文献

デュルケム，E.（井伊玄太郎訳）（1989）『社会分業論 上・下』講談社学術文庫.

五石敬路（2011）『現代の貧困 ワーキングプア――雇用と福祉の連携策』日本経済新聞出版社.

猪飼周平（2010）『病院の世紀の理論』有斐閣.

岩田正美（2016）『社会福祉のトポス――社会福祉の新たな解釈を求めて』有斐閣.

厚生労働省（2016）「ハローワークと地方自治体のワンストップ支援事業（「一体的実施事業」）実施自治体一覧」. http://www.mhlw.go.jp/file/06-Seisakujouhou-11600000-Shokugyouanteikyoku/0000127398_1.pdf

厚生労働省（2017）「ハローワークと地方自治体のワンストップ支援事業（「一体的実施事業」）実施自治体一覧」. http://www.mhlw.go.jp/file/06-Seisakujouhou-11600000-Shokugyouanteikyoku/0000176928.pdf

厚生労働省社会・援護局地域福祉課生活困窮者自立支援室（2016）「平成28年度生活困窮者自立支援制度の実施状況調査集計結果」. http://www.mhlw.go.jp/file/06-Seisakujouhou-12000000-Shakaiengokyoku-Shakai/0000139277.pdf

厚生労働省社会・援護局保護課（2016）「生活保護関係全国係長会議資料」平成28年3月4日（金）. http://www.mhlw.go.jp/file/06-Seisakujouhou-12000000-Shakaiengokyoku-Shakai/0000114628.pdf

厚生労働省職業安定局公共職業安定所運営企画室（2017）「一体的実施事業等の平成28年度実績について」. http://www.mhlw.go.jp/file/06-Seisakujouhou-11600000-Shokugyouanteikyoku/0000176927.pdf

真渕勝（2009）『行政学』有斐閣.
宮本太郎編（2014）『地域包括ケアと生活保障の再編——新しい「支え合い」システムを創る』明石書店.
中村圭介（2004）『変わるのはいま——地方公務員改革は自らの手で』ぎょうせい.
日本総合研究所（2014）「家計相談支援事業の運営の手引き」. https://www.jri.co.jp/MediaLibrary/file/column/opinion/pdf/7380.pdf
西村幸満（2016）「事業主としての自治体の選択」国立社会保障・人口問題研究所『社会保障サービスの受益・業務負担軽減に向けた地域組織の空間的配置・人的連携の基礎的研究報告書』調査研究報告書第 65 号, pp. 139-153.
西村幸満・藤間公太（2017）「管理職の選択」国立社会保障・人口問題研究所『社会保障サービスの受益・業務負担軽減に向けた地域組織の空間的配置・人的連携の基礎的研究報告書』調査研究報告書第 72 号, pp. 31-47.
大森彌（2015）『自治体職員再論——人口減少時代を生き抜く』ぎょうせい.
大沢真理（2007）『現代日本の生活保障システム——座標とゆくえ』岩波書店.
生活困窮者自立支援制度人材養成研修. http://www.mhlw.go.jp/stf/seisakunitsuite/bunya/0000108101.html
社会保障審議会（2013）『生活困窮者の生活支援の在り方に関する特別部会報告書』. http://www.mhlw.go.jp/stf/shingi/2r9852000002tpzu-att/2r9852000002tq1b.pdf
社会政策学会（2017）「変わる公共部門の労働」『社会政策』8（3）.
生水裕美（2013）「“おせっかい”の取り組み——滋賀県野洲市の消費生活相談」『都市問題』104（10）: 74-78.

第7章　福祉行政における総合相談窓口設置
——P市の事例をもとに——

畑本裕介

1　庁内外における連携

本章は，社会福祉行政が庁内外においてどのような連携・協働体制を築いているかを調査し，その成果を報告するものである[1)]．具体的な行政運営体制のあり方を示すため，調査の全体像というよりも，調査から得られた個別の知見を紹介し，その知見から発展して得られる知識について整理した．また，訪問調査をさせていただいた各自治体の中で，とくに注目すべき取り組みの1つを取り上げることで，社会福祉行政における連携・協働体制の今日的姿の1つの方向性を示すことも役割とした．そのため，個別の取り組みを取り上げる報告は，本章だけではなく，次章もそうした性格をもつことになっている．調査の全体像に対する具体的事例の役割も果たすことになるであ

1）本章は，2015（平成27）年11月1日に西南学院大学において開催された社会政策学会第131回（2015年秋季）大会における発表をもとにしたものである．テーマ別分科会第2「社会保障サービスの窓口業務と多機関連携」（1号館309教室）における第4報告として，「福祉行政における総合相談窓口設置についての一考察——P市の事例をもとに」という題目による発表であった．

当日は，地域包括支援センターの一般的設置形態についての質問があった．この質問に対しては以下のように回答した．

まず設置形態の類型について答えた．地域包括支援センターには，行政機関が直接設置する直営型と社会福祉法人等をはじめとする事業者に設置させる委託型がある（長寿社会開発センター 2011，第1章）．さらに，実際の運営においては，同一自治体において両者を組み合わせて設置している直営・委託混合型がある．次に本報告における設置形態の影響について答えた．この3つのタイプのうち，最初の直営型の地域包括支援センターがP市では整備され，福祉専門職が行政庁職員として市役所に雇用された．このことが，P市における機構再編成に大きく影響を及ぼしたことが本研究で明らかになった相談事務の発展に寄与しているといった影響関係である．この質問内容はあらかじめ発表に盛り込まれていた内容を再確認するものであったので，本章では以上のように触れるにとどめたい．

ろう.

とはいえ，本章では，社会福祉行政の役割の歴史的な変化について概観し，その必然性についての理論的な考察を詳細におこなっている．それは，給付業務から相談支援業務への事務の比重の変化である．まずは社会福祉行政において連携・協働の必要性が増したことが，相談業務が重視されることにつながった経緯を確認し，理論的・歴史的な考察としたい．その後，P 市での調査で得られた知見をその具体例として位置づけたいと思う.

2　社会福祉行政施策の分立と連携の経緯

2.1　社会福祉行政連携への歴史

歴史的には，わが国の社会福祉行政においては，窓口で相談を受けたとしても，他機関・他組織にて提供される福祉サービスを紹介する場合，機関・組織同士の連携は十分ではないとされてきた．そのため，「利用者に関する専門的判断（どの様なサービスがどのくらい必要か等）や利用の手続きは，利用者が新しい窓口を訪れるたびにやり直さなければならない」（本名・東 1996，p. 88）状況であったともいわれていた．いわゆる，行政機関に住民やサービス利用希望者が「たらい回し」にされる状況である.

これは，わが国の福祉サービスの供給が統合されずに整備されてきた経緯が関係している．戦後社会福祉行政施策は，社会福祉関係領域がバラバラに乱立して整備が開始された．たとえば，高齢者福祉施設は，1963（昭和 38）年に老人福祉法が制定されるまでは，生活保護法により養護施設が運営されたり社会福祉事業法により軽費老人ホームが運営されたりといったように，同じ高齢者が入所するものであるのに，各社会福祉関係法のなかで別々に運営されているのが実態であった.

その後，社会福祉とその関連領域での連携が模索されていく．一例を挙げるなら，1982（昭和 57）年に老人保健法が制定されると，同法による老人保健計画と老人福祉法による老人福祉計画が一体的に策定されるようになり，医療と福祉の連携は随分と進展した（大森・村川 1993）．とはいえ，本格的に連携が必要とされるようになるのは，在宅福祉や在宅療養が整備されるようになってからである．それは，1990（平成2）年のいわゆる福祉関係八法改正（社会福祉事業法，児童福祉法，身体障害者福祉法，精神薄弱者福祉法，老人福祉法，母子及び寡婦福祉法，老人保健法，社会福祉・医療事業団法の改正）によって始まった．この改正により，在宅福祉の充実が強調されることになった．さらに，この八法改正によって，「在宅生活支援事業」の供給が市町村以外のシルバー産業に委託することが法的に可能になったため，サービス供給主体が多様化するようになった．こうした地域における福祉サービス供給主体の多様化は，必然的に，連携がいっそう求められることにつながっていった（植田 1996，p. 20）．在宅福祉を整備するためには，保健・福祉・医療の連携がとくに重要になるからである．

2.2　在宅福祉・地域福祉のための連携策

連携を確保するために取られた制度的対応の1つは，2000（平成12）年に社会福祉事業法を改称のうえ制定された社会福祉法に新たに盛り込まれることになった地域福祉計画であろう．これは，多様化した福祉サービス供給を整理・統合することを目指すものである．この地域福祉計画の特徴は，「これまで高齢，児童，障害など対象別に整備されてきた福祉制度を横断させて，問題の発見解決のための公私協働の仕組みをつくること，多岐にわたる課題に対し各分野に共通する基盤を整備・開発する仕組みをつくる計画であるという点である」（島津ほか 2005，p. 72）．それまで個別に実施されていた社会福祉各領域の施策を連携させる目的で，地域の実情に合わせて市町村が策定するもの（都道府県は支援計画）である．この地域福祉計画は任意に策定される計画であり，全自治体が策定を終えているわけではない．しかし，策定体制に地域住民の参加が求められること等が明確に求められたことはインパクトをもち（厚生労働省社会保障審議会福祉部会 2002），住民の意見を取り入れ，地域の連携体制を構築していく機運を地方自治体における社会福祉行政において盛り上げるには十分な役割を果たすものであった．

2つ目の対応として，ここでは，行政をはじめとした社会福祉窓口の総合化による対応を挙げたい．近年の社会福祉行政及びその関連機関における窓口の総合化の先鞭をつけたのは，地域包括支援センターであろう．地域包括支援センターは，老人福祉法にもとづいて設置されていた在宅介護支援センター（老人福祉法第20条の7の2）を実質的に引き継ぐ形で，2005（平成17）年の介護保険法の改正によって，市町村が設置することになった機関である（介護保険法115条の46第2項）．高齢者の地域包括ケアの中核機関として，高齢者の多様なニーズや課題に対して，地域の社会資源のネットワークを構築し，ワンストップで対応することを目的としている[2)]．

この地域包括支援センターの組織を見ると，福祉窓口の総合化には次の2つの特徴があることが分かる．1つは，①介護保険法の理念の通り，高齢者の福祉サービス提供のワンストップ機関となることである．これは，地域包括支援センターが介護保険法に「包括的支援事業」をおこなう機関として設置されると規定されるように（介護保険法115条の46第1項），1か所で介護支援を受けることができる窓口となる機関であることは明確である[3)]．ワンストップ機能のためには，窓口職員とその担当課が相談に訪れた利用者を各部局にスムーズにつないでいくために総合的な機関調整も担当しなければならない．こうした窓口の一元化と調整機能の両方をおこなうことで窓口機能が強化される状況を説明する研究方法は，「多機関連携アプローチ」と呼ばれる[4)]．

もう1つは，②ソーシャルワーク機能を社会福祉行政窓口にもたせることで，包括的支援を可能にすることである．介護保険法施行規則に掲げられるように，センター職員には，原則的に社会福祉士，保健師及び主任介護支援専門員を配置することになっている（介護保険法施行規則第140条の66第1項）．センターの業務が縦割りとなることは避けなければならないのは当然であるが（長寿社会開発センター 2011, p. 17），社会福祉士は，主に総合的な相談支援業務及び権利擁護業務を担うことになる（厚生労働省老健局 2005,

2）厚生労働省ホームページに掲載された社会保障審議会介護給付費分科会（第37回）配布資料を参考に記述した． http://www.mhlw.go.jp/shingi/2005/12/dl/s1213-4c1.pdf

3）地域包括支援センター業務マニュアルにも，期待される機能として，「ワンストップ窓口機能」があげられている（長寿社会開発センター 2011, p. 6）．

4）多機関連携アプローチの背景には，さらに大きな行政の動向を捉える研究アプローチとして新公共ガバナンス論がある．新公共ガバナンス論に関しては，畑本（2014）を参照のこと．

pp. 84-85)．社会福祉士は，ソーシャルワークの専門性を活かして地域の社会福祉資源の調整や開拓をおこない，窓口の総合化の機能の一端を担う．次節では，この窓口の総合化を分析するための1つの視角である，社会福祉行政におけるソーシャルワーク機能の強化についてさらに詳しく検討したい．

3　社会福祉行政における相談業務の強化

3.1　福祉部局に配置される相談業務の専門職員

近年の社会福祉行政機関が相談機能を強化しているのは，総合相談をおこなう機能を明確に位置づける地域包括支援センターだけではない．社会福祉行政の機能は金銭・サービス支給決定事務を中心としていたが[5)]，いっそう相談支援・ソーシャルワーク業務へとその業務の比重を移しつつあるといってもよい状況である．とりわけ，住民に最も身近な自治体である市町村ではその傾向が強い．先ほども取り上げた社会福祉関係八法改正では，在宅福祉を推進するために福祉サービスを市町村で一元的に提供できるようにする「市町村中心主義」(『平成8年版　厚生白書』) の確立が目指された．これは相談業務に最も適した自治体の強化という文脈でもあったと考えてよいだろう．

歴史的に，相談支援・ソーシャルワーク業務は，福祉事務所の現業員がいわゆるケースワーカーと呼ばれる専門職として位置づけられる形で担ってきたものである[6)]．また，社会福祉専門職ではなく医療職ではあるが，保健所

5)　当初は社会福祉行政の中心機関は福祉事務所と考えられてきた．その運営のために出された1971 (昭和46) 年の新福祉事務所運営方針では，「事業の性格上，保護金品の給付を第一義的なものとするから，この事業の過程においては，それほど [相談援助の] 専門性を意識しなくてもすんできた」(小林 (1980, p. 142) よりの再引用．[　] 内は著者による補足) との記述がある．また，「単なる所得保障にとどまらず」との記述もあるが (平野 (2005, p. 101) よりの再引用)，逆にいうと，福祉事務所の主な業務として所得保障が念頭に置かれていたことがうかがえるものである．このように，当初の社会福祉行政は，その中心機関である福祉事務所による所得保障を中心業務としてきたのである．

6)　とはいえ，周知の通り，ケースワーカーは必ずしも相談業務に特化した専門職ではなく，役所の人事ローテーションの中で他部署に移動することも常態化しており，むしろ社会福祉行政の金銭・サービス支給決定事務を代表する職員であったといってよい．

には保健師が専門職として雇用されており，社会福祉部局での人員が不足している時代には，地域の社会福祉的な相談支援を代替する局面も多かった．時代の変遷とともに，相談支援・ソーシャルワーク業務を担う専門職員は次第に拡大され，市町村の福祉事務所や福祉部局には，身体障害者相談員・知的障害者相談員，母子・父子自立支援員，就労支援員が配置されるようになった．さらに，2015（平成27）年からは，生活困窮者支援法の相談員（問答集では兼務可能）が設置される場合もある．社会福祉行政を他分野の行政とは区別する大きな特徴である窓口利用者への専門的な相談業務を担う職員が，専門職員として雇用される制度整備はかなり進んだ．役所での仕事が，いわゆる書類仕事をもっぱらとするというイメージは大きく変わってきている．

身体障害者相談員・知的障害者相談員は，それぞれ身体障害者福祉法第12条の3，知的障害者福祉法第15条の2に規定されるものであり，市町村が委託する相談援助に携わる職員である．それぞれの障害者やその保護者の相談に応じ，その他更生のために必要な援助をおこなう．従来都道府県に設置されていたが，地域主権戦略大綱（平成22年6月22日閣議決定）において，2012（平成24）年度からは原則的に市町村に業務が移譲されることになったものである．身体・知的障害者相談員は，障害者や家族が有しているさまざまな経験や情報を活かし，身近な地域で当事者や家族の目線に立った相談援助を担っている．障害者総合支援法にもとづき市町村がおこなう障害者等へのピアカウンセリングの実施や相談支援事業者が計画相談支援や地域移行支援・地域定着支援を提供するにあたって，当事者や家族の目線に立った相談支援の実施に協力するなど，障害者の自立に向けてその役割は今後一層期待されるものである[7]．

母子・父子自立支援員は，2003（平成15）年に施行された改正母子及び寡婦福祉法（現母子及び父子並びに寡婦福祉法第8条）により，従来は都道府県に配置されていたものを，市及び福祉事務所設置町村にも配置することになったものである（平成15年6月18日　雇児発第0618001号　母子及び

7）平成23年度全国厚生労働関係部局長会議（厚生分科会）資料より（2015年7月25日に確認）．http://www.mhlw.go.jp/topics/2012/01/tp0118-1.html

寡婦福祉法による母子自立支援員の設置について）．名称も，母子相談員から母子自立支援員に改められた．さらに，2014（平成26）年10月に同法が母子及び父子並びに寡婦福祉法に改正されてからは，母子・父子自立支援員に改められている．支援の業務に，同法や生活一般についての相談指導に加えて，職業能力の開発の向上と求職活動に関する支援が追加された．これにより，母子自立支援員は，就業問題なども含め母子家庭及び寡婦の抱えている問題を把握し，その解決に必要な助言及び情報提供をおこなうなど，母子家庭の母等の自立に向けた総合的な支援をおこなうことが期待されている[8)]．

生活保護制度における就労支援員は，「セーフティネット支援対策等事業の実施について」（平成17年3月31日付け社援発第0331021号厚生労働省社会・援護局長通知）にもとづき，福祉事務所に配置されたものである[9)]．市や福祉事務所設置町村に配置された就労支援員が，ハローワークの就職支援ナビゲーターと連携して，ハローワークへの同行訪問，履歴書の書き方や面接の練習などをおこない就労を支援する．2005（平成17）年度には生活保護受給者等就労支援事業として，生活保護受給者等に対する就労支援の取り組みが本格的に始動し，この就労支援員が配置された．その後，この事業は，2011（平成23）年度からは「福祉から就労」支援事業に，2013（平成25）年度からは生活保護受給者等就労自立促進事業に引き継がれている[10)]．この生活保護制度における就労支援員は，2015（平成27）年度から新たに始まった生活困窮者自立支援制度における就労支援員と兼ねることができるものである．

以上のような相談専門職員の配置は，行政裁量が認められる「できる」規定に根拠をもったり（身体障害者相談員・知的障害者相談員），通知にもとづくもの（生活保護就労支援員）も多く（母子・父子自立支援員には義務規定あり），必ずしもすべての市や福祉事務所設置町村に配置されているもの

8）『平成18年度　母子家庭の母の就業支援施策の実施状況』（p. 19）を参考に記述．
9）「総務省生活保護に関する実態調査」（平成26年8月1日）より（2015年7月25日に確認）．http://www.soumu.go.jp/menu_news/s-news/87245.html
10）大阪労働局資料「生活保護受給者等に対する就労支援の取組について」（平成26年3月27日）より（2015年7月25日に確認）．http://osaka-roudoukyoku.jsite.mhlw.go.jp/library/osaka-roudoukyoku/H26/teirei/2603-TP2.pdf

ではない．自治体の予算配分の考え方によっては，配置されていない場合も見受けられる．とはいえ，そうした場合も，行政窓口において相談業務の比重が下がるわけではない．また，高齢者福祉の分野では地域包括支援センターを直営ではなく委託したり，障害者福祉の分野では指定一般相談支援事業者（都道府県），指定特定相談支援事業者及び指定障害児相談支援事業者（市町村）に委託して相談支援専門員を配置させることで対応するように，民間事業者を活用することで対応することも多いようである．

とはいえ，いわゆる法律や通知による根拠が明確な各種相談員を設置するだけではなく，後で取り扱うP市の総合相談課のように，部局全体として相談機能を中核に据え，職員の主要業務として位置づけるような発展形もある．

3.2　相談業務をめぐる状況の変化

次に，相談業務についての見解の歴史的変遷を簡単に振り返りながら，過去との対比のもとに相談業務の現在の姿のもつ意味合いを考えてみたい．

1950（昭和25）年に生活保護法が制定されるのと同じ年に「社会福祉主事の設置に関する法律」も制定された．この経緯から分かるように，社会福祉主事は，生活保護の業務を実施する専門職員であると想定されていた．法律制定の理念を示す生活保護法第1条にも規定されるように，生活保護制度は，生活保護費の支給だけではなく，相談業務を大きな内容とする自立を助長する業務を担う．これは，一般にケースワークと呼ばれ，担当する社会福祉主事はケースワーカーと呼ばれる．ケースワーカーは，相談業務の専門家であり，社会福祉主事を任用資格として，社会福祉法にもとづき福祉事務所に設置されているのは周知の通りである（社会福祉法第15条第6項，第18条第1項）．

とはいえ，社会福祉行政においてケースワークとその一部である相談業務がおこなわれることに対しては議論があった．その代表的なものが，いわゆる仲村・岸論争（1956年から1963年）であろう．仲村優一が，公的扶助に則したケースワークを確立するように主張したのに反論して，岸勇がケースワークは不可避的に「人権を侵害する」として全面的に否定したものであった（内田 2013, pp. 31-32，畑本 2011, pp. 109-110）．このように，ケースワークをはじめとした相談業務に関しては，必ずしも好ましいと考えられないこともあった．

また，実際の業務においても，相談業務は軽視されてきた（武田 2007, p. 56）．現在でも，平成21年福祉事務所調査の概況によれば，相談業務の専門性をもつものとされる社会福祉主事の配置は，現業員（ケースワーカー）の67.5%（実数1万3,090人），査察指導員（スーパーバイザー）の69.7%（実数2,246人）[11]に過ぎない．社会福祉士に至っては，現業員の4.9%，査察指導員の3.2%に過ぎない．現業員には必須の資格であるはずの社会福祉主事の資格取得率がこのように低いことは，相談業務が実際においても重視されてこなかったことの証左となっているだろう．

とはいえ，1967（昭和42）年に，東京都社会福祉審議会が「東京都における社会福祉専門職制度のあり方に関する中間答申」において，いわゆる「センター化構想」の先鞭をつけ（六波羅 1994, p. 72），「社会資源を駆使して人間関係の調整にあたることを特色とするソーシャル・ワーカー」の必要性を提言したように，社会福祉行政における相談業務の重要性は常に確認されてきたのも確かなことである．また，社会福祉行政機関における相談業務・ソーシャルワーク機能を強化するため，横浜市等では積極的に福祉専門職を採用してきた実績もある（横浜市保険福祉局 2006）．

近年においては，さらに相談業務を重視するように，社会福祉行政における認識が大きく変化しているといってよいだろう．その要因として，1つには，①社会福祉基礎構造改革や自立支援の興隆といった制度改革であり，もう1つには，②人権感覚が強まり，包括的支援が求められるように世論が変わったことに対する制度的対応の進化が挙げられるだろう．

2000（平成12）年の社会福祉法制定で一応の形ができあがった社会福祉基礎構造改革は，社会福祉の提供体制として契約制度を中心にしていくものであり，措置制度は後退した．契約制度では，サービスが単位化され，その組み合わせと提供事業者を福祉サービス利用者が自ら選択する．利用者は必

11）査察指導員の社会福祉主事取得率は前回調査（2004年10月）時では77.3%（実数2,343人）であった者がさらに少なくなってしまっている．

ずしもサービスの種類や仕組みに知識があるわけではないので，利用するサービスを選択する利用支援の専門職が必要となる．これは，介護保険制度における介護支援専門員であり，障害者総合支援制度における障害者相談支援専門員である．こうした相談員はいわゆるケアマネジャーと呼ばれる職種である．こうした相談支援への需要の制度的増大は，相談業務への注目を高めていった．

また，介護保険制度においては，先にも記した通り，2005（平成17）年の介護保険法改正によって，地域包括支援センターが介護保険制度の中に正式に位置づけられた．ここでは，社会福祉士が主に担うとされる権利擁護と総合相談支援が業務の一部として実施される．権利擁護は，虐待防止や成年後見人制度の申し立て支援が主な業務として想定されるが，介護サービスの情報提供や苦情受付なども視野に入る（髙橋 2008，pp. 94-95）．総合相談は，単位化されたサービスの提供だけでは制度の谷間となってしまう課題を支援するものである（髙橋 2008，pp. 98-99）．これらは，相談専門職・ソーシャルワーカーの業務の典型だろう．やはり，相談業務を注目させる大きなきっかけとなった．ここで取り上げるP市でも，地域包括支援センターでの相談業務への注目が，市役所の大きな機構改革へとつながっていった．

人権感覚が高まったことは，虐待を許さない世論を形成し，医療や介護・障害者支援などが制度の枠組みを超えて提供されることを求める意識の高まりを導いていった．そのための包括的なケアシステムの構築は，まさにナショナルポリシーとなっている（髙橋 2013，p. vi）．また，複合的な問題の解決も当然の課題として取り組むことが求められるようになった．たとえば，「引きこもりから孤立死にいたる単身男性，消費者被害に遭っても自覚がない認知症の一人暮らし高齢者，1つの世帯で要介護の親と障害の子がいるとか，ドメスティックバイオレンスの被害にあっている母親と非行をおこなう子どもがいるといった複合的な問題のある家庭への支援」（大阪府社会福祉協議会 2013，p. 3）などの複数の要因が重なって制度の谷間となりやすい問題への対応が考えられる．介護保険法では，2012（平成24）年の改正によって，第5条第3項に地域包括ケアの法的規定が盛り込まれた．また，行政機関に対するものではないが，準公的機関としての社会福祉法人にも，2015（平成

27）年2月に出された社会保障審議会福祉部会の報告書において，法人として個別のサービスを提供するだけではなく，地域における公益的な活動を推進する責務があることが確認されている（社会保障審議会福祉部会 2015，p. 5）．これは，将来的な法改正が予定されている（全国社会福祉協議会政策委員会 2015，p. 1）．平野方紹が指摘するように，「対象者一人ひとりの福祉課題は個別的・具体的であり即自的なものとなるが，制度はその性質上，普遍的かつ定型的であるため，そこにミスマッチが生まれる」（平野 2015，p. 21）．ここに福祉的支援の狭間が生まれるが，こうした狭間が現在の人権感覚や制度的な文脈からは許されなくなっているのだと解釈されよう．支援の狭間を埋めるのは，利用者のニーズをくみとり，制度間の連携・協働のための調整を進める相談支援の役割である．

以上のような要因により，社会福祉行政においてはいっそう相談業務が重視されるようになっている．次の節では，具体的な1つの自治体における相談業務強化のための機構改革の経緯と実際について検討することで，以上に示した現在の行政運営のあり方の具体的な姿として確認していきたい．

4　P市の福祉総合相談課調査

4.1　P市調査の方法と倫理的配慮

本章で扱う調査は，国立社会保障・人口問題研究所一般事業会計「社会保障サービスの受益・業務負担軽減に向けた地域組織の空間的配置・人的連携の基礎研究（平成26～28年度）」の一環として次のスケジュールでおこなわれたヒアリング調査である．すなわち，2014（平成26）年7月24日，2014（平成26）年9月25日，2015（平成27）年8月6日の3回のP市市役所でのヒアリング調査である．また，2014（平成26）年9月24日のP市社会福祉協議会や同年同月25日のP市に本拠のあるNPO法人でのヒアリング内容を，説明を補うために用いる．ヒアリングは，報告者がP市に対して単独でおこなったものが中心であるが，プロジェクトメンバーのチームアプローチによっておこなわれたものも一部含まれている（2014（平成26）年9

月24日及び25日のもの．参加者は報告者を含め4名）．

加えて，補足的なヒアリングとして同県内のT市でのヒアリングも参考にしている．こちらは，筆者が単独でおこなったヒアリングである．

ヒアリングは半構造化法を採用した．福祉総合支援課設置の経緯についての質問を重点的におこなった．ヒアリング時間は，どれも2時間ほどであり，その際に記録されたフィールドノートが本報告の基礎資料となっている．なお，データの利用に関しては，学術的目的に限って利用するとの旨を伝え，その承諾をヒアリング協力者から得ている．

4.2　P市福祉総合相談課の概況

P市は，人口が7万2,715人（平成27年4月1日現在）であり，総面積264.14 km^2，Y県の面積の約5.9％を占める．広大な面積であるが，人口は市街地に集中しており，市街地と中山間地で極端に状況の異なる地域を1つの市内に抱えている．いわゆる平成の大合併が全国的に展開していた2003（平成15）年に，4町2村が合併して現在の姿となった．文化の異なる自治体が一緒になったばかりであり，広大な面積に人口のばらつきがあるために，市内の各機関・団体の統合が十分に進んでおらず，体制整備に重点を置かなければならない状況である．

P市市役所は，職員数は2014（平成26）年現在の条例定数は718人であり実数は630人である（平成26年度P市人事行政の運営等の状況報告より）．このうち一般行政職は404人である．人口1万人当たり職員数は54.97人であり，全国の類似団体の人口1万人当たりの職員数の平均は57.74人であるので，やや職員数は少なめである．さらにこのうち民生部門の職員数は137人である．また，一般会計平成27年度当初予算は，262億7,612.3万円である（平成27年度P市予算の概要より）．社会福祉行政においては国民健康保険，後期高齢者医療，介護保険等の特別会計も予算の比重が高いため，この特別会計の金額も取り上げると，185億116.1万円である．一般会計のうち社会福祉行政に関する予算である民生費は，96億9,083.4万円であり，すべての費目の中で最も高い金額となっている（構成比36.9％）．

地域福祉担当

主な業務内容：社会福祉施策の総合的企画調整，地域福祉計画の策定・検証，民生児童委員，日本赤十字社，遺族会，災害時要援護者，福祉事務所庶務など

相談支援担当

主な業務内容：福祉に係る総合相談及び地域支援，高齢者，障害者，児童及び配偶者からの暴力被害に係る相談支援，権利擁護・虐待防止，地域包括ケアシステム，自殺予防対策など

生活保護担当

主な業務内容：生活保護法による保護の措置，中国残留邦人などに対する支援給付など

図1　保健福祉部福祉総合相談課の構成

このP市市役所内にある福祉総合相談課は，市役所保健福祉部の1つの課として設置されている．2013（平成25）年度までの第2次地域福祉計画にその設置を規定し，それ以前の部の体制に1課を増設することで成立した．総合相談課はさらに，地域福祉担当，相談支援担当，生活保護担当に分けられている（図1）．それぞれ，地域福祉担当2名，相談支援担当11名，生活保護担当6名（うち2名は嘱託の就労支援員）からなり，それに課長1名を加えた課の構成となっている．

このうち相談支援担当はP市市役所福祉総合相談課の大きな特色である．図1にもあるように，「福祉に係る総合相談及び地域支援，高齢者，障害者，児童及び配偶者からの暴力被害に係る相談支援，権利擁護・虐待防止，地域包括ケアシステム，自殺予防対策など」を扱う．いわば，社会福祉関係であればどのような相談でも受け付け，総合的な調整をおこなうワンストップ窓口である．職員配置も11名であり，他の担当の職員の数と比べても分かる通り，かなり手厚く庁内資源が割り振られているといえる．

また，社会福祉行政関係の部局は，福祉総合相談課以外も同一建物に集中して配置されており（福祉課，子育て支援課，国民年金課，介護福祉課），総合調整がしやすいように配慮されている（図2）．このように社会福祉関係部局を1か所に集中することは，現在必要になっている各機関部局・団体の協働・連携にとっては重要な装置として機能していると推測できる．別の市ではあるが，この件に関してはさらに進んだ例がある．同一県内のT市は，社会福祉行政の各部局（福祉事務所を含む），地域包括支援センター，社会福祉協議会，介護事業所を1つの建物に集め，市役所本庁舎からは独立させていた．こうすることで，社会福祉行政への住民のアクセスが高まる．

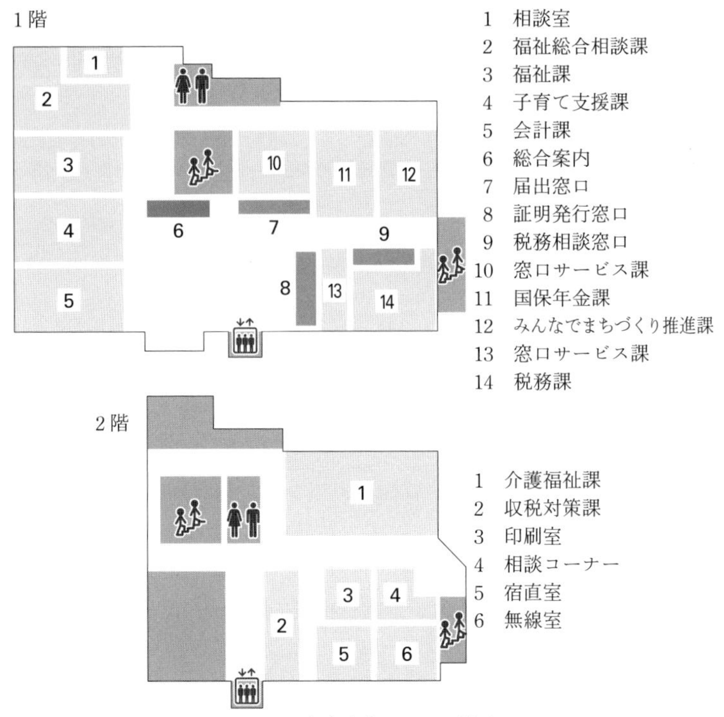

図2　P市本庁舎フロアの構成

また，各機関・団体が互いに対面的な接触をもった情報交換や状況の確認を日常的におこなうことで，ほとんど阻害要因のないスムーズな連携・協働を可能にしていた．このように機関・団体の空間的集中は大きく連携・協働に寄与するものである．社会福祉関係部局の業務の比重が増大する現状があることを考えれば，いずれ全国の自治体が採用していく方向性を示すものであろう．

相談支援担当として総合相談窓口の専門職員を設置したため，社会福祉の領域で課題を抱える住民の市役所へのアクセスが改善され，相談件数が飛躍的に増えた．2013（平成25）年度はのべ約5,300件の相談があったとのことであった．

相談件数が飛躍的に伸びたことは，社会福祉部局へのアクセスの改善を目指す設置の趣旨に合うものではあるが，新たな課題を生み出している．数の増大に伴い，総合相談窓口への相談が複雑化，重度化（インタビューでは「重症化」との表現．虐待の報告義務ができその対応，生活保護受給者への相談支援など）する傾向も生んだ．そのため，第3次の地域福祉計画では，総合相談だけでは対応が難しいことへの対応を盛り込む必要があるとのことだった．

4.3　P市福祉総合相談課設置の経緯

次に，福祉総合相談課の設置経緯について，インタビュー及び入手した資料をもとにまとめたい．

(1)　社会福祉関係資格取得職員の重要性

2012（平成24）年度の機構改革によって，P市保健福祉部は図3のような組織へと再編された．2011（平成23）年度は法制度の領域ごとに課と担当が編成された全国で一般的な形式による組織編成がなされていた．しかしながら，機構改革後は，障害者自立支援法（現障害者総合支援法）や介護保険法の給付事務に係わる担当課以外は，保健福祉部の下部組織はすべて福祉総合相談課にまとめられることになった．とりわけ特徴的なのは，福祉総合相談課の中の相談支援担当であり，地域包括支援センター，家庭児童相談室（児童虐待への相談支援もここが担当する）をはじめとする福祉関係の相談をここに一元化したことである．これは前節での説明の通りである．

福祉総合相談課を設置する直接の契機となったのは，地域福祉計画にその準備と設置についての方針が記載されたことである．しかしながら，さらに遡ってその源流となっているのは，先に記した地域包括支援センターの設置の際に福祉専門職を市役所職員として雇用したことである．

2005（平成17）年の介護保険法改正によって市町村に地域包括支援センターが設置できることになり，その場合は原則的に社会福祉士，保健師，主任介護支援専門員を配置することになった（平成18年厚生労働省通知　老計第1018001号など）．そのため，P市では2006（平成18）年に社会福祉士である専門職員としてTさんを雇用した．また，地域の精神保健体制を強化するために精神保健福祉士である専門職員としてNさんが雇用されることにな

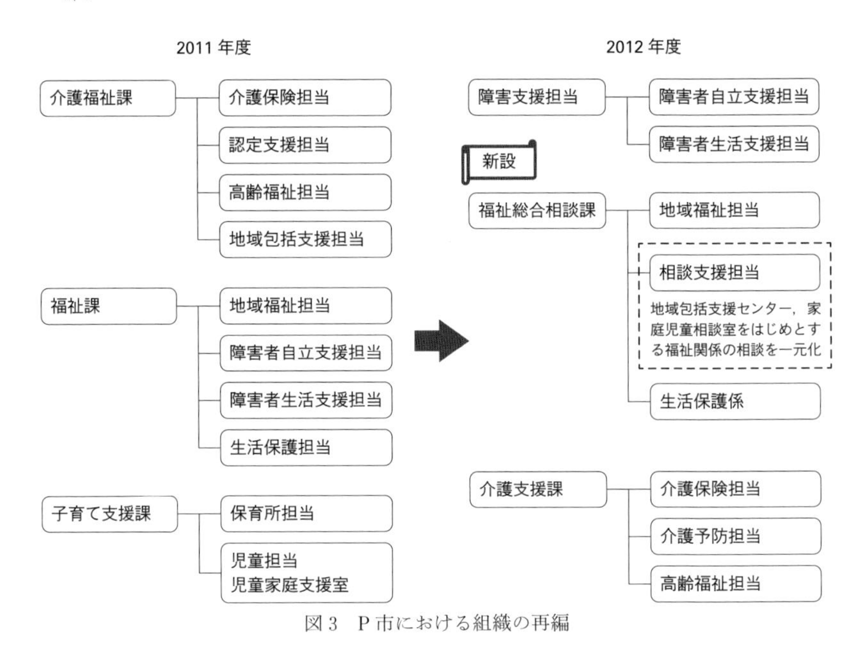

図3　P市における組織の再編

った．さらに，一般の職員3名に社会福祉士を取得するための事業も市役所において実施された．こうした専門資格をもった職員が次第に市役所に雇用されるようになったことは，市役所の専門的対応能力が向上されただけではなく，庁内の意識変革に大きく貢献した．

専門性の高い有資格職員が，研修をおこなったり，同僚との日常会話の中で社会福祉施策を充実させることが重要であると庁内に広めていったことは，市役所文化を変容させることになった．福祉総合相談課設置を主導した管理職であるKさんの話では，自分はもともと市役所の他部局を担当していた者であり，そもそも地域で社会福祉的な支援を必要とする住民が存在することにすら思いが及んでいなかったとの感想を語っていた（2014年7月24日のヒアリングにて）．しかし，専門職員が庁内にもたらした社会福祉学や社会福祉の実践の知識によって，地域のニーズをつかみ社会福祉関係機関や団体を調整する施策の重要性に次第に気づかされ，機構改革の遠因となっていたとのことだった．また，実際の機構改革のプロセスにおいて，先に触れたTさん，Nさんのような専門資格をもった職員が作業を主導している．

(2) 庁内体制の整備――政策推進担当と地域福祉計画

もちろん，職員個々人の能力と熱意だけで機構改革が実現したわけではない．市役所において制度的体制が適切に整備されていったことも重要である．

2009（平成21）年に，当時の市長の方針で政策推進課が設置され，市役所各部に政策推進担当が置かれることになった．制度改革のシーズをつかみ，市役所の改革につなげていく体制の整備である．以前より保健福祉部内では支援体制を充実させるための自主的な勉強会を開いていたが，この政策推進担当がそこで話し合われていた課題を保健福祉部内の改革課題として取り上げ，2009（平成21）年に相談支援体制ワーキングを立ち上げた．これが，福祉総合相談課設置の制度的なきっかけである．

ワーキングで話し合われた課題は，2010（平成22）年3月に策定された第1次総合計画後期基本計画の中に，重点事業「福祉総合相談体制の整備」として位置づけることに成功した．また，同年同月に策定された第2次地域福祉計画の中で，基本施策「福祉総合相談窓口体制の充実」としても位置づけられた[12]．このように行政計画の中に位置づけられれば，行政施策は一気に実現に向けて動き出すことができる．実際に，2011（平成23）年に先ほどのTさん，Nさんに保健師の方1名を加えた3名の体制で，プレ相談体制を形成しパイロット版の総合相談事業をはじめ，翌年2012（平成24）年には福祉総合相談課が本格始動している．

(3) 福祉総合相談課設置の効果とその後の展開

もちろん，福祉総合相談課を設置した第1の効果は，先に確認したように社会福祉行政における相談支援業務の充実である．「福祉に関する相談は，個々の窓口だけでは解決しない場合も多い」（P市資料「福祉総合相談体制について」）ため，こうした重層的な問題の解決を図ることが，まずは求められる効果である．機構改革の結果，地域で支援が必要な住民にワンストップで総合的に対応するために，地域のネットワーク整備をおこない，地域福祉や地域包括ケアへと昇華していくことへの第1歩として，P市市役所では十分

12）これは社会福祉の立場から実現させたい行政体制を行政用語に翻訳してくれる事務処理にたけた一般行政職の職員のサポートがあったことにも触れておかなければならないだろう．

な体制整備ができたのではなかろうか.

福祉総合相談課の事業が定着してくると，相談件数も増え，虐待の報告義務ができたので，その対応や生活保護受給者への相談支援などへの対応等も引き受けるために，総合相談窓口への相談が複雑化，重度化するようになった. 次なる課題として，こうした困難ケースへの対応を整備することが挙げられていた. 福祉総合相談課だけでは活用できる社会資源としては不十分であるため，社会福祉協議会等の庁外の機関・団体との連携を模索することがいっそう必要になるとのことであった. 実際に，社会福祉協議会の職員に2011（平成23）年度，2012（平成24）年度に市に出向してもらい，相談事業のノウハウを身につけてもらうなどの準備作業はこれまでもおこなわれていた. 生活困窮者自立支援制度の自立相談支援事業委託機関として，P市社会福祉協議会と市内のNPOにコンソーシアムを組んでもらい委託の受け皿の整備もおこないつつあるとのことであった. こうした問題は，次の第3次地域福祉計画に位置づけられることになった. こうした庁外の機関や団体との連携や協働に関するその後の展開について表1にまとめた.

見逃してはならないのは，業務の効率化への効果である. そもそも福祉総合相談課設置の目的の1つに，この行政のスリム化が位置づけられている. 先に示したように，社会福祉行政の「市町村中心主義」（『平成8年版　厚生白書』）化が進めば，市役所の業務が過重になっていくのは必然である[13]. さらに，社会福祉行政において相談業務が比重を増していく状況がそれに並行する. そのため，市町村の社会福祉関係部局とりわけ相談部門の業務の整理合理化が求められるようになる. 社会福祉各分野ごとに分立していた相談窓口が福祉総合相談体制として統合されれば，空間的な距離が作り出していた業務のロスが解消され，各ケースに対してチームで対応する体制が整備されるために，結局のところ業務の効率化につながり，ひいては人員の合理化

13）P市資料にも次の記載がある.「介護保険制度（H 12）において市町村が保険者となり，地域包括支援センターの設置や高齢者虐待防止法（H 18）も加わったこと，精神保健福祉相談の業務が保健所（県）から市町村へ，児童虐待防止法により虐待の通報・立入調査等の権限も市町村に，障害者自立支援法（H 18）により障害福祉サービスの提供や障害者の相談支援業務も市町村に委ねられてきています. この他にも，障害者虐待防止法（H 24），生活困窮者自立支援法（H 27）などで，新たな業務への対応が求められています」（「福祉総合相談体制」の目指すもの）.

表1　P市総合相談体制のその後の展開——社会福祉協議会との連携

2011（平成23）年	日常生活自立支援推進委員会設置（後見センター設置検討）
2012（平成24）年	P市福祉総合相談課設置（窓口一本化）
	市包括支援センターへ主任ケアマネとして出向（1名）
2013（平成25）年	一次相談事業へ名称変更（及び相談機能の強化）
	高齢者相談支援センターの受託
	：社協本所へ高齢者相談センターとして専門相談員CSW配置
	ふくし小委員会プレ開催（小学校区民児協にて）
	P市成年後見センター開設
	：市包括支援センターへ主任ケアマネとして出向（1名）
2014（平成26）年	ふくし相談支援センター受託
	包括支援センターのブランチとして高齢者相談支援センターから拡大変更し受託
	専門相談員CSWを市の相談員として位置づけ2名配置
	モデル地区ふくし小委員会の開催（八田地区，若草北地区）
	一時相談・CSWの実践から委員会でふくし課題を検討
2015（平成27）年	生活支援課新設：「ふくし相談支援センター運営事業」
	・「生活困窮者自立支援事業」を受託
	自立相談支援機関として市内の総合相談窓口として2015年から実施している

※　随時先進地の視察がおこなわれた（静岡県富士宮市，岡山県総社市，三重県伊賀市，愛知県半田市，大阪府寝屋川市，大阪府豊中市など）．

も可能になったとのことであった．

5　キーパーソンとその背景的要因

本章では，社会福祉行政における連携・協働の歴史をたどり，現在においてその重要性が高まっていることを確認した．その対応策として，窓口のワンストップ化と総合相談体制の整備やソーシャルワーク機能を強化することで相談業務を強化することが考えられるとした．その後，P市の福祉総合相談課の状況と経緯を検討することで，後者の相談業務強化の事例検討をおこなった．

最後に，以上のような本章におけるさまざまな検討の中で，とくに注目すべきものとして明らかになったポイントを取り上げ，将来に向けた若干の提言をおこないたい．まずは，福祉総合相談課設置のような機構改革がいかにすれば可能になるのかについてのポイントについて言及しておきたい．

まずは，①キーパーソンの存在である．先行研究でも，自治体の相談・ソーシャルワーク業務が成功するための共通基盤にはキーパーソンの存在があることが指摘されている（福田 2011，p. 56）．P市の機構改革においても，積極的に新たな仕組みの導入に向けて庁内に働きかけた中心人物が存在していたことは先に指摘した通りである．

とはいえ，キーパーソンは特殊で特別な能力をもつ存在ではない．②キーパーソン登場の背景的要因への注目も重要だろう．P市においてキーパーソンが現れたのは，地域包括支援センターの設立や地域での精神保健の基盤強化といった機会に専門職を雇うことができ，そこで雇われた職員がキーパーソンとなったことによる．さらに，こうした社会福祉行政の制度的変革は，社会福祉行政の市町村中心主義化といった行政改革の全国的な大きな流れが背景にある．キーパーソン個人の主体性（agency）が鍵になるのは当然であるが，彼らの登場には制度や社会潮流が伏線となっていることも確認しておかなければならない．市役所庁内にキーパーソンが登場したことは，市役所の文化を変え，さらなる制度変革へとつながっていった．

次に，行政を対象とする学問への示唆についても触れたい．本章は，社会福祉行政の機能は金銭・サービス支給決定事務を中心としていたが，いっそう相談支援・ソーシャルワーク業務へとその業務の比重を移しつつあることを確認するものであった．金銭・サービス支給決定事務の遂行にはジェネラリストが求められ，上意下達のヒエラルヒーを中心とした官僚制的業務遂行の形態や没個人的な業務遂行様式がもたらす頻繁な部局の異動が行政機関の特徴であった．そのために，西尾勝は行政学とは「政府（government）に属するヒエラルヒー型組織の集団行動について考察する学」（西尾 2001，p. 47）としていたのだった．

しかしながら，後者である相談支援・ソーシャルワーク業務にはスペシャリストも求められる．そうであるなら，行政を対象とする学もその姿を変容させなければならなくなるのではなかろうか．地方分権にともないヒエラルヒーが相対化された行政の姿からは，行政職員が以前よりも主体性を備え，創造的に制度を構築していく姿を中心に据えた学問体系が求められることが示唆されているともいえるだろう．

参考文献

長寿社会開発センター（2011）『地域包括支援センター業務マニュアル』.
福田育弘（2011）「自治体におけるソーシャルワーク業務の課題と展望――地域包括支援センターの事業モデルに着目して」『同志社政策科学研究』13（1）：47-61.
畑本裕介（2011）『社会福祉行政――行財政と福祉計画』法律文化社.
畑本裕介（2014）「社会福祉行政のパラダイム展開――PA，NPM，NPG の各段階」『山梨県立大学人間福祉学部紀要』9：1-12.
平野方紹（2005）「福祉事務所の業務と組織」宇山勝儀・船水浩行編『福祉事務所運営論　第3版』ミネルヴァ書房，pp. 89-119.
平野方紹（2015）「支援の『狭間』をめぐる社会福祉の課題と論点」『社会福祉研究』122：19-28.
本名靖・東奈美（1996）「在宅福祉サービスにおける相談援助業務に関する調査研究」『東海大学健康科学部紀要』2：81-89.
小林良二（1980）「福祉事務所と専門職制」『季刊・社会保障研究』15（3）：141-159.
厚生労働省老健局（2005）「全国介護保険担当課長会議資料――地域包括支援センターの業務内容について」（2015年7月24日に確認）．http://www.mhlw.go.jp/topics/kaigo/kaigi/051031/dl/3-2.pdf
厚生労働省社会保障審議会福祉部会（2002）「市町村地域福祉計画及び都道府県地域福祉支援計画策定指針の在り方について――一人ひとりの地域住民への訴え」.
元田宏樹（2014）「福祉事務所における職員の現況と課題」『公共政策志林』（法政大学）2：171-181.
西尾勝（2001）『行政学（新版）』有斐閣.
大阪府社会福祉協議会（2013）『社会福祉法人だからできた誰も制度の谷間に落とさない福祉――経済的援助と総合生活相談で行う社会貢献事業』ミネルヴァ書房.
大森彌・村川浩一編（1993）『保健福祉計画とまちづくり』第一法規.
大阪市社会福祉協議会編（2013）『社会福祉法人だからできた――誰も制度の谷間に落とさない社会福祉』ミネルヴァ書房.
六波羅詩朗（1994）「福祉事務所の役割と課題（上）」『長野大学紀要』16（1・2）：67-77.
社会保障審議会福祉部会（2015）「社会福祉法人制度改革について」（2015年8月31日に確認）．http://www.mhlw.go.jp/file/04-Houdouhappyou-12004000-Shakaiengokyoku-Shakai-Fukushikibanka/0000050269_1.pdf
島津淳他編（2005）『地域福祉計画の理論と実践』ミネルヴァ書房.
髙橋紘士（2013）「地域連携と地域包括ケア」髙橋紘士・武藤正樹編『地域連携論

――医療・看護・福祉の協働と包括的支援』オーム社，pp. v-xii.
髙橋紘士編（2008）『地域包括支援センター実務必携』オーム社.
武田英樹（2007）「生活保護行政におけるソーシャルワークの課題」『近畿大学豊岡短期大学論集』4：49-62.
東京都社会福祉審議会（1967）「東京都における社会福祉専門職制度のあり方に関する中間答申」.
豊島明子（2008）「福祉の契約化と福祉行政の役割――高齢者福祉と障害者福祉に着目して」『法政論集』（名古屋大学）225：185-212.
内田充範（2013）「生活保護ケースワーカーの専門性に関する研究――ケースワーカー・スーパーバイザー・利用者評価からの考察」『日本社会福祉学会中国・四国ブロック』2：23-36.
植田章（1996）「保健・医療・福祉の連携――総合的な地域ケアの実現に向けて」『社会学部論集』（佛教大学）29：17-30.
横浜市保険福祉局（2006）『横浜市社会福祉基礎構造改革検討会報告書』.
全国社会福祉協議会政策委員会（2015）「全社協 福祉ビジョン 2011　実践事例集 3 社会福祉法人による地域での公益活動」（2015 年 8 月 31 日に確認）．http://www.zseisaku.net/data/vision2011case_example_vol3.pdf

第8章　民間事業者による「提案型」の事業実施と連携
――A市の取り組みを事例として――

工藤健一

1　生活困窮者自立支援のNPO等への委託

1.1　本章の課題

2015年4月に生活困窮者自立支援制度が施行された．生活困窮者自立支援制度は，生活保護の受給には至っていないが生活に困難を抱える人々（生活困窮者）に対する「第2のセーフティネット」として，支援対象者の人々の自立を目指した包括的な支援体系を構築しようとするものである．厚生労働省によって「新しい生活困窮者支援のかたち」として5つのポイントが示されている．すなわち，①生活困窮者の抱える課題の多様性や複合性に対応する「包括的な支援」，②個々人の状況に応じた「個別的な支援」，③課題が深刻になる前に問題解決を図る「早期的な支援」，④自立に向けた本人の段階に合わせた切れ目のない「継続的な支援」，⑤地域が主役となり官民協働の「分権的・創造的な支援」である[1)]．こうした理念のもと，それぞれの自治体が必須事業（自立相談支援事業，住居確保給付金）と任意事業（就労準備支援事業，一時生活支援事業，家計相談支援事業，子どもの学習支援事業）を地域の実情に合わせて組み合わせ実施することとなった．

事業の実施にあたり，自治体が事業を直営で運営するか委託で運営するかについては判断が分かれている[2)]．それは，それぞれの自治体の事業運営に

1)　厚生労働省社会・援護局「生活保護制度・生活困窮者自立支援制度について 第2回生活困窮者を支援する勉強会資料」2015年6月による．

2)　西村幸満「事業主としての自治体の選択――支援サービス三極化の実態と業務」国立社会保障・人口問題研究所「社会保障サービスの受益・業務負担軽減に向けた地域組織の空間的

係る考え方，人員や予算等の制約，事業を担いうるNPO等の地域社会資源の豊富さといった地域ごとに異なる諸条件の中で決定されるからである．実際，自治体によって事業運営のあり方は異なっており，それに伴って事業実施に係る組織間連携体制の構築のされ方にもバリエーションが生じている．一般的に自治体が直営から委託へと事業をアウトソーシングすることについては，人員も含めたコスト削減効果が中心にある．委託の有効性を測る際に，コスト効果のみに注目すべきではなく，それによって提供されるサービスの評価が重要である．しかしながら，福祉領域のサービスを評価するのは難しい．それはサービスの質の評価を数値化することが困難だからである．したがって，どのようなサービス提供体制が構築されているかといった視点が重要になる．

本章は，生活困窮者自立支援をNPO等への委託で実施している政令市（A市）を対象事例として，事業運営に係る連携の実態について考察する．そのことを通じて，人口規模の大きな自治体において委託で事業を実施する場合に，どのような条件が揃うことによってそれが有機的に可能となるのかということを明らかにしたい．連携がコスト削減効果や資源配置の問題だけでなく，連携が構築されるプロセスに着目することで，委託事業が成果を伴って実施されるための条件を探りたい．そのことを通じて，委託事業がうまくいくかどうかは，資源配置といった環境条件や自治体の運営コストといった面ではなく，地域ニーズに根ざした民間事業者の地道な活動があってこそだということを主張する．こうした意味で，本章で検討する政令市の事例は好事例である．

分析を進めるにあたっては，事業の委託元である自治体と委託先の民間事業者の間にどのような連携体制が構築されているのか，自治体の担当部局と委託先事業者との関係において，定期的にまたは不定期でどのような情報共有や情報交換がなされる機会ができ上がっているのか質量2つの側面に着目する．委託事業は，「制度的には」行政が事業の枠組を決めて公募をし，受け付けた応募の中から最も適切な事業プランと事業受託主体を選定するとい

配置・人的連携の基礎的研究」平成27年度所内報告書所収.

うプロセスを経る．その後は，所定の事業報告に基づいて事業のチェックを委託元である自治体がおこなっていくということになる．この手続きでは，自治体の想定した枠の中で最もあてはまりのよい事業者が選ばれる．しかしながら，A市の事例検討からは，受託NPO法人の行政への働き掛けや行政との定期的な情報交換ルートの構築の重要性，複数のNPO等の連携体制を構築することの強み，委託元と委託先という直接の関係主体以外も含めて連携の枠組みに関わっていく体制を構築することの重要性が見えてくる．

1.2　方法

本章で用いる資料は，後述するヒアリング調査と，ホームページ等を通じて公開されている文書資料である．ヒアリング調査は，国立社会保障・人口問題研究所一般会計事業「社会保障サービスの受益・業務負担軽減に向けた地域組織の空間的配置・人的連携の基礎的研究」（平成26～28年度）において，A市および同市において各種生活困窮者自立支援事業に取り組む一般社団法人のご協力を得て2014年7月に第1回，そして提供された資料や公開されている資料の吟味を踏まえて改めて2017年3月に第2回目を実施した．

はじめに，A市における生活困窮者自立支援制度実施前のモデル事業を通じて，自治体と事業受託民間事業者との間でどのような連携体制がつくられていったのかについて整理する．次に，モデル事業をベースとして[3)]，2015年4月より生活相談，就労相談，就労準備，就労訓練を実施する窓口として開設された「A市生活自立・仕事相談センター」を対象として，その体制および実施内容を検討する．そして最後に，事例検討から得られる示唆についてまとめる．以上を通じて，ミクロ的な視点で生活困窮者自立支援に係る自治体とNPO等を中心とする連携の実態について検討し，委託による事業実施が機能する条件を明らかにしたい．

3)　全国におけるモデル事業の実施経過については，第1章3（白瀬）を参照願いたい．

2　制度施行に至る過程——自治体の組織と民間事業者の果たした役割

ここでは，2015年4月の生活困窮者自立支援制度の施行に至る過程を政令市の視点を踏まえながら整理する．自治体組織と委託先民間事業者の特徴，それぞれの主体がモデル事業実施のプロセスで果たした役割，委託を可能にした環境条件について検討する．A市は人口100万人を超える11の市区町村の1つで5つの区で構成される政令指定都市である．高齢者ケア，地域包括ケアシステムの推進，障害者支援，子ども・子育て支援，ホームレス支援，低所得者支援，被災者健康・介護予防支援，地域福祉の推進等に関わる健康福祉費は市の予算規模の約37%に及ぶ．健康福祉費に次ぐ土木費（約15%）や教育費（約9%）と比べても大きな割合を占めている．

2.1　行政組織

政令市は，地方自治法第252条の19（指定都市の機能）に定めるところにより，「生活困窮者自立支援に関する事務」を含む19の事務[4]について，都道府県の許可や認可承認等を受けることなく実施する機能を有している．また，同第252条の20（区の設置）に定めるところにより，「市長の権限に属する事務を分掌させるため」条例で区を設置することとなっている．したがって，市と区の関係における市の役割は，制度的には県の果たしている役割に近似している．

この政令市における生活困窮者自立支援制度の所管部局は，健康福祉部にある保護自立支援課保護支援係である．保護支援係は生活保護に係る企画，調整および指導監査，保護施設の整備等をはじめとする業務を担っている．生活困窮者自立支援に関する取り組みの実施に際し，所掌業務の中に「生活困窮者の自立支援に係る企画及び調整」業務および「生活困窮者就労訓練事

4)　具体的には，児童福祉に関する事務，民生委員に関する事務，身体障害者の福祉に関する事務，生活保護に関する事務，行旅病人及び行旅死亡人の取扱に関する事務，社会福祉事業に関する事務，知的障害者の福祉に関する事務，母子家庭及び父子家庭並びに寡婦の福祉に関する事務，老人福祉に関する事務，母子保健に関する事務，介護保険に関する事務，障害者の自立支援に関する事務，精神保健及び精神障害者の福祉に関する事務などであり，福祉領域が大部分を占める．

業の認定」業務が加えられた．事業の直接的な担当部局であり市民との接点は各区役所である．具体的には，各区役所保護課内に「市役所健康福祉部保護自立支援課の所管に属するものを除く」と規定され，市と区で業務，役割分担がなされている．市の役割は，法定受託事務と指導監査事務である．国からの法定受託事務に関しては，国と区の仲立ちという役割を担っている．制度の解釈に関する整理と区の福祉事務所に対するアドバイスをおこなうとともに，国に代わって区福祉事務所の指導監査を担っている．

そうしたことから，政令市レベルには，相談支援の現場レベルの個別具体的な情報が逐一上がってくるというのではなく，各区レベルにおいて集約された数量的情報等が集約される．したがって，たとえば生活保護であれば，月次ごとの件数の取りまとめといった福祉行政報告業務が中心となっている．ただ，区の担当部署からのケースへの対応相談など，イレギュラー業務も多いとのことである．そうした相談に対しては，他の区からの過去の相談経験をもとにアドバイスをおこなったり，あるいは，国に連絡を取り，確認やアドバイスを求めて各区に対して対応をしたりするとのことである．このような対応を可能にするため，区役所からの相談については，相談と対応内容の情報を記録・回覧し，課で情報共有する体制をとっている．課内において情報の回覧がなされていることから，課に情報が蓄積されるだけではなく，個々の職員レベルで情報共有が図られているといえる．役所内の他部署との関係では，課長，係長が課をまたがる役職担当者会議を通じて情報共有が図られている．

つまり政令市において生活困窮者自立支援のような新たな制度や事業の立ち上げは，企画・設計は市が実施し，実際の運営は区役所がおこなうということになる．市レベルでは，制度実施に係る企画や区間調整の役割を担う．このようなことから，総合相談窓口の体制のつくり方については，市レベルが各区の保護率の違いや，住宅開発の新旧の違いに伴う年齢構成（高齢化率）等の違い，都市部であるか郊外であるかといったこと等に伴う各区の状況や生じている問題や課題の状況を踏まえて調整するため，区によって異なっているとのことであった．

このように，市が担っている役割は一般的には県レベルと同様，主に企画，

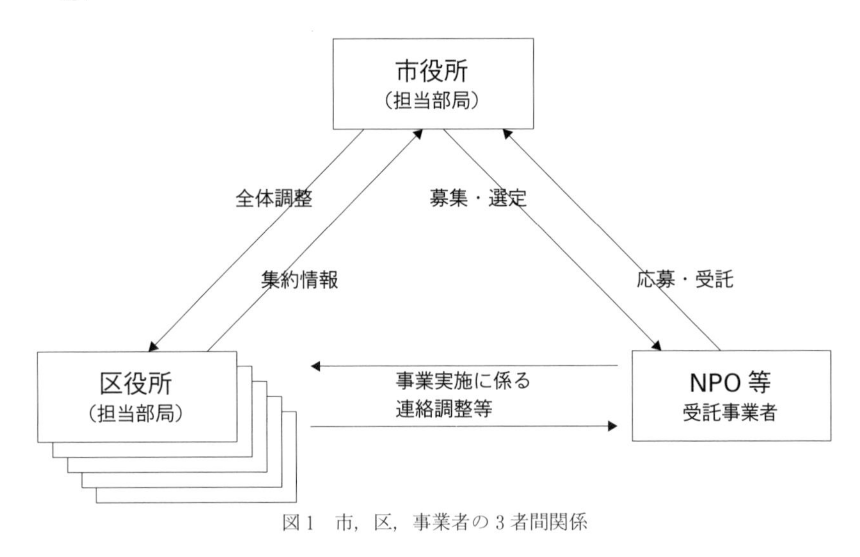

図1　市，区，事業者の3者間関係

調整である．生活困窮者自立支援モデル事業についても，市が募集および選定の主体であり，最終的に募集要項の枠組をどのようにデザインするかの意思決定の役割を担っている．また，事業実施プロセスにおいては，市は市民との接点における個別具体的な情報を取り扱うというよりも，各区において集約された数量的情報等を整理，検討し，全体調整を図る役割を果たす．さらに，ある区からの相談に対し，別の区の相談対応経験等をもとにアドバイスするといった機能も担ったり，制度の解釈等について国に照会する機能を担ったりする．市と区および事業委託先との3者間関係を図示したものが図1である．市と区においては全体調整（区間調整）と情報の集約という関係があり，市と事業実施主体（NPO 等）との間では募集・選定，応募・受託の関係，各区と事業実施主体との間には事業実施に係る連絡調整の関係が成立している．

2.2　民間事業者組織

A 市における生活困窮者自立支援事業の受託先として大きな役割を果たしてきたのは一般社団法人 B である．一般社団法人 B は 2011 年に 10 団体が連携し，「さまざまな事情により，安定した生活を送ることが困難な人たちへの伴走型支援を目指して」設立された．連携団体ができるきっかけは当時の内閣府パーソナル・サポート事業だったが，組織を結びつけた思いは「出口につながらなければいけない」，つまり自立につなげなければならないという問題意識だったという．構成団体の1つであるホームレス支援団体は，相談を受けても就労にはなかなかつながらず，見守りに終始してしまう「出口のない」状況に歯がゆさを感じていた．そうした状況の中，「出口」をつくるための組織間連携[5)]の重要性が共有されて具体的な動きに発展したということである．設立直後には東日本大震災が起こり，その後は被災者支援を中心に奔走することとなった．

事業の経過概要を簡単に整理しておくと，2011年度から伴走型生活支援事業として，対象とした仮設住宅の全戸訪問を実施している．訪問件数（括弧内－面談件数）は，2011年度に約5万5,000件（約3,000件），2012年度には約6万件（約3万8,000件），2013年度には約1万9,000件（約1万1,000件）に及んだとのことである．一般社団法人Bは訪問の結果，行政機関や専門機関による介入や継続的支援，あるいはそれら機関との連携による情報共有が必要か等の緊急度合いを5段階に分け，仮設住宅において生活に行き詰る人々の状況把握に尽力した．また，仮設住宅の全戸訪問の一方で，被災者支援を生活困窮者自立支援法上の制度ができることを想定して組み立てる必要があることをA市に提案している．それを経て2012年度には，ハローワークで就労が決まらない被災者向けの就労支援事業を開始し，就労率約4割の実績をあげたと同時に，被災者支援のための総合相談センターを開設し，200名を超える生活困難者を福祉的支援につなげたとのことであった．2013年度には，A市と協働で，就労がなかなか決まらない被災者への就労準備支援事業を開始するとともに，市の中間就労支援事業に採択されて職業訓練を中心にした「シニアと若者ワークサロン」を開所した．就労相談支援センターにおいては200名以上の相談者に対し就労率50％以上，就労準備相談センターにおいては就労率25％以上，「シニアと若者ワークサロン」ではリフォーム事業・キャンドル事業・墓石清掃事業を企画し，それぞれ延べ

5）　組織間連携の考え方については，第5章（西村）を参照願いたい．

約200名・約50名・約10名が職業訓練を実施したとのことであった.

被災者支援から就労支援へと取り組みを拡げ，2014年時点では①困窮被災者等向けの就労マッチングをおこなう「就労支援相談センター」，②困窮被災者の就労訓練事業をおこなう中間就労支援，③困窮者向け就労準備をおこなう「就労準備支援センター」，④中間就労支援，⑤仮設住居入居者への見守りおよび福祉的サポートをおこなう「安心見守り協働事業」，⑥困難被災者向け生活相談をおこなう「総合相談センター」を実施するに至っていた.⑤を除く5つの事業が生活困窮者自立支援モデル事業であった.

このように，一般社団法人Bは，東日本大震災後，仮設住宅入居者への見守りと福祉的なサポートを皮切りに，仮設住宅入居者向けの生きがいを創出する就労の場づくり，生活が困窮する被災者等を対象にした就労マッチング，生活相談，就労訓練事業というように事業展開してきた．したがって，一般社団法人Bは，その事業の成り立ちから，生活困窮者の生活相談支援や就労支援を柱とし，また強みにして展開してきたという特徴をもっているといえる.

一般社団法人Bの事業展開のプロセスからは，民間事業者と自治体の連携体制が民間事業者の「提案」を起点として形成されていったということがわかる．上述したように，多くの事業の実施に際して，一般社団法人Bは自治体に対して事業提案を積極的におこなってきた．自治体から公募が出て初めて応募を検討するというのではなく，政策の動向も把握しながら，被災地において生活継続の難しさを抱える人々を支援するために必要な取り組みを事業として自治体に提案し，次々に事業を実現していった．このようなことから，事業実施とそれを通じた自治体との間の組織間連携体制の構築において一般社団法人Bが果たした役割は相当に大きい．さらに，複数のNPO法人等の協働組織である一般社団法人Bは，支援対象者が抱える多様な問題に対して，組織を構成するメンバーのそれぞれの強みを活かして対応するという組織内連携体制も構築していたことが特徴的であった.

2.3　モデル事業の実施を通じて築かれた連携体制

A市と一般社団法人Bが協働に至った経緯を改めて確認しておこう.

2014年度のモデル事業を実施するにあたって，当初市が委託を決断したのには，実績のある民間事業者への積極的な評価があった．具体的には，東日本大震災直後から活発に被災者支援をおこなっていた一般社団法人Bの実績についてである．市としての判断は，一般社団法人Bはアセスメントのノウハウの蓄積もあり，先進的な取り組みにも積極的であり，充分に生活困窮者自立支援に係る事業を任せることができるというものであった．一方，委託に対して消極的な理由もあった．それは，行政に常に課せられる人員削減という一般的事情と，事業を直営でおこなうにはすでに庁舎が手狭でもあり，直営での実施には困難性が伴うという市固有の事情があるという認識であった．すなわちこの政令市は，事業実施が委託で充分な運営を可能にするかどうかについて，単に行政コストの面といった内部的な事情に基づく判断をしているわけではなく，地域の民間事業者の活動実績やそれまでの関係性を適切に判断する積極的な役割を果たしているのである．

さらに，A市においては，自立相談支援センターの事業運営にあたって，受託の一般社団法人Bの構成団体だけにとどまらない連携体制が構築されている．「自立相談支援」「就労準備支援」「就労訓練事業の推進」を担当する一般社団法人Bのほか，「地域支援のコーディネート」を担う社会福祉協議会，「家計相談支援」を担う生活協同組合，「学習支援」を担うNPO法人C，「一時生活支援」を担うNPO法人D，「支援後のアフターフォロー」を担うNPO法人Eといった組織が自立相談支援センターの構成メンバーとなり，多機関協働で生活困窮者を支える1つの体制が構築されている．出向という形で，自立相談支援センターの日々の運営に係る人材供給に協力している組織もあるとのことであった．

さて，行政組織内の連携関係を含め，A市における生活困窮者自立支援事業に関して構築されている連携について，筆者の理解に基づき図式化したのが図2である．生活困窮者に対し，1つの組織だけで関わるのではなく，組織間連携によってネットワークを構築し，それを通じて相談支援，あるいはアウトリーチによる問題解決を企図していることがわかる．

また，関係団体で定期的にもたれているケース会議の構成組織からも連携状況の一端が見えてくる．一般社団法人Bは被災者生活再建支援事業に係

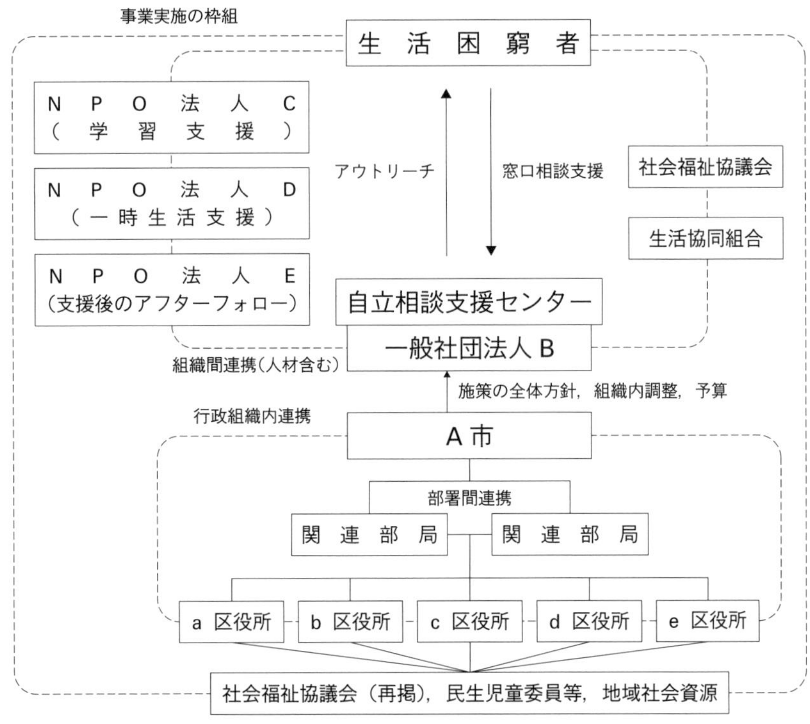

図2　A市における生活困窮者自立支援に係る連携体制（一般社団法人Bを中心として）
出所：国立社会保障・人口問題研究所（2016），p. 84 より一部改変.

るワーキング・グループの構成メンバーの一員となっている．被災者生活再建プログラムの対象は非常に広いが，その中の1つ，「生活再建可能な世帯を含めた全世帯」における「住まいの再建支援世帯」を対象とした4つのプログラムの中に生活困窮者自立支援法等による支援として「就労支援の推進」が位置づけられている．「被災者生活再建支援ワーキング・グループ」を構成するのは，市（関係部局，専門機関），区役所，復興事業局，関係機関・団体としての社会福祉協議会等であり，復興事業局の機能の中にNPOや専門家等が位置づいている．さらに，支援体制のイメージによれば，被災者支援ワーキング・グループを核として，その他の庁内関係部局，専門機関，地域包括支援センター等，不動産団体，弁護士等専門家，仮設住宅自治会，避難先自治体（県外避難者）が枠組みに入っている．

こうしたことから，被災者支援というとくに緊急性の高い対象者を中心にして，住まい，生活，福祉，就労といった複合領域にまたがる問題にアプローチする体制づくりが進んでいるということができる．一方，たとえば，被災者生活再建支援ワーキング・グループの枠組みに位置づいている一般社団法人Bの例を見ても，事業全体としては被災者支援に限っているわけではない．先述の自立相談支援センターの構成メンバー（機関）とのネットワークだけでなく，被災者支援の取り組みを通じてつながった機関間ネットワークが被災者という括りにとらわれない生活困窮者への支援に活かされている．

3　制度施行後――生活自立・仕事相談センターの開設・運営

2015年度より「A市生活自立・仕事相談センター」が開設された．本節では，この生活自立支援・仕事相談センターの概要および支援調整会議等を通じた自治体との連携体制，事業実施を担う一般社団法人Bの組織と実施事業，それらの特徴から導かれる連携を可能にした条件について検討する．

3.1　生活自立・仕事相談センターの開設

2015年4月に，生活に困窮している方々の相談に対してワンストップで対応する窓口として「A市生活自立・仕事相談センター（以下，生活自立・仕事相談センターと表記）」が開設された．事業委託先はそれまでモデル事業を実施していた一般社団法人Bであり，事業の運営はモデル事業の経験をベースにしている．当窓口の支援事業は，生活相談，就労相談，就労準備，就労訓練の4種である．

「生活自立・仕事相談センター」は自立相談と就労準備事業を一体でおこなっている．開設場所はモデル事業から変わりなく，市役所近くに位置している．センターは市内に1か所で，市内全域を対象としている．相談受付（電話）は平日の午前9時から午後6時であり，電話やメールで受付けた後に面談という流れとなる．支援を受けやすい人とそうでない人が生じているが，センターへの来所ができない場合には，訪問面談をおこなっている．あるいは，所在地以外の区役所内に特設ブースを設けて臨時の相談窓口も開いている．たとえば，ある週の平日午前10時〜午後4時まで3日間連続で臨時窓口を開くといった形で可能な限り支援のネットを拡げている．こうした窓口の設置，相談受付内容や受付時間，各区役所内における出張相談窓口の設置等については，市のホームページや市報等を通じて市民に情報提供がおこなわれている．センターの運営を担うスタッフは20名である．

生活困窮者自立支援法施行後の体制として特記すべき点は，「市生活自立・仕事相談センター」が生活に困りごとや悩みを抱える方の相談を受け，アセスメントと支援プランを策定する機能を担い，ケースに応じて就労訓練事業あるいは就労準備支援事業のプログラムにつなげていくという仕組みになっていることである．また，支援後のアフターフォローもおこなっている．「仕事を失って家賃を払えなくなった」といった住まいの継続的確保に係る「一時生活支援事業 住居確保給付金」については当該センターではなく，各区役所を窓口としており，市と機能分担のうえ，アクセシビリティが高まるように生活困窮者自立支援が進められている．

2014年度までのモデル事業との異同・接続についてであるが，もともと同じ「A市困窮者自立促進支援モデル事業」内において別立てで実施されていた「就業支援相談センター（困窮被災者等向けの就労マッチング）」が「総合相談センター（困難被災者等向け生活相談）」に吸収一本化されている．

連携の機能を高めるために，支援調整会議は市内5区それぞれで2週間に1回開催されている．1回あたり1時間半で予定されており，構成メンバーの核は市役所自立支援課，区保護課，自立支援事業所である．さらに，会議で検討するケースの内容に応じて関係する機関に参加依頼をするという形になっており，ケースを中心にした柔軟な会議の編成がおこなわれている．会議構成およびミッションを図式化したものが図3である．会議の手続は，あらかじめ支援調整会議で検討する生活困窮支援対象者（ケース）をリストアップして担当課に提出するという方法でそれぞれの出席者全員で情報共有をおこなっている．加えて，会議での検討，支援方針決定後には会議議事録を作成して担当課と事業実施主体の間で情報共有をしている．相談者との距離に応じて共有する情報のレベルを変えることで，業務が煩雑にならないよう

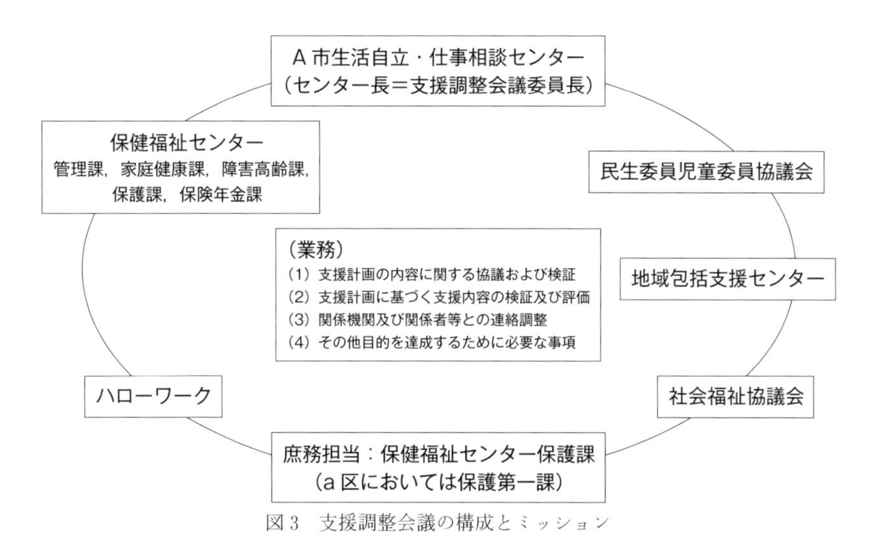

図3　支援調整会議の構成とミッション

にしている.

このようにA市では，各区における2週間に1回の支援調整会議によって，事業責任主体の自治体（市－区）と事業実施主体の間で具体的なケース情報の検討，共有を通じた連携の体制がつくられている．多くの支援ケースの中からどの範囲のケースを支援調整会議にもち込むかについては，直に支援対象者との接点をもつ事業実施主体が判断をする．このことから，相談支援現場における判断や困難性が組織間連携の場に検討課題として挙がり，現場にフィードバックされるという連携体制が構築されることを狙いとしている.

3.2　連携を可能にしたもの

これまでみてきたように，A市の生活困窮者自立支援の取り組みにおいては，さまざまなNPO等の民間組織が協働・連携体制をとる一般社団法人Bが中核・基盤となって，行政や各種関係機関・団体との連携が実現している．そうしたことから，A市における生活困窮者自立支援の取り組みは，民間事業者が地域のニーズに対応するために構築した支援体制が，さらにモデル事業を経て地域の実情に応じた体制の構築に展開した事例である．本節の最後に，こうした連携体制の構築を可能にした条件について，3点挙げておきたい．

まず，連携体制を構築する中で，「複合チームの組織化」を可能とするような地域資源が整っていったということである．それぞれに問題意識をもつNPO等がバラバラに存在していた中で，もち込まれる相談を次のステップにつなぐ出口をつくろうという問題意識が共有され，民間主導で連携が進んでいった．具体的な連携体制の構築が進む中で，それぞれ構成団体の強みを活かし，それぞれの果たすべき役割が明確になることにより，委託での事業実施がうまくいくための社会資源，すなわち，多様なニードへの対応力が整っていったのである．とくに東日本大震災を経験し，復旧・復興のプロセスを通じてきわめて複合的な課題に連携でもって取り組む必要性が強く認識されたという状況にもあったことがそれを加速させた．

第2は，中心的な役割を果たすこととなった一般社団法人Bが，そもそもネットワーク型の組織であるという点である．市民の抱える生活上の困難は多様であり，相談者や対象者の抱える多様あるいは複合的な課題に対応するため，それぞれ固有の事業をもつ複数の組織が連携・協働する体制が構築されている．つまり，一般社団法人Bを構成するそれぞれの組織が強みを活かすとともに，相互補完的な機能を果たす体制になっているということである．生活困窮者支援において多様な民間組織によるチーム支援が可能となっているということが特徴的である．

最後に，そうした環境条件の下で組織的連携をドライブする主体が役所の中にではなく市内に存在したということである．委託事業の公募が出てから手を挙げるというのではなく，一般社団法人Bが，東日本大震災を契機として，いち早く仮設住宅入居者への見守り・福祉的サポートの事業を市及び県に「提案した」ことにより，震災からわずか3か月足らずの2011年6月の事業開始に至っている．これを起点として支援の拡がりが連携を通じて生じ，現在まで，生活困窮者の状況及び政策・制度動向との関連で，これまで整理してきたような種々の事業に展開するというプロセスを辿っている．さらに，事業内容の提案プロセスにおいては，一般社団法人Bは，たとえば就労支援による就労決定者が年間に納めることになる年税額・社会保険料や，生活保護受給者が就労につながることによって拠出が不要となる保護費と就労によって納める税・保険料などについて，事業の経済効果まで試算して示すなど，本来であれば市が担うべきと考えられる業務を代替している．このように，A市の事例は，行政主導の公募対応型の事業展開ではなく，民間事業者が事業の開始及び展開において積極的な役割を果たしたものであることがわかる．行政の基本的な業務は，集約された情報の収集と整理（支援調整会議の構成メンバーになっていることも含めて）や大枠の方針決定，区役所間調整，部署間調整，予算措置であり，制度の導入以降新たに生じた事業実施に係る実体的な連携体制の構築においては，生活困窮者との接点（現場）に立つ民間事業者が中心となって進められてきたケースとして整理できるのではないだろうか．

4　NPO等の横のつながり

本章では，政令市における生活困窮者自立支援事業に関わる自治体と民間事業者の連携構築プロセスについて検討した．市と区および事業委託先との3者間関係について，市と区の間には全体調整と集約情報の関係，市とNPO等との間では募集・選定，応募・受託の関係，各区とNPO等との間には事業実施に係る連絡調整の関係が成立していた．さらにそれは，単に体制が整っていたということではなく，有機的に連携が機能していた．

自立相談支援および就労支援の実施によって新たに自治体が負担することになった業務の多くは，委託先である一般社団法人Bが担っていた．それだけではなく，自治体に対して積極的に事業提案をおこなうなど，一般社団法人Bは市との関係において公募対応型ではなく事業「提案型」であった．運営のプロセスにおいては，支援調整会議によって自治体（市－区）と実施主体の間で具体的なケース情報の検討，共有を通じた職員間・組織間の二重の関係づくりがおこなわれている．これによって相談支援現場における判断や困難性が組織間連携の場に検討課題として挙がり，現場にフィードバックされるという双方向の連携体制が構築されていた．

とりわけ重要なことは，連携体制を構築する中で，「複合チームの組織化」

を可能とするような地域資源が整っていったということである．それまで個別の問題意識に基づいて活動を積み上げてきた民間事業者が連携するのは容易ではない．そこには，異なる組織に共有される問題意識があった．さらに，東日本大震災という未曾有の災害に見舞われて，それへの対応が喫緊の課題となったことも関係者の意識の一致を加速させた．そして，そうした連携の基盤をつくるきっかけを経て，地域のニーズに対応する地道な取り組みを行政が適切に評価し，委託を判断したことが事業の効果的な運営を可能とする道筋をつくったのである．このようなことから，新しい制度の導入だけでは支援が困難を抱える人々に直接届くとは限らない．なぜなら，NPO 等の社会資源が豊富であっても委託運営や多・他機関連携がうまくいくとは限らないためである．

この事例で構築された組織間連携体制は，事業受託民間事業者と行政の関係が委託事業ごとに分断された縦割りの状態になっているのではなく，受託側の NPO 等の横のつながりがあることで事業間に横串を刺した状態，すなわち，確かな連携が構築されていた．複雑な困難事例においては，NPO 等が他の組織，専門機能との迅速なつなぎのルートをすでに確保している．本章の事例分析の結果，われわれは，多様で複合的な問題を抱えた相談者に対して，組織を超えて対応する二重の体制が重要であり，効果的な支援を実現する基盤となることを改めて確認することができた．

参考文献

「A 市生活困窮者就労訓練事業の認定に関する要綱（2015 年 10 月 27 日健康福祉局長決済）」.

東日本大震災支援全国ネットワーク（2015）『JCN Report——東北の『今』を知り全国で復興を支えつづけるために』Vol. 2.

一般社団法人 B 常務理事「A 市・県における就労支援のカタチ——役所と連携した支援の進め方」資料，2016 年 1 月 28 日．http://www. adash. or. jp/wp-content/uploads/2016/02/hirosakiwcp_tachioka. pdf

一般社団法人 B 常務理事「緊急シンポジウム 一人ひとりが希望の持てる住宅再建を」資料，2015 年 11 月 8 日．http://www. miyagikenminfukkoushien. com/pdf/material/11. 8kinnkyuushinnpo%20psc. pdf

一般社団法人 B 常務理事「行政との協働について」資料，2012 年 12 月 4 日．http://www.jpn-civil.net/2014/activity/genchi_kaigi/docfiles/20121204_miyagi_doc_02_04.pdf

国立社会保障・人口問題研究所（2016）「社会保障サービスの受益・業務負担軽減に向けた地域組織の空間的配置・人的連携の基礎的研究」平成 27 年度所内報告書 第 65 号.

厚生労働省（2015）「2014 年度 セーフティネット支援対策事業（社会福祉推進事業）「自立相談支援機関設置・運営の手引きの完成と支援調整会議の機能の実態・あり方に関する調査研究　生活困窮者自立相談支援事業における支援調整会議設置・開催事例集」」.

厚生労働省社会・援護局（2015）「生活保護制度・生活困窮者自立支援制度について」第 2 回生活困窮者を支援する勉強会資料.

第9章　地域特性と生活困窮者自立支援制度の体制

——同一県内の4市の比較——

黒田有志弥

1　生活困窮者自立支援の見直し

本章は，2015（平成27）年4月に施行された生活困窮者自立支援法に基づいて各自治体が実施している事業について，当該自治体の職員等に対するヒアリング調査等の結果をもとに，その地域のおかれた状況等と事業の運営体制がどのように関係しているのかを明らかにし，生活困窮者自立支援制度の枠組みの課題について検討するものである．

次節で述べるように，生活保護の受給者の増加（近年は若干減少傾向にあるが）や生活困窮者支援の必要性などから，生活保護制度の改革や生活困窮者支援のあり方が今もなお重要な政策課題となっている．そのような中で，いわゆる第2のセーフティネットの一環の制度として創設された生活困窮者自立支援制度についても施行3年後の見直しがなされようとしている段階であり，同制度の意義と制度的枠組みのあり方について，あらためて検討することが必要と考えられる．

このような問題意識に立ち，本章では，生活困窮者自立支援制度の枠組みと，その枠組みの中で各自治体がどのような支援体制を構築しているかに着目して，同制度の法制度のあり方について検討する．その検討に際しては，ある県に属する4つの市の生活困窮者自立支援制度の事業の運営体制を取り上げる．同一県内の4市を比較対象とするのは，4市のおかれた共通点と相違点を前提とすることで，同事業の運営体制の相違の要因の比較が容易になるからであり，ひいては生活困窮者自立支援制度の課題を抽出できると考えるためである．

そこで，以下では，まず，生活困窮者自立支援法の制定の経緯と概要を述べたうえで，生活困窮者自立支援制度の事業の性格について考察する．ここでは，第1に，生活困窮者自立支援制度で実施される事業が，個人への支援を通じて地域をつくり，また，その地域づくりによって個人を支えるという相互作用を通じて効果的な事業展開を目指すものであるが，それらの事業の具体的内容は各自治体に委ねられていること，第2に，その帰結として，それらの事業の性格も自治体によって異なり，補完的な役割にとどまる場合から，より積極的に生活困難を抱える人・世帯に対する支援体制の一翼を担う場合まで多様であるが，法制度自体はそれを許容していることが示される．

つづいて，上記の同一県内の4市における生活困窮者自立支援制度による事業の運営体制を概観し，その地域の状況と運営体制の関連性について検討する．そのうえで，全国と比較した場合の，4市あるいは4市の属する県の特徴を踏まえ，現在の生活困窮者自立支援制度の枠組みの課題について論じる．

2　生活困窮をめぐる現状と生活困窮者支援制度

2.1　生活困窮者自立支援制度の創設

2000年代以降，貧困・格差の拡大や固定化が社会問題となり，生活保護受給者，あるいは生活保護受給に至らないまでも，最低生活水準を下回るような生活を送らざるをえない生活困窮者は増加している．また，生活困窮に至る理由も失業，病気，家族の介護等多様であり，とりわけ，特定の要因ではなく，さまざまな要因が複数重なって生活困窮に至っている場合など，生活困窮の要因も複雑化している．

生活保護受給者数は2017年10月の概数で約212万5,317人[1)]である．2010年1月以降対前年同月伸び率は低くなっていたが，ここ数年は減少傾向にある．生活保護世帯の約半数は高齢化等の影響により，高齢者世帯[2)]で

1)　厚生労働省「被保護者調査」（平成29年10月分概数）．

2)　男女とも65歳以上の者のみで構成されている世帯か，これらに18歳未満の未婚の者が加

あるが，稼働能力者を含む「その他世帯」が伸びていることが2000年以降の特徴である[3].

このような中で，2000年代以降，生活困窮者に対するさまざまな施策が実施されてきた．たとえば，2004年社会保障審議会福祉部会「生活保護制度のあり方に関する専門委員会報告書」の提言に基づき，2005年から各自治体で被保護者を対象とする自立支援プログラムが開始された．また，2011年には求職者支援法が施行され，雇用保険の受給が終了した者や受給できない者に対して，職業訓練を受けながら給付金を受給できる制度が導入され，社会保険と生活保護の狭間に陥っている者に対するいわゆる「第2のセーフティネット」が一部確立された．

他方で，生活保護制度の見直し及び生活困窮者対策に総合的に取り組むとともに，生活保護基準の見直しをおこなうことも必要とされ[4]，生活保護基準については，2004年「生活保護制度の在り方に関する専門委員会報告書」が生活扶助基準について定期的な検証の必要を指摘したことを端緒として，最終的に社会保障審議会生活保護基準部会の報告書（2013年1月）を受けて，生活保護基準を2013年8月から3年間で段階的に引き下げることとした．

さらに，生活保護制度の見直しと生活困窮者対策への総合的な取り組みに関しては，社会保障審議会生活困窮者の生活支援の在り方に関する特別部会が2013（平成25）年1月に報告書（以下，「特別部会報告書」という）を提出し，それを踏まえて，生活保護法の改正と新たな生活困窮者対策が検討さ

わった世帯をいう．

3）　バブル崩壊以降の長期の不況やリーマンショック等の影響に伴い，失業等により生活保護受給に至る者が増加していることによる．

4）　たとえば，社会保障制度改革推進法（平成24年法64号）は附則2条で次のように規定している．

政府は，生活保護制度に関し，次に掲げる措置その他必要な見直しを行うものとする．

一　不正な手段により保護を受けた者等への厳格な対処，生活扶助，医療扶助等の給付水準の適正化，保護を受けている世帯に属する者の就労の促進その他の必要な見直しを早急に行うこと．

二　生活困窮者対策及び生活保護制度の見直しに総合的に取り組み，保護を受けている世帯に属する子どもが成人になった後に再び保護を受けることを余儀なくされることを防止するための支援の拡充を図るとともに，就労が困難でない者に関し，就労が困難な者とは別途の支援策の構築，正当な理由なく就労しない場合に厳格に対処する措置等を検討すること．

れた.

特別部会報告書は,「近年の生活保護受給者が急増する等の状況にあって,現在の生活保護受給者の自立を助長する仕組みが必ずしも十分とは言い難い状況にある」という基本的な認識の下,「新たな生活困窮者支援体系の構築に併せ,これと一体的に生活保護制度の見直しもおこない,両制度が相俟って,それぞれの生活困窮者の状態や段階に応じた自立を促進することが必要である」として,その方向性を提示したものである.

同報告書を受けて,2013年12月「生活保護法の一部を改正する法律」(平成25年法104号)及び「生活困窮者支援法」(平成25年法105号,以下,「自立支援法」ということがある)が制定され,生活保護改正法の主な部分は2014年7月に,生活困窮者自立支援法は2015年4月に施行されることになった[5].

生活困窮者自立支援法は,生活保護に至る前の段階の自立支援策の強化を図るため,生活困窮者に対し,自立相談支援事業の実施,住居確保給付金の支給等の支援をおこなうことを目的とする.同法は,「生活困窮者」を「現に経済的に困窮し,最低限度の生活を維持することができなくなるおそれのある者」と定義する(2条1項).現に最低限度の生活を維持できない状況にある者については生活保護制度の対象であり,自立支援法の対象外である.

自立支援法により実施される事業は,①生活困窮者自立相談支援事業,②生活困窮者住居確保給付金の支給,③生活困窮者就労準備支援事業(雇用による就業が著しく困難な生活困窮者に対し,厚生労働省令で定める期間にわたり,就労に必要な知識及び能力の向上のために必要な訓練をおこなう事業),④生活困窮者一時生活支援事業(一定の住居をもたない生活困窮者に対し,厚生労働省令で定める期間にわたり,宿泊場所の供与,食事の提供その他当該宿泊場所において日常生活を営むのに必要な便宜として厚生労働省令で定める便宜を供与する事業),⑤生活困窮者家計相談支援事業(生活困

5)　このうち,生活困窮者自立支援制度に関して,特別部会報告書は,新たな生活困窮者支援制度の基本的な考え方として,生活困窮者に対し,生活保護受給に至る前の段階で早期に支援をおこなうとともに,必要に応じて生活保護受給者も活用できることにより,困窮状態からの早期脱却を図るものとしている.

窮者の家計に関する問題につき，生活困窮者からの相談に応じ，必要な情報の提供及び助言をおこない，併せて支出の節約に関する指導その他家計に関する継続的な指導及び生活に必要な資金の貸付けのあっせんをおこなう事業），⑥生活困窮者である子どもに対し学習の援助をおこなう事業，⑦その他生活困窮者の自立の促進を図るために必要な事業である．このうち，①生活困窮者自立相談支援事業及び②生活困窮者住居確保給付金の支給は，都道府県等（都道府県及び市等（市（特別区を含む）及び福祉事務所を設置する町村））の義務的事業（必須事業）であるが，その他は任意事業である．

2.2　生活困窮者自立相談支援事業

前述の通り，都道府県等は，生活困窮者自立相談支援事業をおこなう（自立支援法4条1項）．この事業の事務の全部又は一部を当該都道府県等以外の厚生労働省令で定める者に委託することができる（同2項）．

生活困窮者自立相談支援事業とは，①就労の支援その他の自立に関する問題につき，生活困窮者からの相談に応じ，必要な情報の提供及び助言をおこなう事業，②生活困窮者に対し，認定生活困窮者就労訓練事業の利用についてのあっせんをおこなう事業，③生活困窮者に対し，当該生活困窮者に対する支援の種類及び内容その他の厚生労働省令で定める事項を記載した計画の作成その他の生活困窮者の自立の促進を図るための支援が一体的かつ計画的におこなわれるための援助として厚生労働省令で定めるものをおこなう事業である（自立支援法2条2項）．

生活困窮者自立相談支援事業は，生活困窮者自立支援制度の「理念」を実現するための中核となる事業であり，個人への支援を通じて地域をつくり，また，地域づくりによって個人を支えるという相互作用を通じて効果的な事業展開を目指すものとされている．ただ，（その他の事業も同様であるが）生活困窮者自立相談支援事業の具体的な内容については各自治体に委ねられているため，事業のあり方については各実施機関で異なる．

3　生活困窮者自立支援制度の事業の性質

このように，生活困窮者自立支援法及び関連法令は，相談にどのように応じるか，また，自立支援計画をどのように実施するかについて，何ら具体的な規定を置いていない．その帰結として，条例を含む他の法令や当該自治体がおこなっている事業等に基づく支援が予定されていない事項について，住民の生活上の問題が解決されなくても，それ自体では必ずしも自治体の責任が問われるわけではないことになる[6]．たとえば，国及び地方公共団体が，生活困窮者に対する雇用の機会の確保を図るための職業訓練の実施，就職のあっせん等の措置を講ずることは努力義務とされている．また，自立相談支援事業に含まれる認定生活困窮者就労訓練事業は，民間事業者等が都道府県知事の認定を受けて生活困窮者に対して就労の機会の提供等をおこなう事業であり，生活困窮者が支援を必要とせず，一般就労ができるようになること，ひいては困窮状態から脱却することを目的としているが，各市町村で，当該支援が必要となる生活困窮者が利用できるとは限らない．また，生活困窮者自立支援事業にかかる国の負担については，当該自治体の人口，生活保護の被保護者数などを勘案して事業に必要と認められる額とされていることから，事業の内容や成果に直接左右されるわけではない．

また，生活困窮者自立支援制度の施行によって，既存の社会保障・社会福祉制度の枠組みが変更になったわけではない．それゆえ，生活困窮者自立支援制度は，基本的な制度の枠組みとしては，生活に何らかの困難を抱える人のうち，既存の制度では保護していない，または，保護できない人を対象とするという性格を有することになる．その対象として法が想定しているのが「生活困窮者」であって，前述のように，「現に経済的に困窮し，最低限度の生活を維持することができなくなるおそれのある者」である．この定義によれば，「現に経済的に困窮」していることが要件の1つであり，生活困窮者自立支援制度による各事業も「現に経済的に困窮」している者（あるいはそ

6）黒田有志弥「社会保障サービスの提供主体の組織体制・連携に関する法規制の現状と課題」国立社会保障・人口問題研究所「社会保障サービスの受益・業務負担軽減に向けた地域組織の空間的配置・人的連携の基礎的研究 平成27年度報告書」p. 14.

の世帯員）が対象となる．しかし，生活困窮者自立支援制度において，経済的な困窮状態を直接解消する手段は住居確保給付金以外に存在しないため，「生活困窮者」の自立支援の中核は，就労可能でかつ就労していなければ就労支援，そして現在の生活困窮状態の要因の排除（たとえば，家計の管理が杜撰であることが生活困窮状態の一因である世帯に対する家計相談事業等），現在の生活困窮状態から生じる困難状態の除去（たとえば，十分な学習環境にない児童に対する学習支援事業等）である．このように生活困窮者自立支援制度は，法制度上，生活困窮者が生活困窮状態を脱するための直接的な施策として実施機関が実施しうることは限られており[7]，また，生活上何らかの困難を抱えている人で「生活困窮者」ではない人は厳密にいえば対象としていないといえる．

他方で，生活困窮者自立支援制度をこのような補完的な役割ではなく，生活困窮者に限らず，生活に困難を抱える人や世帯をより積極的に支援するための施策として位置づけ，事業を実施する自治体も多くある．たとえば，生活困窮者に対する自立のための相談が中心であるとしても，経済的な理由「など」により，生活に困難を抱えている人に対し，生活全般にわたる相談を受け付けるといった体制である．この場合の生活困窮者自立相談支援事業は，他の制度を利用できない人に対する補完的な役割ではなく，生活上困難を抱える人に対するいわば総合相談窓口の機能を有することとなり，その相談内容が，生活困窮者自立支援制度の事業で対応すべき場合には当該事業による支援を実施し，他の既存の制度で対応すべき場合にはその相談窓口に誘導するといった役割を果たすことになる[8]．

生活困窮者自立支援制度の事業の実施機関ごとのこのような性格の相違は，

7）　この点につき，ヒアリングをおこなった自治体の多くで，生活困窮者自立支援制度は，制度上，金銭給付を伴うものではないため，相談者が期待する金銭給付などの直接的な支援を提供することができないことが問題ではないかとの指摘を受けている．

8）　本文では，大きく 2 つに分けているが，生活困窮者自立相談支援事業に限ってみても，このような事業内容の違いは多くのバリエーションが存在する．総合相談窓口の役割を担わせる場合でも，既存の総合相談窓口を 2017 年 4 月以降生活困窮者自立相談支援事業の枠組みで運営するもの（ただこの場合モデル事業として総合相談窓口を設けていることが多い），新規に総合相談窓口を設けるものなどがあり，他方で，生活保護の窓口に併設または生活保護の窓口と同じ窓口で実施するなど，基本的に「生活困窮者」を事業の対象とした運営も見られる．

各自治体の区域内に居住する住民の傾向や，既存の制度の枠組みの中あるいは自主財源によって各自治体がこれまで重視し，実施してきた福祉サービスの提供のあり方によるものである．生活困窮者自立支援制度が，その実施事業の性格の相違を許容している要因は，同制度が生活上の何らかの困難を有するが，いわゆる「制度の狭間」に陥っており適切な支援を受けられない人や世帯を支援することを目的の 1 つとして創設されたことによる．つまり，自治体ごとに住民の抱える生活上の困難の傾向は異なっており，各自治体が，「制度の狭間」に陥っている，その区域内の住民の生活上の困難に対応しようとすれば，その支援のあり方は自治体ごとに自ずと異なるはずである．したがって，生活困窮者自立支援制度は，その事業内容について，（技術的助言という形で指針は示されているものの）自治体の裁量に委ねている．結果として，同じ法制度の枠内で実施される事業ではあるが，その性格すら異なるような支援体制の構築と実施がおこなわれているのである．したがって，いずれの体制でも，生活困窮者自立支援法が許容するところであり，同制度の枠内で運営されているものである．そこで以下では，同一県内の 4 つの市における生活困窮者自立支援制度の事業に着目し，その運営体制について検討する．

4　同一県内 4 市における生活困窮者自立支援制度

4.1　4 市の属する県の特徴と 4 市の位置づけ

以下で取り上げる 4 市（A 市，B 市，C 市，D 市）は，同一県内に属する市であるが，まず，4 市が属する県について若干の説明を加えておく．同県は，本州に位置し，人口は 50 万人以上 100 万人未満である．同県の生活保護率は全国平均よりも低く，程度の差はあるものの，A～D 市も同様である．この点からすると，人口に占めるいわゆる生活困窮者の割合も他の市町村と比較して相対的に低いと考えられる．実際に 2016（平成 28）年度の新規相談件数の全国平均は 14.5 件であるが，同県はそれを下回っている[9]．ただし，生活保護率の差ほどの差はない．また，新規相談支援件数に対するプラン作成件数及び就労支援対象者数の比率は，全国平均とほぼ同様である．この事実のみからすると，同県においては，生活保護の受給には至らないが，それに至るおそれのある生活困窮者は実際に生活保護の受給に至る者と比較して相対的に多い可能性がある一方で，生活保護を受給すべき者が的確に捕捉されていない結果に過ぎない可能性もある．ヒアリング調査の結果によれば，自治体の担当者は前者と考えており，同県における世帯の構造の傾向，産業の状況等からしてその評価は妥当なものと思われる．その意味で，同県では，数字のうえでは生活困窮者自立支援制度が比較的有効に活用されていると評価することができる．

4.2　A市

A市においては，生活困窮者自立支援制度の事業は市の直営で実施している．実施している事業は，(1) 自立相談支援事業，(2) 住居確保給付金，(3) 就労準備支援事業，(4) 一時生活支援事業，(5) 学習支援事業の5つである．また，2017（平成29）年の半ばから市役所内に常設ハローワーク窓口を設置し，生活保護・児童扶養手当・住居確保給付金を受けている人，生活困窮者自立支援相談窓口で相談中の人などを対象に就労支援を実施している．

4市の中でA市は，最も人口規模が大きく，近隣の市からの労働力の流入も比較的多いことから，労働市場について特徴のあるC市と同様，生活困窮に陥った人に対する就労支援や生活支援が重要とされている．

生活困窮者自立支援制度の事業は法施行以降は直営で実施しているが，それ以前は，モデル事業を委託により実施していた．モデル事業による支援のノウハウは，自立支援制度施行以降も引き継がれている[10]．

4.3　B市

B市においては，生活困窮者自立支援法の施行前から，保健・医療・福祉のサービス拠点となる施設が市役所に併設されている．これは市役所と直結

9)　厚生労働省「平成28年度生活困窮者自立支援制度における支援状況」．
10)　A市ヒアリング調査より．

しており，利用者にとっては，市役所内に保健・医療・福祉の窓口があるのと同じである．この施設の一角に，子ども・子育て，高齢者福祉，障害者福祉などの窓口が集まっており，利用者にとっては必要のある窓口を誤ったとしても，すぐに適当な窓口にアクセスでき，保健・医療・福祉の職員にとっても必要に応じて連携できる体制となっている．また，市社会福祉協議会も同施設に入っており緊急小口資金等の生活福祉資金の貸付等の事業をおこなっている．そのため，市の福祉部門と市社会福祉協議会の連携も容易である．

他方で，生活困窮者自立相談支援事業は，社会福祉法人に委託されており，市役所からごく近くではあるが，別の場所に窓口が設けられている．そこでは，生活困窮者が抱える課題を把握したうえで，支援計画を作成し，その計画に基づき，関係機関が協力して支援がおこなわれている．

このような体制から，B市における福祉サービスは，基本的には市役所における保健・医療・福祉のサービスの提供を中心として実施しており，生活困窮者自立支援制度はあくまで補完的な位置づけとなっていると考えられる．これは，上記の保健・医療・福祉のサービス拠点が2012（平成24）年に開設し，高齢者全般の相談窓口である地域包括支援センターや障害のある人の日常生活や就労，サービスの利用に関することなど自立に向けた相談支援をおこなう障害者相談支援センター，子育てに関する相談や育児情報の提供などをおこなう地域子育て支援センターをはじめ，保健・医療・福祉の関係部署やB市社会福祉協議会などを集約し，各部門が相互に，情報共有，連携しながら，専門性を生かしたきめ細かな相談支援体制の充実が図られたことが，地域の住民のニーズに即してきた結果であると評価できる[11]．

就労支援については，B市自体の規模がそれほど大きくなく，また，B市の地理上の位置からも生活困窮者にとって労働市場の状況が恵まれているとはいいがたい．そのため，就労を希望する者は，同県あるいは他県の比較的大きな都市に就労場所を求める傾向にある．また，就労支援はB市にあるハローワークが担っていることから，その意味でも，生活困窮者自立支援制

11）2016（平成28）年に策定されているB市の地域福祉計画においても，生活困窮者に対する自立支援については，そのニーズに応じた適切な支援やサービスを組み合わせた包括的・継続的なケアマネジメントの提供に努めているといった言及にとどまる．

度による事業は補完的な機能であり，実施されている事業も必須事業のみである．

4.4　C市

C市では，生活困窮者自立支援制度の事業として，生活困窮者自立相談支援事業のほか，就労支援準備事業，一時生活支援事業，学習支援事業が実施されているが，これらは社会福祉法人に委託されている．市役所と当該社会福祉法人はある程度距離があるが，市役所の窓口では社会福祉法人から派遣された支援員が配置され相談等に対応することとなっている．それを含め，支援プランの策定や具体的なサービスの提供は，支援員や市職員等の関係者で構成される支援調整会議で決定される．C市では，生活困窮者自立支援法施行前から，モデル事業により，同社会福祉法人と連携して生活困窮者の支援を実施しており，同法施行後も制度的な変更はあったものの，その体制が継続している．

C市では，このように生活困窮者自立支援法施行前から生活困窮者に対する支援体制を構築しているが，その理由は，C市における公共事業のために，市外から就労のために移住してきた労働者及びその労働者に関係する職業の人で移住してきた人が多いことによる．近年，国の政策等の影響で，C市における当該公共事業が縮小していることから，その事業に関係する労働者等の雇用状況が悪化し，就労支援等の必要が生じたためである．加えて，失業にともない住居を失った労働者に対する一時支援事業，生活困窮の世帯の子どものための学習支援事業などが実施されているが，「生活困窮者」あるいは「生活困窮世帯」に対する支援を中核として生活困窮者自立支援制度による事業が運営されていることからすると，同制度が本来意図していた支援がおこなわれる体制となっているといえる．もちろん，当該社会福祉法人が地域の窓口で受け付けている相談は経済的な生活困窮に限られておらず，市役所等の他の担当部局に紹介すべき場合などは紹介がなされる．その意味では総合相談窓口の性格も有するが，これは，当該社会福祉法人が高齢者福祉や障害者福祉のサービスを担ってきており，その分野でもC市との連携がなされてきたことにも起因する．

4.5　D市

D市は，人口約7万人の市であるが，生活保護率は全国平均及び県平均を大きく下回る．これはD市では，地場産業が盛んであり，地元における雇用状況も比較的好調であるため，通常は就労困難な人であっても，多くの場合，何らかの形で雇用されていることによる[12]．他方で，市外からの労働者の流入については，隣の25万人規模の市などに吸収されている影響でそれほど多くなく[13]，生活保護受給者を含む生活に困窮している人もそれほど多くないと認識されている．生活困窮者自立支援制度は直営で運営され（D市自立促進支援センター），窓口は市役所内にある[14]．D市の特徴は，消費生活センターと連携していることである．これは，他の市をモデルにしたためであるが[15]，総合相談窓口を創設するには至らなかった．

5　地域特性と生活困窮者自立支援制度の運用

4市の生活困窮者自立支援制度による事業の運営体制について考察すると，まずいえることは，基本的には，それぞれの市がそれぞれの実情に即した，または，実情から要請された体制を構築し，運営しているということである．このこと自体は4市に限らず，全国の自治体においてそうであると考えられるが，少なくとも法制度は，このような事業の運営体制の多様性を許容し，4市においては，ある程度，評価しうる体制になっていると考えられる．

他方で，4市の特殊性についても考慮にいれる必要がある．第1に，4市はいずれも生活保護の受給率が全国平均よりも低く，人口に占める生活困窮者の割合も全国平均よりも低いと考えられることである．4市が属する県は，人口10万人当たりの新規相談件数も全国平均より低いが，新規相談件数に

12）D市職員に対するヒアリングより．

13）ただし，最近は徐々に増えつつあるとのことである（D市職員に対するヒアリングより）．

14）ただし，市の公式サイトでは，D市自立促進支援センターの情報は一般的な市政の情報に存在しない．市の広報紙では生活や仕事に何らかの困難を抱えている人に対する相談対応や自立の支援の情報提供をおこなっている．

15）D市職員に対するヒアリング調査より．

対するプラン作成件数や就労支援対象者数の比率は全国平均よりも高くなっている[16]．このことは 4 市にも共通しており，相談者に対するきめ細やかな対応が可能な環境にあるといえる．

第 2 に，4 市はいずれも生活困窮者に対する就労支援が比較的成果を上げやすい労働市場の状況にあることである．このことは，生活保護率が相対的に低いことからもいえるが，市担当者へのヒアリング調査からもうかがわれた[17]．

いずれにせよ，これらの事情を考慮するとしても，生活困窮者自立支援制度の各事業について，4 市は，それぞれの実情にあった運営体制を構築し，支援サービスを構築しているといえる．

ただ，ここで付け加えておきたいことは，本章における考察は，生活困窮者自立支援制度における自立相談支援事業等の相談件数等と，その自治体の担当者のヒアリングに基づいている点に関わる限界があることである．要するに，生活困窮者自立支援制度で実施される自立相談支援事業等における生活困窮者に対する相談・支援にしても，基本的には当該生活困窮者あるいはその家族や，場合によってはその関係者からの接触が契機となっている．自治体としては，客観的に見れば支援を必要としており，その状態が継続すれば将来的に生活保護を受給せざるを得ない状態に陥るが，本人が主体的に相談や支援を受けようとせず，また周囲にも相談や支援につなげる人がいない生活困窮者にアクセスの手段あるいはそのための人的資源を有していない．このような潜在的な生活困窮者をどのように発見し，早期の支援に結びつけるかは依然として課題が残っていると考えられる．その意味で，相談件数の増加の要請は，何らかの形での潜在的ニーズの掘り起こしの観点からすれば，妥当な面もある．

ただ，法制度の枠組み以上に，国による指導等により自治体の制約が課されている結果，事業の本来の趣旨から逸脱した範囲の対応を求められているといった状況にもなりうる．たとえば，制度施行時にはその周知のためにや

16）　厚生労働省「平成 28 年度生活困窮者自立支援制度おける支援状況」．

17）　このことに関して，B 市の職員は，国が実施を推奨する就労準備支援事業よりも，ハローワークとの連携による就労支援を強化した方がよいと述べている．

むを得ないとしても，相談件数の増加の要請に対応するために，相談窓口のよろず相談化をすれば，担当職員の負担の増加につながる．また，詳細な支援プランの作成の要請は，相談者本人の負担にもなるため，ある程度柔軟な運用を求める声もある．今後も，生活困窮者自立支援制度の政策的な成果を得るために，技術的助言等をおこなうとしても，単に相談件数の増加の要請ではなく，潜在的ニーズの把握するための手法をセットした自治体にとって使いやすいものにすべきであろう．

さらに，4 市のヒアリング結果を含め，自治体のヒアリングによれば，生活困窮者自立支援制度について金銭給付のような直接的な生活支援がないことに対して，担当職員も制度の利用者も不満に感じている．これについては，制度の趣旨等に鑑み，金銭給付ではないにしても何らかの形でその不満の解消をある程度図るべきであろう．前述した生活困窮者自立制度の趣旨からすれば，その対象となる生活困窮者は，日々の生活を営むことができない人ではなく，そのおそれのある人である．したがって，生活困窮者自立支援制度において生活支援のための金銭給付等を導入することは適当ではない．しかしながら，一時的な少額の金銭の貸与といった選択肢あるいは既存の貸付制度とさらに有機的に結びつけた運用はありうる．ただ，制度の妥当な運用としては，日々の糧を得られない状態に陥る前に支援をする体制を構築することであり，そのためには，制度の趣旨・内容に関する適切な情報の住民への周知が必要であるとともに，自治体の担当職員が，生活困窮に陥る可能性のある人の情報をいかに把握するかが課題となる．しかしながら，これらの情報は，個人にとって非常にセンシティブなものであるため，制度的な裏付けがなければ容易に収集することはできない[18]．生活困窮者自立支援制度のより効果的な運用を図るためには，そのような情報の利用に関する制度枠組みも用意されるべきであろう．

18)　自治体によっては，相談者と合意することにより，所得に関する情報等を収集する例も見られる．

6　自治体の裁量

生活困窮者自立支援制度は，現在施行後約3年になるが，それ以前からモデル事業等を実施してきた自治体で，すでに住民の生活が困難な状況をある程度把握しており，継続的な形で事業を実施しているところでは，比較的効果的に事業を実施し，制度を有意義に利用している．それに加えて，制度の改正の検討においても，そのような自治体の経験は重視される傾向にある．他方で，自治体の担当者は，制度が用意され実施の義務を課されると当然それに対応して業務を遂行する．生活困窮者自立支援制度でも同様であり，本章の4市の検討においてもそうであるように，それぞれに地域の住民の生活困難のあり方に沿った（と当該自治体で考える）業務遂行体制を構築する．そして，多くの場合は，当該自治体においてそれなりに自己評価しうる形で事業等を運用していく．その意味で，生活困窮者自立支援制度は，その実施する事業にしてもその内容にしても，各自治体の裁量の余地を幅広く残すべきである．しかし，自治体の自律的な制度運営は，客観的に評価された場合に，その地域で生活困難に陥っている住民の支援が効果的におこなわれていることを保証するものではない．ただ，自治体の人的資源や財政状況の制約がある以上，あまりそれに左右されない効果的な支援体制を構築する必要がある（その具体的な事例研究，あるいは，モデルの提示がすでに他章でなされている）．そしてそのためには法制度がどうあるべきかを検討する必要があるが，この点については今後の課題としたい．

参考文献

注に掲げるもの．

第10章　ひとり親就労支援の実態と困難

藤間公太

1　ひとり親支援の重要性の高まり

近年の日本社会において離婚は増加傾向にある．図1は，1年間の婚姻総数に対する離婚数の割合について，その推移を示したグラフである．これによると，2015年の数値は35％を超えている．この数値は結婚しているカップルのうち何％が離婚したかを示すものではないため，あくまで推測にはなってしまうものの，結婚したカップルの3組に1組以上が離婚する時代をむかえているといえる（Raymo et al. 2004）．家族のなかで女性が抑圧されていた時代を考えれば，このように離婚が増加していることは，女性が自律し，自由に夫のもとを去ることができるようになった証左として，肯定的にも捉えられるのかもしれない．

離婚の増加に伴い，ひとり親支援が近年では重要な政策課題と位置づけら

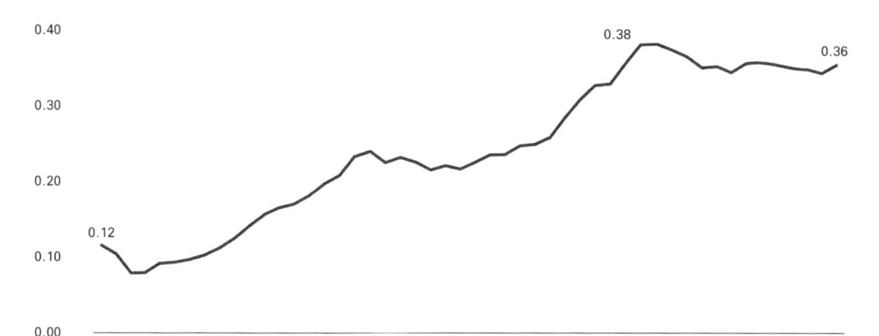

図1　婚姻総数に対する離婚数の割合の動向

出所：国立社会保障・人口問題研究所「2017年版人口統計資料集」より再集計.

表1　児童のいる世帯，母子世帯，父子世帯の世帯収入

	児童のいる世帯	母子世帯	父子世帯
世帯の収入	658.1万円	291万円	455万円
児童のいる世帯を100とした場合の平均収入	—	44.2	69.1

出所：内閣府「平成23年度全国母子世帯等調査」.
注：「児童のいる世帯」については「平成23年国民生活基礎調査」の平均所得金額（岩手県，宮城県除く）.

れ，その効果に注目が集まっている．ひとり親支援は，とくに貧困とその再生産といった観点から重要視される（阿部2008，2014）．表1の通り，母子世帯，父子世帯のいずれにしても，ひとり親世帯の平均年収は，「児童のいる世帯」の平均に比して少ない．とくに母子世帯の低収入は深刻である．2008年のOECDによる報告でも，他国と比した日本の母子世帯の特徴は，親が働いているにもかかわらず貧困率が高いことにあると指摘されている（NHK 2014）．ひとり親世帯の貧困は，教育達成および就業達成の困難を帰結し，貧困を再生産するリスクがある．そうした貧困の再生産を断ち切り，子どもが将来こうむる生活上の不利を解消するためにも，ひとり親世帯への支援は重要であると考えられる．

本章の目的は，5つの自治体におけるヒアリングデータにもとづき，ひとり親への就労支援の実態と困難について論じることにある．以下ではまず，先行研究のレビューをおこない（第2節），対象となる自治体についての基礎的情報を示す（第3節）．そのうえで，自治体職員のヒアリングから得られたデータの分析をおこなう．とくに，実際に自治体の窓口においてどのような支援が提供されており，それに携わる自治体職員がどのような課題や困難を感じているのかという，ひとり親への支援の供給体制に焦点を当てる（第4節）．

2　ひとり親とその子どもの困難

2.1　ひとり親が直面する困難

親が子どもを連れて離婚した場合，直ちに親が再婚しない限りは，ひとり親家庭が発生することになる．ひとり親が経験する子育て上の困難については，大きく3つに整理することができる[1]．

第1に，経済的困難である．子どもを育てている親にとって，長時間の拘束を伴うフルタイムでの就業は困難である．とくにひとり親は，子育てや家事をすべて1人で担わなくてはならないため，拘束時間の短いパートタイム労働を選ばざるを得なくなり，このことが経済的困難につながると考えられる．さらに，ひとり親に支給される児童扶養手当[2]の額も十分ではなく，かつ支給要件も厳しいといわれている．下夷（2008）によると，日本の児童扶養手当制度の問題は，私的扶養責任を強調することで公的給付を抑えようとしているうえ，その私的扶養をめぐる制度整備さえも十分でないことにある．1985年の最初の制度改革以来，日本の児童扶養手当政策は，子どもと暮らしていない親（多くの場合父親）から養育費をとることでその支給を抑制する方向に展開してきた．にもかかわらず，子どもと暮らしていない親の扶養義務を徹底する制度，たとえば養育費が未払いになった際の強制徴収に関わる制度などは，未整備のままである．そのため，ひとり親家庭は「私的扶養と公的扶養のはざま」に取り残され（下夷2008，p. 191），経済的困難に直面する．先の表1からもわかるように，とくに就労上の不利を経験しやすい母

1）　本節第1項，第2項は藤間（2017）の一部を加筆，修正したものである．

2）　ひとり親家庭の父や母などに対する金銭給付であり，2013年3月度末時点で，受給者は約108万人．遺族年金を支給されない母子家庭の母への所得保障をおこなうため，1961年に創設され，2010年から父子家庭も対象になった．2014年4月現在，子ども1人の場合は月額4万1,020円，子ども2人の場合は合計月額4万6,020円であり，子どもが3人以上の場合は，子ども1人につき3,000円が加算され，子どもの高校卒業まで（子どもに障害がある場合は20歳未満まで）支給される．しかしながら，2008年から，手当の受給期間が5年を超える場合には，最大で半額まで減額されることになった．さらに，所得制限もある．たとえば，ひとり親と子ども1人の世帯の場合，(1) 親の前年の収入が130万円未満で全額支給，365万円以上は支給なし，(2) 130万円以上365万円未満の場合，収入に応じて，4万1,020円から，9,680円までの10円刻みの額，と規定されている．

子世帯に，この問題は顕著であろう．事実，勤労世代（20～64歳）の相対的貧困率（ひとりあたりの手取り所得の金額の中央値の半分以下の所得しかない人の割合）は，圧倒的に母子世帯で高いことが指摘されている（内閣府 2010）．

第2に，家庭経営面の困難である．A. R. Hochschild（1997＝2012）によると，子育てをする母親は「3つのシフト」に悩まされるという．3つのシフトとは，職場での仕事（＝第1のシフト），家事労働（＝第2のシフト），自身が相手をできないことについて子どもをなだめること（＝第3のシフト）を指す．第2，第3のシフトが女性に多くのしかかること自体がそもそも問題なのだが，とくにひとり親の場合は，パートナーと負担を分担することが望めないため，すべてのシフトを一人でこなす必要がある．仮に自身の親（子どもにとっての祖父母）と同居していればこの負担も軽減できるだろうが，そうした関係資源が不足している場合には，家庭経営面の困難はより顕著なものとなる．そして，その困難の程度は，シングルマザーよりも，それまで家内労働役割を期待されてこなかったシングルファーザーにとって，より重くなると考えられる．

第3に，親子関係，子どもの養育上の困難である．親の離婚は子どもにとって大きなライフイベントであり，心理的適応は必ずしも子どもにとって容易ではない（Wallerstein & Blakeslee 1996＝1997）．親が離婚した子どもの多くは，一方の親と離れて暮らすことになり，交流の希薄化につながる（稲葉 2016）．この場合，子どもにとって難しい問題となるのが，分かれて暮らすことになった親との関係の「曖昧さ」にあるといわれる（野沢 2008）．P. Boss（1999＝2005）がいうように，死別とは異なり，親が離婚した場合の子どもと別居親との関係は，明確な喪失でも継続でもない，「曖昧な喪失」状態であり，その状態に子どもが適応することは容易ではない．こうしたなかで，別れた親を求めることで，親子関係が悪化することもあるだろう．協議離婚が多く，かつ共同親権制度がない日本においては，子どもと別居親との関係の問題はとくに大きくなりやすいと考えられる．

2.2　ひとり親家庭の子どもが経験する不利

ひとり親家庭に育つ子どもが経験する困難，不利についても，議論が蓄積されている．もっともよく指摘されるのは，ひとり親家庭に育った子どもとそうでない子どもとの間で，地位達成に差があることである．「社会移動と社会階層（SSM）調査」を用いた余田・林（2010）によれば，幼いときに父と別れた者（早期父不在者）は，短大以上の高等教育機関進学で不利を経験している．また，1973年12月から1991年2月までの安定成長期以降に限ってみても，早期に父の不在を経験した人は，そうでない人と比べ，初職にブルーカラー職として労働市場に参入する傾向が強まり，大企業ホワイトカラーや専門職として参入できる割合が低い．以上のような早期父不在者の初職達成上の不利は，低い教育達成によって引き起こされていると説明されている（余田・林 2010，pp. 70-71）．

同時に，ひとり親家庭で育つ子どもの地位達成を考える際には，経済的側面以外の要因も考慮する必要がある．日本版総合的社会調査（JGSS）を用いて世帯構造と教育達成の関連を検討した余田（2012）によると，高校進学や短大・大学進学といった指標について，ひとり親世帯出身者は二人親世帯出身者よりも確かに一貫して不利な立場におかれている．とくに，短大・大学への進学格差は顕著に拡大している．だが，ひとり親世帯に限定してみたとき，父子世帯は母子世帯よりも経済的には恵まれているにもかかわらず，父子世帯出身者と母子世帯出身者との間で，明確な教育達成水準の違いは見られない（余田 2012，p. 66）．このことを踏まえ余田は，ひとり親世帯であることと子どもの教育達成との関連は，世帯の経済的状況[3]だけでは十分に説明できず，非経済的な媒介要因を解明する必要性があると述べている（余田 2012，pp. 68-69）．

では，ひとり親家庭に育つ子どもは，経済面以外ではどのような困難を経験し，それにどのように対処しているのか．この点をインタビュー調査から描き出したのが志田（2015）である．志田によると，親との離別は確かに子

3）　余田（2012）においては，「15歳時の世帯収入レベル」が用いられている．

どもにとって重大な出来事であり，家族の移行に伴う困難や戸惑いなどを生じさせる．だが，「今（ひとり親家庭）の方が幸せ」と，変化を肯定的にも解釈する子どもたちもいるなど，ひとり親家庭になってからの同居親との関係は多様である．この同居親との関係の多様さこそが，子どもに複雑な感情を抱かせる1つの要因となる（志田 2015, pp. 309-311）．志田は，そうした複雑な感情に対処するうえでは，同居親以外とのつながりが以下の2点で非常に重要であるという．まず，親戚との関わりが子どもの将来への展望に影響を与えたり，同居親のパートナーが同居親と子どもとのもめ事に解決の糸口を与えたりすることがある．次に，自己の複雑な家庭経験を正当なものとして理解するためには，同じようにひとり親家庭に育つ子どもからの承認が重要である．志田は，そうした承認の基盤となる，家庭を超えたつながりをもつことができる地域に住居を確保することが，決定的に重要であると述べる（志田 2015, pp. 317-318）．

2.3　先行研究の限界と本章の位置づけ

以上のように，先行研究では，ひとり親，およびその子どもがさまざまな不利や困難を経験することが明らかにされている．国際的にみて日本のひとり親支援がきわめて手薄であることはすでに指摘されているものの（杉本・森田 2009），ひとり親に対して支援サービスを供給する側の視点に着目した研究は，これまで社会学の領域で十分に蓄積されてこなかった．それゆえ，明らかにされた当事者のニーズを充足するためにはいかなる制度や支援が必要であり，現状そうした制度や支援が展開されていない理由はどこにあるのかという点については，踏み込んだ議論に至っていない．支援がどのように提供されているのか，またそこにどのような課題があるのかを明らかにすることによって，当事者のニーズと実際の制度との間の齟齬を生じさせる要因について考えることが可能となり，今後の施策展開に対して何らかのヒントを提供することができると考えられる．

以上を踏まえ，次節以降では自治体のひとり親支援担当部署でのヒアリングデータを分析する．なお，国が定めるひとり親への支援施策には「ひとり親家庭・多子世帯等自立応援プロジェクト」，「居住支援協議会」，「生活困窮者自立支援制度」があるが，本章では就労支援に焦点化する．理由は 2 つある．第 1 に，公的扶助が十分に手厚くない日本社会においては，経済的困窮から抜け出すもっとも確実な手段は就労であるのが現実であるためである．第 2 に，たしかに余田（2012）がいうように，経済的要因のみがひとり親世帯に育つ子どもの困難の背景ではないが，他方で，就労している親の姿が子どもにとってのロールモデルとなりうることも否めないためである[4]．

3　5 つの対象自治体

本節では，各自治体の支援の概況について述べる．首都圏特別区である A においては，ひとり親就労支援を担当する職員の採用は A でおこなっているものの，面接は実際にサービスを提供する就労支援センター（仮称）でおこなっている．職員の平均年齢は高く，ベテランが多い．職種としては，臨床心理士，保育士，保健師，社会福祉士などが配置されている．担当する職務は，（1）虐待対応，（2）ひとり親支援，（3）電話相談である．（1）と（2）は重なる場合が多い．（3）については，子どもに関すること全般についての専用ダイアルがあり，子育てに関する相談のみならず，子ども本人から，友達や学校に関する相談の電話もかかってくる．とはいえ，相談の経路は，窓口への来所が主である．離婚後のみならず，「ひとり親になろうと思う」という相談，すなわち，離婚をすることについての相談から始まるケースもある．他の経路としては，電話や福祉事務所経由，区の手当担当者経由などがある．親が電話してきたり，友人に付き添われて来所したりするケースも一部ある．

B は首都圏の人口 20 万人規模の都市であり，2009（平成 21）年 4 月 1 日より，委託事業としてひとり親の就労支援が開始された．2014（平成 26）年より，窓口強化事業が補助金事業として開始され，ひとり親就労支援プログラム策定を開始した．事業利用者へのアンケートを実施したところ，「応援してもらえてやる気になった」「話をちゃんと聞いてくれた」など，比較

4）　ひとり親世帯向けの居住支援については，金指ほか（2016）を参照．

的良好な声が上がっている．ただし，相談件数自体は減ってきており，職業訓練の対象となる職業や手当，不安定ながらも一時の稼ぎを得られる短期間職が増えてきていることがその背景にあると考えられている．職員によると，Bは市民のコミュニティへの参加意識が比較的高い．たとえば子育てセンターが市内に19か所あり，これは他の自治体と比べても多い数である．各施設にB認定の子育てコーディネーターをおいており，彼らと住民が話すなかでニーズがわかってくる場合もある．

Cは首都圏の政令指定都市である．2011年の国勢調査によると，ひとり親世帯は3万世帯弱，ひとり親と子どもだけの世帯は2万世帯以上と，少なくない数のひとり親がCで暮らしている．また，それらの半数近くは貧困線以下の所得状況である．こうした状況を受け，母子家庭等就業・自立支援センターを母子寡婦福祉会に委託して実施しており，平日だけではあるものの，夜の8時半まで電話相談を受けている．国が就労支援中心であるのに対し，Cでは窓口に来なくても，仕事が終わった後に夜でも相談できる体制を設けていることが特徴である．委託をしたねらいは，地域，民間などいろいろなセクターの特性を活かし，連携するためである．また，役所だとハードルが高くても，民間機関への電話やメールなら相談できるという市民の心情へも考慮している．このほか，就労に特化した支援としては，マザーズハローワークやジョブスポットなどが展開されており，就労支援の選択肢が広がってきている．

Dは，地方の政令指定都市である．Dにおける貧困率は緩やかな右肩上がりだが，ひとり親がその中で占める割合は半数を超えており，この線を割ることは過去からみてもない．ひとり親も多様であり，それゆえ，支援の範囲も医療や住宅問題など多岐にわたっている．これらの支援は，社会的養護，DV（ドメスティックバイオレンス），子ども虐待などを担当する，福祉的要素が強い部署が担当している．児童扶養手当支給などといったひとり親家庭への直接的な支援に加え，D内の各区役所でおこなわれる作業のとりまとめや，国との調整もおこなっている．国からの技術的助言を取捨選択するのも担当課である．国が100％予算を提供するわけではないため，Dの実情に合わせて施策が展開されている．また，Dでは，5年に1度全国調査にあわせて実態調査をおこなっているが，結果として全国調査と大きく反する傾向はみられていない．ひとり親の就労はその時どきの景況感に左右され，ニーズもそれに応じて出てくるのが実情である．

Eは地方の中核市である．離婚率が全国的にみても非常に高い自治体であるが，別れた夫もお金がなくて，養育費等の振り込みがないケースや，若くして妊娠，出産して未婚の母になるケースが多い．そうしたひとり親たちに対し，就労支援を含め，自立に向けた支援を展開することが目指されている．現在では，自立教育訓練給付金，高等職業訓練促進給付金に加えて，訓練中に家事ができない際にヘルパーを派遣する事業などが実施されている．また，中核市であるため生活貸付金制度があり，そのなかにひとり親世帯向けのものも用意されている．

4　就労支援の困難と関係機関との連携

4.1　就業支援の困難

(1)　地域におけるつながりの希薄さ

いずれの自治体においても共通していわれた課題は，支援につながりにくい層をどのようにすくい上げていくかということである．この問題は大きく2つに大別される．第1に，地域でのつながりが希薄であるがゆえに支援にもつながりにくいひとり親である．たとえばAにおいては，親が高齢化して実家を頼れない，兄弟もいない，地域のつながりも少ないという人がかなりいる．こうした層は問題を抱えていても周囲に相談できなくて問題が深まることが少なくないため，メンタルに関して気軽に相談できる場所を国が整備することが必要であるとAの職員たちは考えている．Cにおいても，ひとり親に関しては地域の捕捉力が低く，いろいろな面で見立てをする核となるのはやはり行政であると考えられている．地域の捕捉力が低くなってしまう理由には，ひとり親は働いているため時間が自由にならず，日中同じ境遇の人に会ったり，センターのスタッフに相談したりできないことがある．離婚届を出しに自治体窓口を訪れた際に，区の子ども家庭支援担当課から，児童扶養手当を始めとする困りごとの相談窓口を紹介されているものの，国が求めるようなワンストップ型のことは現在実施されていない．とくに未就学児をもつ家族の母子保健は重要であり，ニーズを最初にキャッチすることを求められているものの，現況では，アウトリーチをできるだけのマンパワーは十分にはないのが現実である．Dにおいても，このようにつながりが希薄な層は少なくない．

このように地域においてつながりがないため支援を受けられていないひとり親の存在を受け，各自治体はさまざまな工夫をおこなっている．とくに手厚い工夫がなされているのがCである．具体的には，地域子育て支援拠点や親子広場などにくるなかで，同じ立場の母親やスタッフと話をし，スタッフから専門的な支援につなげるという実践や，地域の力や委託事業を展開するなかで，保育所の見守りの状況などを共有して，ニーズを有する層を補捉することなどが試みられている．さらに，より潜在化しやすいひとり親家庭のニーズを補捉するため，子どもが4か月になるまで地域住民が家庭訪問して相談にのるという取り組みもおこなわれている．子育て支援経験者でもある顔見知りの住民や民生委員などに対しては当事者も心を開きやすく，逆に行政による相談に対しては「チェックをされている」という意識を当事者がもつ面もあるため，この制度は有効であるようだ．加えて，妊娠時からニーズを捕捉するための事業も2016年1月から開始されており，365日無休での10時から22時に電話相談に加え，メールであれば常時相談を受け付けている．医師，助産師，看護師などが相談を受けられる形で，望まない妊娠をした場合の相談も可能となっている．また，Dにおいても，スマートフォン用のホームページを活用するなどして，なるべく「キャッチーに」支援につないでいくことなどが模索されている．子どもが学校，あるいは幼稚園や保育園に通うようになると，そこがチャンネルになって支援につながることもある．そのようにしてニーズが発見されたときに，すぐDが支援や制度を提案できることが大切だと考えられている．

他方で，地域のみに頼ることのリスクを示すのがEでの調査結果である．Eでは，伝統的に地域における住民同士のつながりが非常に強い．地域における互助ネットワークを頼れば，就学援助や奨学金など公的支援を利用しなくてもなんとか生活できていたため，その名残で，現在でも公的支援をあまり利用しないという面がある．加えて，自身の親も若くして出産してひとり親となっているケースでは，若い親や祖父母の助けの下で生活できていたり，あるいは自身の親をみていたために苦しい生活を当たり前のものとして捉えてしまっていたりするため，相談に来なかったり，場合によっては親に預けて自分は子どもの面倒はみないというひとり親もいる．しかしながら，近年においてはEでも地域のつながりが希薄化してきており，公的支援を頼らなければ，家庭内における困難の連鎖に陥る可能性が高くなっている．とくに，比較的最近になって移住してきた層は，地域のネットワークにもうまく入れていないため，このリスクがかなり高くなっているようだ．こうしたEでの調査結果に鑑みると，地域住民によるインフォーマルな支援は，あくまでも行政による公的支援と相補的に展開されるべきと考えられる．

(2)　本人の認識のずれ

第2に，客観的に見た状況と，本人の主観的認識がずれているため支援につながらない場合である．たとえば，Aの職員の実感としては，仕事をすぐに見つけられる人は相談に来ない．とくに予約などをせずに「仕事の話をしたい」と来所する人が多いが，そのような来所者の9割以上が，DV，メンタル面，本人あるいは子どもの発達障害など，何らかの困難を抱えている．自身の疾患や通院の必要性を自覚していなかったり，していても自己申告をしなかったりする人もいる．Bにおいても同様に，はじめから正社員として働けるタイプの相談者は少なく，パート／バイトから始める人がほとんどである．本人の認識が不足しているケース，すなわち自分がやりたい仕事と，生活設計を折り合わせられなかったり，要求水準が高かったりするケースも少なくない．そうした相談者は，一度職につくことができても，なかなか長続きしない傾向にあるようだ．

このように本人の認識にずれがある場合でも，支援方針は当人の希望に沿って決められている．Aにおいては，さまざまな背景が複合的に絡み合ってひとり親の困難を生じさせているため，支援もそれに応じてさまざまなものが必要と認識されている．職員としては，知識をもっとつけなければという意識が強い．現在の方針としては，とにかく相手を尊重し，傾聴することが，信頼関係を築くうえで重要であるとされている．信頼関係を築くことはそう簡単ではないが，就労と自立に向けて，よりひとり親に寄り添わなければならないと職員は感じている．そのため，友達作りのイベントなどを開き，そこに来た際に近況を聞くなど，アフターフォローの工夫もおこなっている．同様に，Bにおいてもまずは本人の希望を尊重するようにしている．それで短期的には「失敗」しても（＝仕事が続かなくても），その「失敗」の経験が大切であると職員が考えているためである．

他方，自治体職員が職業訓練の内容に疑問を感じているケースもある．たとえば，Bにおける調査では，PC講習に3か月もかけるのではなく，本人の状況に合わせてより短期間のものを作るべきという考えや，小学校高学年や中学校段階で，生活／金銭を含めたキャリア教育が必要であるという考えが聞かれた．後者について，実際にBの担当課では，市の高校で乳児体験と触れ合う体験を提供したり，助産師や子どもがいる一般市民のカップルによる講演などを実施したりしている．こうした機会を設けることは，講演をする母親の側からしても，普段触れ合わない地域の中高生に自分の子どもをかわいがってもらえるというメリットがある．

4.2　関係機関との連携

以上のように，5つの自治体におけるひとり親支援には2つの共通した困難がみられた．こうした困難に対処するにあたり，それぞれの実情にあわせて関係機関との連携が模索されていた．

ひとり親への就労支援という文脈では，やはりハローワークとの連携は非常に重要になる．たとえばAにおいては，数年前からマザーズハローワークとの連携がおこなわれている．前節第2項で見たような，すぐに仕事に就くことが難しい相談者の場合，相談に来たその場でマザーズハローワークに電話をかけてアポを取り，センターの職員が同行するという支援がおこなわれている．Dにおいても，各区役所内に設置されたハローワークとDが，生活困窮者自立支援制度にもとづく支援を通じて連携している．完全なワンストップではないものの，同じ建物のなかにあることは支援を展開するうえで非常に重要であると職員たちから捉えられている．B においては，町外の社会福祉協議会なども参加する町内就労支援担当者会議が設置されており，そこにハローワークも参加し，情報共有がおこなわれている．

また，B の事例からは，行政と被委託者との役割分担のユニークさもみられた．B の職員にとって，相談に来る市民は「お客様」という立ち位置であり，仮に相談者が無茶な要求をおこなっても，なかなか強い態度で対応することができない．これに対し，委託先の職員であれば，そうした相談者をたしなめたり，時には叱ったりすることも可能である．委託されているからこそ，相談者の非現実的な部分を本人に伝えることができ，そのことが効果的な支援の展開につながっていると考えられる．

他方で，内外多機関間の連携にはさまざまな困難があることも事実である．たとえば，C においては，発見された相談者のニーズに応じて，C 下の各区役所，弁護士，生活支援担当課，社会福祉協議会，児童相談所など，各種機関と連携をおこなっているが，機関それぞれの立場や考え方があるため，そうした関係機関との連携はそう簡単にいくものではない．たとえば，学校という立場では，家庭が抱える何らかの課題による影響で子どもが不登校になった場合でも，行政に通告することは親との信頼関係の面から難しい．また，区役所の側からしても，個人情報保護の観点から，知りうる家庭の状況を簡単には学校と共有できない．このように，仮に交流があったとしても，職種間の密接な連携を構築することが難しいことは，D などでも聞かれたことである．そのほか，各地域内のつながりが強い E においては，地域それぞれの独自性が強いため，所在都道府県との連携はおこなっていないということも明らかになった．

5　孤立するひとり親と制度との齟齬

本章では，規模の大きい自治体 5 つを事例に，ひとり親に対する就労支援の実態と困難をみてきた．そこから明らかになったのは，以下の 3 点である．

第 1 に，より複雑な困難を抱えている層は地域で孤立しており，それゆえ支援対象として補捉されにくいという問題がある．これを踏まえ，自治体行政は地域住民も巻き込んだ支援を展開しようとしているものの，地域の資源に頼りすぎることには，場合によっては当事者をさらに公的サービスから遠ざけてしまうリスクもある．地域の資源はあくまでも自治体行政によるサービスを補完するものとして捉える必要があることがここから示唆される．

第2に，客観的に捉えられていたニーズと当事者自身の認識との齟齬が，支援の効果を減じてしまうことである．本章で対象とした自治体においては，そうした齟齬があっても基本的には当事者の希望に沿う形で支援を展開し，信頼関係を築くという戦略がとられていた．こうしたなかで，国の制度が実情に合っていないことが，自治体職員によって徐々に認識されてくることも確認された．

第3に，上述2つの困難に対処するうえでは，関係機関との連携が重要であるものの，機関それぞれの立場や考え方があるため，そうした連携の構築は容易ではないことである．日本の行政が「縦割り」であることはすでにさまざまなところで論じられているが，サービスを受ける市民にとってだけでなく，現場で実務にあたる職員にとっても，この問題が障壁となっていることがうかがえる．

結婚したカップルの3組に1組が離婚すると推定される今日においては，ひとり親支援施策の整備は喫緊の課題である．とくに，日本においては母親が子どもの親権をとることが圧倒的多数であること，男性に比べ女性の就労状況が厳しいこと，家庭の経済状況が子どもの教育達成，職業達成に強い影響を与えることなどに鑑みると，就労支援施策の整備は最も優先して取り組まれるべき課題の1つである．そのようにひとり親への就労支援施策を整備していくうえでは，サービスを受けるひとり親家庭の現状のみならず，サービス提供の現場で経験されている課題とその要因についての事例をさらに収集し，全国レベルで整理していくことが求められるだろう．従来，自治体行政についてはいわゆる「グッドプラクティス」が紹介されることが多かったが，本書のほかの章でも明らかにされるように，そうした実践は管理職の選択やキーパーソンの存在，あるいは長年にわたる実践の積み重ねによって達成されている場合が多く，ただちにほかの自治体に転用できると考えることは現実的ではない．であるならば，むしろ各自治体がどのような課題に直面しており，どのように対処しているのか，という視点からも知見を収集することも，今後の制度整備に向けた一助となるはずである．

参考文献

阿部彩（2008）『子どもの貧困――日本の不公平を考える』岩波書店．

阿部彩（2014）『子どもの貧困II――解決策を考える』岩波書店．

Boss, P.（1999）*Ambiguous Loss: Learning to Live with Unresolved Grief*, Cambridge: Harvard University Press.（＝2005，南山浩二訳『「さよなら」のない別れ　別れのない「さよなら」――あいまいな喪失』学文社）

Hochschild, A. R.（1997）*Time Bind: When Work Becomes Home and Home Becomes Work*, New York: Henry & Colt.（＝2012，坂口緑・中野聡子・両角道代訳『タイム・バインド　働く母親のワークライフバランス――仕事・家庭・子どもをめぐる真実』明石書店）

稲葉昭英（2016）「離婚と子ども」稲葉昭英・保田時男・田渕六郎・田中重人編『日本の家族 1999-2009――全国家族調査［NFRJ］による計量社会学』東京大学出版会，pp. 129-144.

金指有里佳・小池孝子・定行まり子（2016）「東京都区部におけるひとり親世帯の居住支援の体制と課題について」『日本女子大学大学院紀要　家政学研究科人間生活研究科』23：17-26.

内閣府（2010）「平成22年版男女共同参画白書」.

NHK（2014）「取材記　母子家庭の貧困は自己責任？」．http://www.nhk.or.jp/heartv-blog/2700/186798.html（2017年10月24日最終確認）

野沢慎司（2008）「インターネットは家族に何をもたらすのか――ステップファミリーにおける役割ストレーンとサポート・ネットワーク」宮田加久子・野沢慎司編『オンライン化する日常生活』文化書房博文社，pp. 79-116.

Raymo, J. M., M. Iwasawa, and L. Bumpass（2004）“Marital dissolution in Japan: recent trends and patterns,” *Demographic Research*, 11：395-419.

志田未来（2015）「子どもが語るひとり親家庭――『承認』をめぐる語りに着目して」『教育社会学研究』96：303-323.

下夷美幸（2008）『養育費政策にみる国家と家族――母子世帯の社会学』勁草書房．

杉本喜代栄・森田明美（2009）『シングルマザーの暮らしと福祉政策――日本・アメリカ・デンマーク・韓国の比較調査』ミネルヴァ書房．

藤間公太（2017）「離婚，再婚と子育て」永田夏来・松木洋人編『入門 家族社会学』

新泉社，pp. 101-117.
Wallerstein, J. and S. Blakeslee（1996）***Second Chances: Men, Women and Children a Decade after Divorce,*** Boston: Houghton Mifflin Harcourt.（＝1997，高橋早苗訳『セカンドチャンス――離婚後の人生』草思社）
余田翔平（2012）「子ども期の家族構造と教育達成格差――二人親世帯／母子世帯／父子世帯の比較」『家族社会学研究』24（1）：60-71.
余田翔平・林雄亮（2010）「父親の不在と社会経済的地位達成過程」『社会学年報』39：63-74.

IV

福祉サービスと自立支援

連携が与える影響

第11章　都道府県による広域的な支援の可能性

——千葉県における総合相談事業を事例として——

白瀬由美香

1　都道府県による支援と補完

1.1　2000年代以降の相談支援の広がり

近年の社会福祉において，相談業務の強化が図られてきたことは第7章でも論じられたとおりである．岩間・原田（2012，pp. 27-31）によれば，地域で展開する総合相談の流れをもたらした契機の1つは，2006年の地域包括支援センターの制度化に端を発する各種制度における相談支援の整備にある．地域包括支援センターは，社会福祉士，主任ケアマネジャー，保健師の三職種が配置され，包括的支援事業として，①介護予防ケアマネジメント，②総合相談・支援，③権利擁護，④包括的・継続的ケアマネジメント支援，という4つの業務を担う．とりわけ総合相談や権利擁護は，社会福祉士によるソーシャルワークの専門性を発揮できる業務としてみなされている．

また，2005年の障害者自立支援法の成立により地域生活支援事業として相談支援事業が定められ，障害者の分野でも相談支援機関の整備が進められてきた．さらに，子どもに関する支援についても市町村に相談窓口が設けられるようになっている．そのほか各地の自治体や社会福祉協議会においても，コミュニティソーシャルワーカーの配置が進められており，学校にはスクールソーシャルワーカーの配置が進められている．このように，地域を基盤としたソーシャルワークが広がりつつあり，総合相談への関心は高まりをみせている．

以上のような社会的背景のもとで，2015年4月には生活困窮者自立支援法が施行された．福祉事務所設置自治体では，必須事業として自立相談支援が実施されている．これにより，「生活のしづらさ」を抱えた人々への総合相談体制が全国の市町村に形成されたところである．

そうした流れに先駆け，千葉県では2004年より総合相談機関を配置する取り組みがおこなわれてきた．対象者の属性や生活困難の理由を限定せずに，24時間365日体制で福祉サービスのコーディネート・福祉の総合相談・権利擁護等をおこなう総合相談センターを保健所の所管区域ごとに置いている．本章はこの千葉県における総合相談事業に注目し，それが果たす役割の検討を通じて，都道府県がおこなう広域的な支援がなぜ必要なのか，どのような支援が可能なのかを探ることとする．

1.2　社会福祉における都道府県と市町村の関係

1990年代以降の社会福祉基礎構造改革や地方分権を経て，社会福祉においては市町村が果たす役割は拡大を続けている．もちろん市町村も社会福祉サービスを提供すること自体は以前からおこなっていた．しかし，かつてのそれらは機関委任事務であり，市町村は国の下部機関として，その命令のもとに任務を遂行するという立場であった．この関係性を変えたのが，機関委任事務の団体事務化である．1983年に「行政事務の簡素合理化及び整理に関する法律」，1986年に「地方公共団体の執行機関が国の機関としておこなう事務の整理及び合理化に関する法律」が制定され，都道府県や市町村という団体が事務を実施するとの位置づけになった．これにより身体障害者福祉法，老人福祉法，児童福祉法，精神薄弱者福祉法（現在の知的障害者福祉法）などにもとづく一部の事務が団体事務に変更された（山口 2016，pp. 193-194）．

続いてなされたのが機関委任事務の廃止であった．1999年地方分権一括法は，地方分権を推進するため，自治体の自由度を高めることを目的として施行された．ただし，自治体に事務権限の移譲をするものではなかったことから，財源の移譲も伴わなかった．そのため自治体が受動的な立場にあることには変わらなかった（山口 2016，p. 195）．

ただしこのとき，都道府県から市町村に事務権限を移譲する仕組みが導入された．これは「事務処理特例条例」と呼ばれ，いったん都道府県の事務としたものを都道府県の発意により市町村に再配分することを可能にするものであった．しかし都道府県の発意による取り組みでは，都道府県間の対応に偏りが生じることにもなった．他方，多くの都道府県が移譲した事務には共通性もあり，それはすべての市町村で実施可能だとみなすことができた．そうした考え方にもとづいて，指定都市，中核市，特例市，市，町村という類型ごとに一律に事務を配分する改革が進められていった（山口 2016，p. 196）．

2011年のいわゆる第二次地方分権一括法には，①身体・知的障害者相談員への委託による相談対応・援助，②社会福祉法人の定款の認可・報告徴収・検査・業務停止命令等，③第二種社会福祉事業の経営者への立ち入り検査等の事務を市などに移譲する内容が含まれていた．同様の事務に関する基礎自治体への移譲はその後も進展が続いている（山口 2016，pp. 196-197）．

このような変化を経て，2000年代前半は「地域福祉の主流化」（武川 2005，pp. 20-24）の時代であるとも呼ばれている．この変化は，社会福祉行政，地方自治，地域社会それぞれにおいて地域福祉が中心的なテーマとして扱われるようになったことを指す．2003年4月からは地域福祉の推進を図るため，市町村は地域福祉計画を策定し，都道府県は市町村の事業を支援する地域福祉支援計画を策定することとなった．介護保険でも3年ごとに保険者である市町村は介護保険事業計画を，都道府県が介護保険事業支援計画を策定するという関係にある．

武川によれば，地域福祉における都道府県の役割には，支援の機能と補完の機能がある．支援の機能には①技術的な支援，②財政的な支援がある．技術的な支援には，県内の他市町村の情報提供，研修の実施，計画策定の専門家の派遣，計画の評価などがある．計画策定時の指針の提示も支援活動として重要となる．財政的な支援は，都道府県の単独事業として補助金を交付しておこなわれる支援活動であり，市町村事業への補助のほか，基金の設置やNPOへの助成などが含まれる（武川 2005，pp. 51-52）．

他方，補完の機能については，たとえば人材育成や研修，権利擁護事業などは小規模自治体では実施が難しいものがあり，都道府県がおこなう必然性がある．基本的な考え方としては，コミュニティで解決できない問題は市町村が解決し，市町村で解決できない問題は広域自治体が，広域自治体でも解決できない問題は中央政府が解決するという関係性となる（武川 2005，pp. 52-53）．

本章が採り上げる千葉県の事例は，まさに市町村で解決が難しい問題に広域的に対応しようとする補完の関係を見て取ることができる．それとともに，広域的な総合相談事業をおこなうこと自体が，県内の市町村間の情報共有にもつながるという，市町村への支援の機能にもなっていると考えられる．

1.3　本章の方法と視角

ここまで述べてきた背景を踏まえ，本章は千葉県による総合相談事業の事例をもとに，都道府県による広域的な支援の可能性を探ることを目的とする．

調査は以下の手順で進められた．まず 2015 年 7 月に千葉県の所管部課において，①事業開始の経緯，②総合相談センターの運営状況と県の役割，③県レベルで拠点を設置する意義，④事業運営上の課題に関する聞き取り調査をおこなった．さらに同年 8 月から 11 月にかけて，協力が得られた 6 か所（社会福祉法人 4 か所，医療法人 1 か所，NPO 法人 1 か所）の総合相談センター「中核地域生活支援センター」において，総合相談事業の実態に関する聞き取り調査をおこなった．各総合相談センターでは，①事業参画に至る経緯，②管轄地域の地理的特性や住民ニーズの特徴，③紹介元の傾向，④相談・支援方法の特徴と傾向，⑤連携機関との連絡・連携の仕方を質問した．調査対象者には研究目的，質問事項，結果の公表について明記したメールで事前に依頼をし，同意を得たうえで調査をおこなった．聞き取りの内容は録音せず，聞き取った内容をノートに記録する方法で情報を整理した．研究成果の公表においては，調査対象者・地域・団体等の匿名性を確保できるよう配慮している．調査協力が得られた総合相談センターの名称は，本文中で A～F センターとアルファベットで表記している．

本章では以上の聞き取り調査の結果に加えて，調査時に入手した事業実績報告書やニュースレター，公刊されている総合相談センター関係者による論考，関係機関のインターネットサイト等をもとにして総合的に検討をおこなった．以下，第 2 節では千葉県における総合相談センター事業の沿革と現況を紹介し，事業内容と運営体制を解説する．第3節では千葉県事業の特性と機能についての検討をおこない，都道府県による支援の優位性と課題を探る．第4節では今後の都道府県の役割を展望しつつまとめることとする．

2　千葉県における総合相談事業の特徴

2.1　事業の沿革

総合相談センターの創設に至る発端は，2003年の「ちばアクションプラン」の策定作業にある．当時の堂本暁子知事は，県民の目線から施策を検討することを目指した「健康福祉千葉方式（ユニバーサル健康福祉戦略）」を推進しており，民間主導で企画運営するタウンミーティング等を通じて，障害者をはじめとした当事者を含む県民による計画や施策作りへの参加，児童・高齢者・障害者という対象者を限定するような制度の枠組みを取り払った施策展開を図ろうとしていた[1]．「健康福祉千葉方式」には5つの原則があり，①性別･年齢･障害の有無や種類に関わらない，②すべての人が人間として個人として尊重される，③一人ひとりの状況とニーズに応える，④家庭・地域での生活を基本とする，⑤健康で生きがいをもって自立して生活できることが挙げられていた[2]（千葉県 2002）．

このように行政が住民と対等な立場でともに福祉を考えるシステムのもと，県内各地でのタウンミーティング，県庁での「ちばアクションプラン」策定作業部会による検討が繰り返され，中核地域生活支援センターの原型となる構想が浮上した．策定作業部会から出された意見は，以下のようなものであ

1）「健康福祉千葉方式」は「千葉県地域福祉支援計画」のほか，障害者に関する「第三次千葉県障害者計画」，児童に関する「次世代育成推進アクションプラン」の策定でも取り入れられていた（千葉県グループホーム等連絡協議会ホームページ「中核地域生活支援センターの概要と期待」）．

2）具体的に2003年度には，①民間と行政が協働する新しいスタイルによる健康福祉施策の構築，②民間と行政が有する健康福祉資源のネットワーク化と情報一元化，③障害者・高齢者・妊婦・乳母車を押す人を含めた全ての県民にやさしく利用しやすい「ユニバーサルなまちづくり」の推進，④保健・医療・福祉施設利用者のニーズに応じた健康福祉分野の人材育成の推進などの事業が進められた．

ったという（千葉県グループホーム等連絡協議会）.

- 現場では縦割りではなく，さまざまな相談が渾然一体となって入ってくる.
- 事業者の都合で業務をおこなうのではなく，利用者本位にすべきで，そのために365日24時間体制でおこなうべきである.
- 夜間は緊急性が高いケースがある.
- 利用者がたらいまわしにされない事が何としても必要である.
- 制度の隙間でどこにも相手にされない相談がある.

これらの課題を解決する試みとして，高齢者の「在宅介護支援センター」，障害者の「地域療育等支援事業者」というそれぞれに強みをもつ2つの法人に委託し，2003年12月から総合相談をおこなうモデル事業を実施した．その成果を踏まえて議論を重ね，2004年10月からは県内14か所すべての健康福祉センター（保健所）圏域に総合相談センターが開設された．なお，千葉市は政令指定都市，船橋市は中核市であり，それぞれ市で保健所を設置していることから，これら2市には県による総合相談センターはない．その後，2008年以降は柏市も中核市となり，県内の保健所圏域も1つ減ったことから，現在は県内13か所に総合相談センターが置かれている（図1）[3].

総合相談センターの運営は県が直営でおこなうのではなく，各圏域の民間団体に毎年委託をおこなっている．これまで10年余りの間に，圏域によっては受託法人が変更となったところもいくつかあるが，おおむね継続的に同一の法人が受託し続けている．一部の地域では，タウンミーティングに向けた準備会議や勉強会を通じて形成された地域福祉ネットワークがNPO法人格を取得し，総合相談センターを受託したところもある．2017年度の受託法人の属性は，社会福祉法人が最も多く9か所，医療法人が2か所，NPO法人が2か所である．2015年に生活困窮者自立支援法が施行された後は，

3）中核市である船橋市と柏市では，市の独自事業として中核センターに類似した総合相談事業を民間団体に委託してきた．2015年からは，それらが生活困窮者自立支援法に基づく自立相談支援事業所として委託を受けている．船橋市にはさらに障害者（児）総合相談事業による基幹相談支援センターもある.

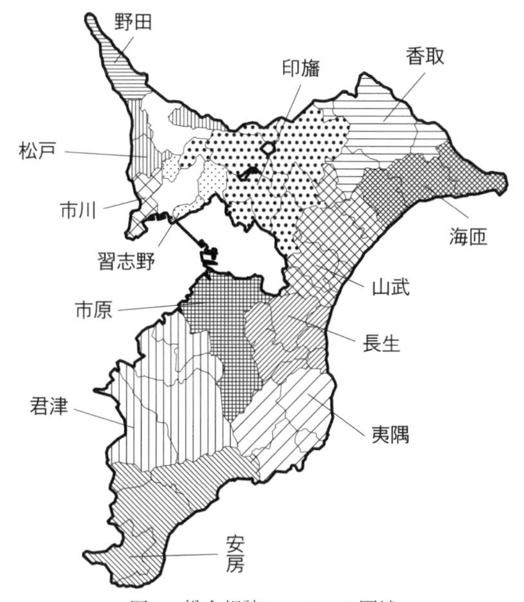

図1　総合相談センターの圏域

出所：千葉県中核地域生活支援センター連絡協議会（2017）をもとに筆者作成.

同法による自立相談支援事業もあわせて受託しているところもある.

2.2　事業内容と運営体制

2017年現在の総合相談センターの事業には，①包括的相談事業，②地域総合コーディネート事業，③市町村等バックアップ事業，④権利擁護事業の4つの柱がある[4]．各総合相談センターは24時間365日体制でそれらをおこなうこととされている．以下では県による事業概要の解説と「中核地域生活支援センター活動白書」各年度版をもとにその概況を紹介する.

4)　総合相談センターは2004年の発足当初から，地域総合コーディネート事業，相談事業，権利擁護事業の3つを柱としてきたが，2017年度より「市町村等バックアップ事業」が事業として明示され，4事業の体制になった．第3節で述べているとおり，総合相談センター業務においては，それぞれの事業が単独でおこなわれているわけではなく，個別の支援事例の中で統合的に事業内容が実現されるものである．したがって，3事業から4事業への変化が，総合相談の業務全体の本質を大きく変えるものではないと考えられる.

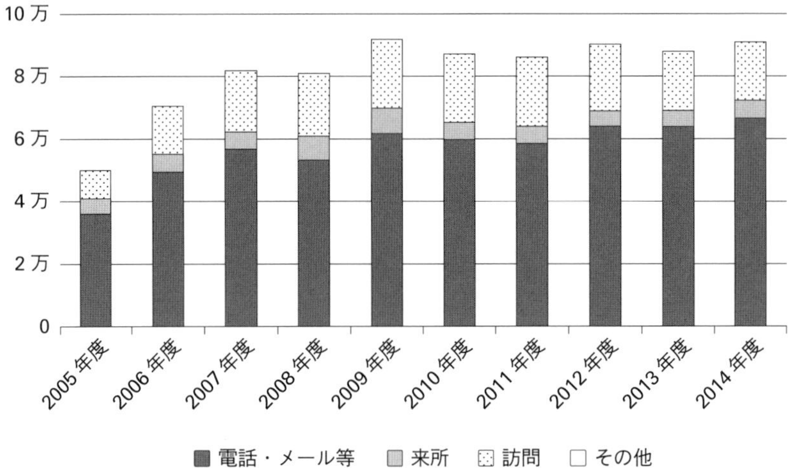

図2　相談方法の推移

出所：千葉県（2015b）をもとに筆者作成.

(1)　包括的相談支援事業

この事業では制度の狭間や複合的な課題，制度や社会の変化から生じる新たな課題のために生活不安を抱える人々を対象に，広域的かつ専門性の高い支援をおこなう．子ども，障害者，高齢者をはじめとして，対象者を横断的に捉えた，寄り添う支援を目指している．電話による相談だけではなく，家庭訪問や同行支援をするなど，対象者に即した多様な方法を用いて，各種福祉サービスの調整等をおこなっている．それぞれの総合相談センターが管轄するのは保健所圏域であるが，個別のケースに対して基本的にはできるだけ相談者が居住する地域に密着した形で支援するアプローチがとられている．

総合相談センターに寄せられる相談は，相談件数の約8割が18～65歳からの相談であり，相談内容の約7割が障害に関する事柄という特徴をもつ．障害に関する支援では，障害者手帳を取得するところから支援をおこなう場合もある．相談者の生活困難の背景に障害が疑われ，生活の立て直しのためには福祉制度を利用したほうがよいと判断される場合が散見されるという．また，対象者を限定しない相談であることから，DV（ドメスティック・バイオレンス）や離婚相談，引きこもりや不登校，ホームレスなどのケースも扱っている．

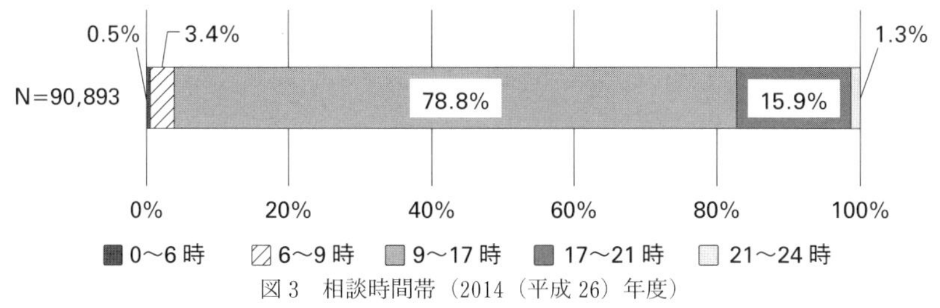

図3　相談時間帯（2014（平成26）年度）
出所：千葉県（2015b）をもとに筆者作成.

相談方法の推移（図2）を見ると，一貫した傾向として電話等による相談件数が約7割を占めている．近年はメールによる相談も増えてきているが，この統計ではメールやファックスによる相談はすべて電話に含めて件数を集計している．センターへの来所による相談は1割未満であり，相談に携わる相談員が外に出向いて面談をおこなうことが一般的になされている．訪問相談は，必ずしも相談者の自宅でおこなうものばかりではなく，行政機関や医療機関などに同行して支援をしたケースも計上されている．

2014年度の相談件数の内訳によれば，電話・メールが6万5,829件，来所が5,719件，訪問が1万9,083件，その他が262件であった．訪問に注目してみると，総合相談センターは13か所あることから，1か所あたり年間1,467.92件の訪問をおこなっていたことになる．後述するように，1か所につき4人程度の相談員がいるので，概算で1人あたり年間370件程度の訪問をしていたといえる．つまり，各相談員が土日祝日なども含めて平均して1日1回以上は訪問による相談をおこなっていた計算になる．

相談時間帯（図3）については，78.8%が9～17時の間になされている．早朝6～9時台は3.4%あるものの，深夜は非常に少ない．ただし，0～6時台には，0.5%とはいえ487件の相談があり，押しなべて考えると県内で平均して1日あたり1.3件の相談は深夜に来ていたことになる．総合相談センターのうち2か所については，受託法人からのバックアップによって宿直による24時間体制をとっている（朝比奈2013, p.12）．調査で訪れた総合相談センターはいずれも，開所時間帯以外は携帯電話への電話転送を設定し，職員が交代で時間外の電話応対の当番にあたっていた．総合相談センターは，「いのちの電話」などの電話相談サービスとは異なる機能をもつ機関であることから，時間外の相談について緊急性の高いものはその場で対応するが，そうでないものについては翌日の開所時間中に改めて対応するような運用をしているという.

(2)　地域総合コーディネート事業

総合相談センターは，管轄地域の実情を把握し，公的機関，福祉サービス提供事業者，当事者グループなどの連携・調整に務め，利用者に必要な福祉サービスを提供できるように活動をおこなっている．それを通じて，地域の関係機関のネットワーク強化を図り，新たなサービスや社会資源の創出を促進し，誰もが安心して生活できる地域づくりを目指している．個別支援における課題を地域の課題として取り上げるよう活動し，関係機関や関係者と問題意識を共有するよう務めているという.

地域コーディネートに関連する活動としては，後述する圏域ごとの連絡調整会議での連絡・連携や，障害や認知症に関する勉強会やサポーターを養成する各種の研修会の開催なども含まれる．こうした活動を通じて新たなネットワークの形成や連携の強化が図られ，相談員が日常的に連携できる関係が築かれていく．他方，個別の相談ケースに対応するため，オーダーメイドの支援の仕方を開拓していく過程でも，社会資源の掘り起こしがなされることになる．地域総合コーディネート事業は，これら2つの方向から取り組まれている.

(3)　市町村等バックアップ事業

市町村や各相談支援機関が相談事例に対応するに当たり，困難に直面した場合には，市町村等からの求めに応じてバックアップをおこなっている．総合相談センターは，広域的な圏域を管轄するという強みがあり，専門的かつ多面的な視点にもとづく市町村等への助言等が可能である．たとえば障害者への支援では，同一市町村内に利用できるサービス資源が存在しない場合もあり，そのような時には他市町村や県の機関などとの柔軟な調整がおこなわれている．これは，県の事業を通じて市町村を支援すると同時に，市町村が果たしきれない機能の補完をするものと見ることができる.

(4) 権利擁護事業

相談者等の権利侵害の積極的な把握に努め，福祉救急隊（後述）の協力や各種関係機関との円滑な連携のもとに，権利侵害の解消，本人や家族のケアと尊厳の回復，再発防止策を講じている．

権利擁護事業は，成年後見制度や社会福祉協議会による日常生活自立支援事業に類似した活動を総合相談センターがおこなっているという意味ではない．日常的な相談とそれへの応対のプロセスにおいて，相談者の権利擁護を徹底するという，業務全体に関わる姿勢を貫く方針を表した事業であると捉えられる．もちろん成年後見や福祉サービスの契約や金銭管理にまつわる支援が必要な人には，関連する制度の利用につなげていく支援をおこなっている．

そしてさらに究極的には，相談者が援助関係から離れた後の人生において，その人らしい自己決定ができ，できないことは周囲に助けを求めるという「セルフアドボカシー」を実現することを目標にしている（朝比奈 2015，千葉県中核地域生活支援センター連絡協議会 2014）．

2.3 事業の運営基盤

(1) 予算

2015年度の事業の委託料は年間総額2億6,430万円であり，千葉県による単独事業としておこなわれていた．予算規模は近年縮小傾向にあるようだが，圏域ごとに約2,000万円が配分されている．13か所の各委託先への委託料は一律ではなく，圏域内の市町数や地理的特性を考慮して若干の多寡があり，最も多いところは2,360万円，最も少ないところは1,860万円であった．

受託するには法人であることが要件となっており，後述する選考委員会を通じて，独立性や公平性を配慮した選考がなされている．独立性に関して具体的には，受託法人の運営する他の事業所・施設とは別の建物で，なおかつ圏域内で交通アクセスの利便性の高い場所に総合相談センターを設置することが求められている．委託料は主として事業所の家賃，人件費，通信費，交通費，水道光熱費等に支出されている．各総合相談センターではいずれも，

2〜3名の常勤相談員，その他2〜3名の嘱託職員や非常勤の事務スタッフなどが雇用されており，人件費に予算の大部分が使われている．委託料だけでは予算が足りず，受託法人からの補助で運営が成り立っているという声が各所で聞かれた．朝比奈（2013，p. 12）も「受託法人の多くが可能な範囲で自主財源も充てながら職員を雇用し，社会福祉士や精神保健福祉士等を中心に4名程度の体制で事業にあたっている」と述べている．

(2)　事業の運営組織

以下では，総合相談センターの連絡協議会による運営指針をもとに，事業運営に携わる組織として県・圏域・市町村それぞれの役割について説明する[5]．

第1に，県の担う役割は，総合相談センター事業の総合調整をおこなうことである．主な業務には，委託機関を決定するための選考委員会の開催，1年間の活動実績を評価する評価委員会の開催，事業の管理や広報，中核地域生活支援センターへの調査・指導がある．その他，総合相談センター事業の周知・推進のための事業，相談員の研修など機能の充実のための事業もおこなわれている．

県に設置された各種委員会と総合相談センターとの関係を図4に示す．

評価委員会は，外部有識者を含む委員から構成され，毎年3月に「中核地域生活支援センター評価会議」が開催される．それぞれの総合相談センターに不足している部分の把握・助言をおこない，効率的な運営を支援するとされている．

県庁の直属機関ではないが，県レベルで総合相談センター同士が情報交換をし，地域住民の問題意識を基盤として問題解決をするための提言をおこなう組織として，連絡協議会が設けられている．連絡協議会は，毎月第4火曜日に県庁で開催され，すべての総合相談センター所長が一堂に会する場となっている．毎年7月に開催されている「中核地域生活支援センター大会」の開催，「中核地域生活支援センター活動白書」の発行などの活動をおこなっ

5）　詳細については，中核地域生活支援センター連絡協議会ホームページ「中核地域生活支援センター運営指針」（http://www.tyukakucenter.net/uneisisin.html）を参照されたい．

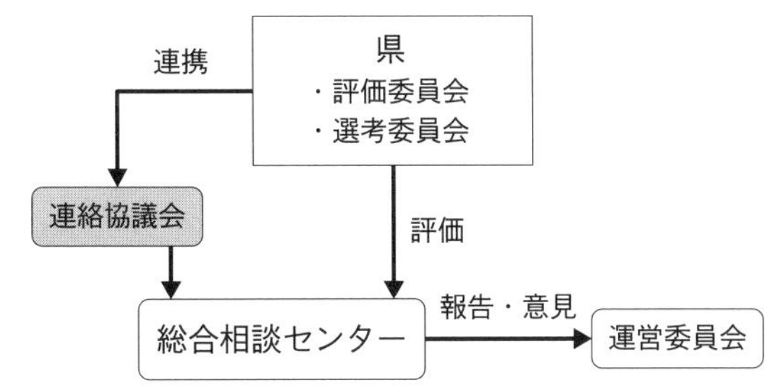

図4　総合相談センターと各種委員会等との関係
出所：海匝ネットワーク「事業内容」を参考にして筆者作成.

ている.

第2に，各健康福祉センターでは，各圏域における調整がおこなわれている．管内の連絡調整会議を中核地域生活支援センターとともに開催し，さらに連絡調整会議の下部組織として障害者部会，児童部会，高齢者部会を立ち上げている（図5)．連絡調整会議は，健康福祉センターと総合相談センターが共同で地域課題を検討する場である．健康福祉センターが主催し，総合相談センターが主導的に運営することとされている．健康福祉センターはまた，総合相談センターの実績報告についても窓口となり，活動に対して行政の立場から積極的に助言をおこなうなどの支援がなされている.

第3に，各市町村は健康福祉センターが開催する連絡調整会議に出席し，総合相談センターの運営委員会委員に就任するなど，事業に積極的に関与することが求められている．図4にも記載されている運営委員会は各総合相談センターが設置するものであり，管内の各種団体や住民から委員を選出して地域住民の意向を活動に反映することを目的としている．市町村はさらに，連絡調整会議に設置される各部会についても，地域の住民や事業者等とともに出席し，地域福祉を推進する行政機関として，地域の課題や個別ケースへの対応を図ることが期待されている.

(3)　総合相談センターをサポートする地域の体制づくり

総合相談センターの連携機関は，職業安定所，児童相談所，地域包括支援センター，福祉施設，教育機関，医療機関，警察署，NPOなど多岐にわたっている．これらの関係を表したのが，図5である.

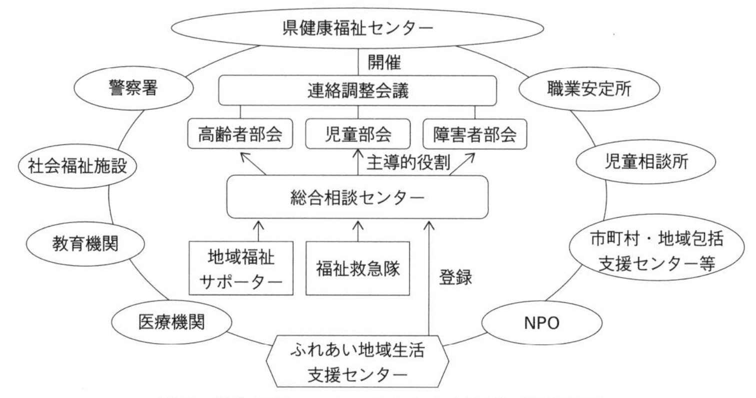

図5　総合相談センターをとりまく地域の関係機関
出所：千葉県（2015a）を参考に一部改変して筆者作成.

加えて，総合相談センターの活動を地域でサポートするための組織作りとして，ふれあい地域生活支援センター，地域福祉サポーター，福祉救急隊員の登録制度を設けている.

ふれあい地域生活支援センターは，地域のさまざまな福祉資源の中で，総合相談センターの活動に無償で協力することが可能な事業所が登録し，「ふれあい地域生活支援センター」の指定を受けるというものである．地域生活支援センター，地域子育て支援センター等の地域の社会福祉法人の事業所や施設が指定対象として想定されている．地域福祉サポーターは，相談員である地域総合コーディネーターがおこなう活動を無償で補佐することが可能な地域住民を対象とした登録ボランティアである．福祉救急隊員は，弁護士や医師，看護師など専門性の高い資格保有者を要件として総合相談センターに登録し，権利擁護活動や緊急時の対応を無償でおこなう専門職のことである[6].

総合相談センター事業の初期には，これら3つの登録制度を通じて，関係機関や地域住民に対してセンターの活動への周知をおこない，ネットワークの形成を図っていたようである．しかし，開始から10年以上が過ぎた現在となっては，登録していなくても関係機関との連携は可能となっており，現

6)　弁護士との連携に関しては，県が千葉県弁護士会と契約し，中核センター職員向けの支援をおこなうタイアップ制度も設けられている.

場レベルではこれらの組織化活動は特段に意識されていない状況である.

3　千葉県における総合相談事業の機能と課題

3.1　4事業の有機的結合による総合的支援

総合相談センターによる支援事例を概観してみると，包括的相談支援事業，地域総合コーディネート事業，市町村等バックアップ事業，権利擁護事業の4事業は，それぞれが独立の事業として実施されているわけではなく，相互に関連し合い，渾然一体となって実施されていることがわかる．現場で働く相談員も，何をすべきという固有の役割があるわけではなく，相談者が何をしてほしいのかにもとづいて支援をおこなっている（渋沢2014，p. 33）．総合相談センターは広域を管轄する一方で，実践においては相談者それぞれの日常生活圏域に密着した活動となっている．総合相談とは地域を基盤としたソーシャルワークの実践概念として位置づけられているが（岩間・原田2012，pp. 27-28），総合相談センター活動はコミュニティソーシャルワークであると見なして差し支えないだろう．

たとえば特徴的な例として，Fセンターの実績報告書によれば，脳手術後の支援が長らく受けられなかった40代男性のケースが紹介されている．この男性は数年前に脳内の血管の手術を受け，リハビリにより身体機能は回復したものの，脳幹の障害や高次脳機能障害のおそれがあり，日常会話はできるが，理解力が低く，メモを取っても忘れてしまうような状況であった．彼の母が亡くなった後，母を担当していたケアマネジャーから総合相談センターに連絡が入り，支援につながる道筋が開かれることになった．総合相談センターではまず彼のアセスメントをおこない，金銭面や書類整理のアドバイス，役所への同行，高次脳機能障害の評価を受けるための医療機関探し，脳外科病院への紹介状依頼の同行などをおこなった．また，彼には弟がいるのだが，借金があり生活費の支払いが滞りがちであったことから，今後は弟にも支援をしていく必要があった．住宅ローンも残っており，このままでは1年半後には生活費が枯渇し自宅を手放さざるを得なくなることが予想されたことから，生活困窮者自立支援制度にもつないでいくことが検討されている．

このように複合的な困難を抱えた相談者の問題解決においては，パターン化された既存の組織間連携体制だけで対処することは不可能である．そうした場合，必然的に当該問題に焦点化したオーダーメイドの連携体制を模索していくことになる．まさにそのプロセス自体が地域資源の開拓であり，新たなネットワーク構築の機会となっている．そして，いずれの総合相談センターにおいても，あらゆる場面で権利擁護を常に念頭に置いて支援がおこなわれ，最終的には相談者にセルフアドボカシーを身に着けてもらうことを目標にしている．

3.2 帰結としての障害者への対応の含意

総合相談センターは対象となる相談者の属性を限定しないという普遍性を実現した事業なのだが，先述のとおり総合相談センターが扱う相談の7割が障害に関するものであった．これは制度の目的として意図したわけではなく，結果的に障害に関する相談が多数を占めている状態である．障害者のなかでも知的障害者，発達障害者などの当事者は，自分の置かれた状況を的確に説明し，相談することが難しい．そのため，既存の医療・福祉関係機関に相談すること自体に支援が必要となり，総合相談センターが仲介役として大きな役割を果たしているといえる．

たとえばAセンターが扱ったケースでも，70代の父が入院したことにより，生活が行き詰った70代母と40代娘の事例があった．娘はゴミが片付けられず，家の外まであふれている状態であったが，相談員が面談したところ娘は知的障害の可能性が疑われ，療育手帳の取得支援につながった．Fセンターの事例にも，軽度の知的障害が見逃され，家族関係や仕事で悩みを抱えていた10代女性のケースがあった．Bセンターの実績報告書は「沢山の複雑な生活しづらさ相談の傾向が強く，中でもコミュニケーションを不得手とする相談者が多い．何か1つの生活のしづらさが出ると，それをきっかけに生活が崩れていく傾向も感じられる」と指摘している．上記のような自分自身が何に困っているのかについて，的確に説明することが困難な人々に対して，総合相談センターは公的制度の手続きを進めるのに助言・代弁をおこなっている．

他方，行政の窓口職員も，押し寄せる多様な相談をどのように処理するのかに難儀する可能性がある．先述の高次脳機能障害の男性のケースでは，本人が行政窓口で手続きしようとしても，うまくできずにいたことが書かれていた．おそらく行政窓口にはこうした困難を抱える人が入れ替わり立ち替わり訪れ，窓口職員としては限られた時間の中で効率的に業務を遂行するためには，話が要領を得ない相談者には十分な時間を取って対処するのが難しいことが予想される．リプスキーも指摘したように[7]，行政の窓口職員のようなストリートレベル官僚は時間と資源の制約のもとで職務を遂行し，現場での判断には実質的に裁量が許されている（田尾 2010，pp. 278-279）．どの相談が応対され，どの相談が見過ごされているかについて，行政組織としてすべてを管理しつくすことは難しい．

そのうえ，行政の窓口職員は必ずしも相談援助業務のトレーニングを受けた者ばかりではなく，定期的な人事ローテーションの一環でたまたまその部署で窓口対応に携わることになった者も少なからずいる．本書第7章でも論じられているように，近年は一部の自治体では福祉職の新規採用をしているほか，相談援助の専門職をケースワーカーとして嘱託採用するなどの取り組みも見られる．だが，従来どおりの人事ローテーションを通じて偶然に福祉関連の業務に従事するという行政職員が依然として多い[8]．

相談者が抱える困難を根本から探り，対処策の糸口を筋道立てて示すという，ソーシャルワークの技法は誰もが一朝一夕にできるわけではない．そうしたときに，福祉に関わる他機関の職員への支援も含めた総合相談の機能を担いうるものとして，総合相談センターの存在意義を理解することができる．つまり現状として総合相談センターが担う総合相談とは，地域で生活困難を抱える相談者からの相談だけではなく，市町村の行政職員をはじめとした地

7）リプスキーは，警官，ソーシャルワーカー，教師，判事，自治体の窓口業務に従事する職員など，公共サービスの送り手が裁量権を通じて受け手を支配しうる構図を理論化した．詳しくは，Lipsky（1980＝2010，田尾・北大路訳 1986）を参照されたい．

8）ただし注意が必要なのは，地方自治体の職員はサービスの送り手と受け手の閉じられた関係の中で醸成される自律性に基づいて行動しており，多くの点で専門職（プロフェッション）の要素を備えているという点である（田尾 1990：132-133）．

域の関係機関の職員からの相談にものる機能を備えたものであると評価することができる．いい換えれば，市町村等のバックアップをおこなっているのであり，これは2017年度より本事業の1つの柱として明示されている．地域福祉支援計画の文脈で考えれば，市町村という基礎自治体に対して，広域自治体としての都道府県がもつ固有の機能には，①支援の機能，②補完の機能があることは，先に指摘したとおりである．総合相談センターは県がまさに市町村の福祉推進を支援すると同時に，広域的な対応が求められるケースへの支援を補完する事業であると捉えられる．

3.3　保健所圏域に基づく拠点設置の妥当性と問題点

総合相談センターが県内の保健所圏域ごとに設置されている意義は2点指摘できる．

第1に，広域的なコーディネートを容易にすることが挙げられる．とりわけ総合相談センターが扱うケースの多くを占める障害者の支援に関しては，1つの市町村内で必要な社会資源がすべて入手できる場合は少なく，広域的なコーディネートが必要であることから，保健所圏域ごとの拠点設置には一定の合理性があるといえる．複数の市町村からなる圏域では，地域ごとのサービスの偏在状況を見渡したうえで最適な支援方法を模索することが可能となる．野田市や市原市など一市で一圏域を構成する圏域においても，総合相談センターは県の機関とのつながりの強さという面での強みがあると思われる．

広域的なコーディネート機能に関しては，大阪府社会福祉協議会による社会福祉法人の地域貢献事業でおこなわれている総合相談においても同様のことが指摘されている．広域的な対処を要するケースには都道府県レベルでの取り組みが有効であるという．たとえば，生活困窮をはじめDVや虐待，障害などの複合的かつ多面的な問題への対応は，市町村の範囲では解決できない場合も多い．とりわけDV被害や虐待被害では，本人の安全確保の観点から遠方への転居を伴う場合もある．その際に広域的な調整・対応をおこなう機関が必要になってくる（大阪府社会福祉協議会 2013，p. 152）．

第2に，相談者の相談のしやすさに関しても，保健所圏域ごとの拠点設置には優位性がある．引きこもりや不登校，DV，虐待に関する問題などは，相談者が地元の知人や行政関係者には知られたくないという場合もある．相談援助業務に従事する者に守秘義務があるのは当然のことであるが，町村部のような人口減少地域においては相談すること自体にスティグマがあるなど，公的な福祉サービスの利用には心理的な障壁も高い．そのようなときに総合相談センターは，行政でもない，地元住民でもないという中立的な立場から相談者に向き合い，支援をおこなっていくことが可能となっている．

もちろん一般論としては，地域福祉の中心は市町村であり，総合相談の実践は人々が居住する日常生活圏域が基本単位である（岩間・原田 2012，p. 43）．けれども，第 1，第 2 の点で挙げたように，日常生活が営まれる小地域の範囲内だけでは解決できない問題は枚挙にいとまがない．総合相談拠点のあり方として，基礎自治体に設置されるもの，広域的に設置されるものの双方があることで，相談者の抱える困難はより適切かつ迅速に解決可能になると考えられる．両者が相互補完的に機能し，それぞれの特性を活かした対応がなされることが，住民にとって最も望ましい姿なのではないだろうか．

しかしながら，現在の千葉県内の健康福祉センターの圏域，すなわち保健所圏域は，地理的領域の面でも，居住人数の面でも必ずしも均等に人口が分布しているわけではなく，総合相談センターごとに業務量にはかなりの差が存在しているという問題がある（表 1）．圏域別で 2014 年度に最も相談件数が多かったのは市川，次が印旛となっており，いずれも年間 1 万件を超えていた．反対に少ない圏域は，夷隅，香取，海匝で 4,000 件台である．市川，印旛圏域は人口密集地域でもあり，月間平均相談件数を人口比でみた場合にはそれぞれ 1.33‰，0.96‰ 程度に過ぎない．それに対して，同じ指標で夷隅は 4.14‰，香取は 2.39‰，海匝は 2.32‰ となっている．これを市町村別にみると，たとえば長生圏域の長柄町の年間相談件数は 670 件だが，人口比では 7.40‰ と県内で最も高い数値となる．このように，人口規模や密度の度合いによって，地域に潜在する生活上の問題への目の届きやすさに違いがあると推察される．

けれども，このような市町村間の相談件数の偏りがあるにもかかわらず，委託料は 1,860～2,360 万円前後であり，センター運営上の予算としては正

表1　各センターの相談件数

圏域	2014年	2015年	2016年
習志野	6,784	6,371	5,956
市川	10,878	9,363	6,579
松戸	9,521	8,598	9,217
野田	8,978	11,024	9,468
印旛	10,395	10,031	8,884
香取	4,668	3,907	4,885
海匝	4,941	5,474	4,313
山武	5,220	5,170	5,542
長生	5,867	7,718	8,185
夷隅	4,104	2,969	6,381
安房	5,370	3,952	3,309
君津	6,593	5,823	6,451
市原	7,574	7,456	7,543
合　計	90,893	87,856	86,713

出所：千葉県中核地域生活支援センター連絡協議会（2017）.

規職員数として1人分の人件費程度の違いしかない．すべての総合相談センターを合わせた年間の相談件数は，2007年以降8～9万件の間を推移しており，現状のスタッフ数で受け付けられるケース数はこれが上限であることが暗示されている．2015年4月から生活困窮者自立支援制度の自立相談支援事業が開始されたが，だからといって総合相談センターの新規相談件数が必ずしも一律には減っていないことが，表1からもうかがえる．ただし，総合相談センターの中には，市町村の自立相談支援事業や千葉県による障害者グループホーム等支援事業などを受託しているところもあり，他の事業と兼任の相談員も存在する．2014年から2016年にかけての相談件数の増減は，事業受託等によるマンパワー変化の影響もあると考えられる．

田尾（2010, p. 278）は公共部門の民営化や民間委託を通じて公的なサービスに従事する者が増えるほど，ストリートレベルで官僚的に業務を遂行する担い手の数が多くなるのだと指摘する．極端な場合には，NPOに委託された事業に従事するボランティアすらも，最末端のストリートレベル官僚になる可能性を秘めていると警鐘を鳴らしている．総合相談センターは行政機関ではないが，相談員は県による委託費の制約のもとで活動しており，公的福祉の受給決定権をもたないものの，総合相談に費やす時間や手間をどのように配分するかの裁量はもっている．

総合相談センターは，受託法人の自主財源により人員配置の充実が図られているものの，それでもやはり時間や予算の制約からは逃れられない．これまで市町村では潜在化していたような複合的な要因が絡み合う困難事例への対処の必要性と可能性を，総合相談センターは顕在化させてきたという成果をもつ．しかし，その職員もまたストリートレベル官僚に類似した構造に直面している可能性を完全には捨てきれない．おそらく相談員たちは，ソーシャルワーカーとしての倫理規範をよりどころとして，24時間365日の膨大な業務に従事してきたといえるかもしれない．公的な事業として，そうした個々の相談員の尽力に過度に依存してしまうことは，システムとしての持続可能性の面で今後の課題となりうるだろう．

4　都道府県による生活支援の可能性

前節では，総合相談センターの制度枠組みの特性を概観し，それをもとに広域的な総合相談拠点が現在果たしている機能について検討をおこなってきた．そこから得られた主要な知見を再度整理すると，第1に，包括的相談支援事業，地域総合コーディネート事業，市町村等バックアップ事業，権利擁護事業の4事業が有機的に結合されて総合的な支援がなされている．第2に，対象者や相談内容を限定せずに相談を受け付けているが，結果として障害者への対応が多くなっている．第3に，保健所圏域ごとの拠点設置には広域的なコーディネートの容易さと同時に相談者の相談のしやすさにもつながっている可能性を指摘した．過去十余年間の事業を経て，総合相談センターは千葉県において総合相談の拠点として一定の成果を上げており，少なくとも福祉関係機関の間では定着していると見ることができる．

事業の沿革が示すように，総合相談センターは，「健康福祉千葉方式」にもとづく地域福祉支援計画を策定するプロセスの中で，行政と県民との合意が形成され，導入に至った事業である．住民参加による計画策定の手続きと事業内容とが密接に結びついていることから，他の都道府県で外形だけを模倣した相談拠点を導入しても必ずしも好ましい成果が得られるか定かではない．つまり，単純に保健所圏域ごとに地元の法人に委託して総合相談センターを設置するという形だけでうまくいくという話ではなく，なぜその形でなければならないかが重要なのである．まずは，地域住民がどのような福祉のあり方を望んでいるかが基礎となるべきであり，それにもとづいて構想される事業の形は，地域ごとに異なったものになることは十分に考えられる．

それでもなお，この千葉県の事業は，総合相談に関する都道府県と市町村の関係について有益な示唆を与えるモデル・ケースと見ることができる．前節での検討から，県による保健所圏域ごとの総合相談機関の設置は，広域的なコーディネートの容易さと同時に，特定の相談者には相談のしやすさにもつながっていることが推察された．とりわけ相談案件の7割を占める障害者の支援では，1つの市町村内で必要な社会資源がすべて入手できる場合は必ずしも多くなく，広域的なコーディネートが求められていた．そのことから，サービスの偏在状況を見渡して最適な支援方法を模索するためには，保健所圏域単位のセンター設置は理にかなったものであるといえた．また，対象者を限定しないことから，DVや離婚相談，引きこもりや不登校，ホームレスなど「制度の狭間」に陥りがちなケースも扱えることが可能となっていた．こうした相談内容は，相談者が地元の知人や行政関係者には知られたくない場合もあり，行政職員でもなく地元住民でもないという総合相談センターの中立的な立場は，相談者に向き合い支援をおこなううえで，ある種の優位性をもっていた．ただし，保健所圏域ごとの設置には，各圏域の人口分布や地理的領域の広がりにかなり差異があるという課題もあった．

また，現在は事業の1つに位置づけられているように，市町村へのバックアップ機能は重要な点であるといえる．広域的な総合相談機関は，地域で生活困難を抱える相談者からの相談だけではなく，市町村の行政職員をはじめとした地域の関係機関の職員からの相談にものる機能を備えた総合的なものであると評価できる．総合相談の実践は人々が居住する日常生活圏域が基本単位であるものの，都道府県によって広域的に設置される機関がもしあるならば，基礎自治体による相談機関を支援し，なおかつ補完的な役割を果たすことで，相談者の抱える困難はより適切かつ迅速に解決可能になりうると考えられた．

そこで，こうした総合相談事業を推進するうえで注意しなければならないことは，田尾（2010）が懸念していたように，公的事業の委託先の職員までがストリートレベル官僚として行動するという事態が起こりうる可能性である．千葉県の事例については，委託先の選考・評価の仕組みが導入されていることに加え，相談に従事する職員のソーシャルワーカーとしての高い倫理観や使命感によって，質が保たれている面が大いにある．都道府県が市町村を支援，補完するためのシステムとして，それが十分に機能するにはどのような仕掛けが可能なのだろうか．この事業の他都道府県への普及可能性は，職員個人の資質や献身だけに頼らないシステムを設計できるかどうかにかかっているように思われる．

本章が取り上げた千葉県についても，今後も引き続き現在の体制が維持されていくのかどうかは定かではない．2015年には生活困窮者自立支援制度が導入され，総合相談をとりまく環境は大きく変化している．いくつかの総合相談センターは同制度の自立相談支援事業も担っているように，市町村レベルでも相談援助機関が整備されている．そうした環境下で，県による総合相談センターと市町村との間の支援および補完の関係は変化していく可能性があり，両者の役割分担のあり方は引き続き模索されるものと思われる．広域的な総合相談拠点として総合相談センターが担ってきた支援は他の機関で代替されうるのか．総合相談センターが担うべき新たな役割が今後見出されるのだろうか．これらを検証し，新たな方向性を構想することは課題として残されている．

参考文献

朝比奈ミカ（2013）「孤立した人への生活支援の実践と地域づくりの課題」『生活経営学研究』48：11-17.

朝比奈ミカ（2015）「総合相談の実践から「社会福祉の総合化」を考える」日本社会福祉学会2015「社会福祉をとらえる総合化の論点――理論・政策・実践」第63回春季大会資料集，pp. 8-9.

千葉県（2002）「ちば2003年アクションプラン」.

千葉県（2015a）「中核地域生活支援センター事業の概要」.

千葉県（2015b）「中核地域生活支援センター相談実績（年度別）」.

千葉県（2015c）「圏域内に係る市町村別の相談件数」（平成 26 年 4 月～平成 27 年 3 月）.
千葉県（2015d）「平成 27 年度健康福祉センター（保健所）のしおり」.
千葉県（2015e）「千葉県第 3 次地域福祉支援計画（平成 27～32 年度）」.
千葉県中核地域生活支援センター連絡協議会（2013）「中核地域生活支援センター活動白書 2012」.
千葉県中核地域生活支援センター連絡協議会（2014）「中核地域生活支援センター活動白書 2013」.
千葉県中核地域生活支援センター連絡協議会（2015）「中核地域生活支援センター活動白書 2014」.
千葉県中核地域生活支援センター連絡協議会（2016）「中核地域生活支援センター活動白書 2015」.
千葉県中核地域生活支援センター連絡協議会（2017）「中核地域生活支援センター活動白書 2016」.
岩間伸之（2014）「生活困窮者支援制度における「総合相談」の意義と展開――地域における新しい「支え合い」の創造に向けて」『貧困研究』12：27-37.
岩間伸之・原田正樹（2012）『地域福祉援助をつかむ』有斐閣.
Lipsky, M.（1980＝2010）*Street-level Bureaucracy: Dilemmas of the Individual in Public Services*, 30th Anniversary Expanded Edition, Russel Sage Foundation.（田尾雅夫・北大路信郷訳（1986）『行政サービスのディレンマ――ストリート・レベルの官僚制』木鐸社）
日本ケアラー連盟（2012）「被災地のケアラーとこれからのケアラー支援――東日本大震災被災地のケアラー（家族など無償の介護者）の実態と今後のケアラー支援に関する調査研究」報告書（平成 23 年度老人保健事業推進費等補助金老人保健健康増進等事業）第 3 章「千葉県中核地域生活支援センター（地域包括支援モデル）調査」pp. 67-97.
大阪府社会福祉協議会（2013）『社会福祉法人だからできた誰も制度の谷間に落とさない福祉――経済的援助と総合生活相談で行う社会貢献事業』ミネルヴァ書房.
渋沢茂（2014）「中核地域生活支援センターはどのように作られたか」『生活協同組合研究』467：28-35.
武川正吾（2005）『地域福祉計画――ガバナンス時代の社会福祉計画』有斐閣.
田尾雅夫（1990）『行政サービスの組織と管理――地方自治体における理論と実際』木鐸社.
田尾雅夫（2010）『公共経営論』木鐸社.

山口道昭（2016）『福祉行政の基礎』有斐閣.
全国社会福祉法人経営者協議会（2009）「地域社会とともに歩む社会福祉法人をめざして――社会福祉法人における地域貢献「1 法人（施設）1 実践」活動事例集」第 4 章「地域の社会的な援護を要する人々への支援――対象の別のない 24 時間 365 日体制の相談支援」pp. 72-73.

【インターネットサイト】
海匝ネットワーク「事業内容」http://www. rosario. jp/sawayaka-n/zigyou. htm（2017 年 10 月 6 日閲覧）
千葉県「中核地域生活支援センター事業について」（2017 年 10 月 6 日閲覧）https://www. pref. chiba. lg. jp/kenshidou/shien/chuukaku/kaisetsu. html
千葉県グループホーム等連絡協議会「中核地域生活支援センターの概要と期待」http://chibagh. s90. xrea. com/others_01. htm　（2016 年 3 月 1 日閲覧）
千葉県中核地域生活支援センター連絡協議会「中核地域生活支援センター運営指針」http://www. tyukakucenter. net/uneisisin. html　（2017 年 10 月 6 日閲覧）

第12章　地方自治体における子育て支援の様相

藤間公太

1　待機児童問題後の子育て支援

近年，景気の改善と雇用の増加を背景として働く女性が増加し，保育サービスのニーズも高まっているが，子ども・子育て支援新制度（以下，新制度）は，保育の受け皿の拡大の点で徐々に効果をみせてきている．新制度が作られた2015年の報道に示された具体的な数値としては，認可保育所と幼保連携認定こども園などをあわせた定員は14万6,257人増え，約263万人に達している（日本経済新聞2015年9月30日 朝刊 総合2面）[1]．このような保育の受け皿の拡大のみならず，教育・保育の質の向上，地域の子育て支援の充実，さらには養育支援訪問事業や要保護児童支援の拡充などを目指していることも，新制度の重要な意義である．

本章では，子育て支援ニーズを抱えた家族にサービスを提供する自治体窓口の実態を，待機児童不在自治体におけるヒアリング調査の結果をもとに整理する．そのうえで，2015年4月より施行された新制度を議論するにあたって検討すべき課題と，新制度の可能性を述べる．言い換えれば，将来的に待機児童問題が解消された後の子育て支援に関する論点を先取りすることが，本章のねらいである．調査を実施した時点では，新制度は施行されたばかりであったため，それによって現場での業務やケアの質が実際にどのように変化したのかという点は，ここでは取り上げない．待機児童問題が将来的に解決すると仮定したときに課題となる，子どもを預けられてもなお親が抱える

1）いまなお待機児童は増加しているが，これは認定される「保育の必要性」の範囲が拡大したことによる部分もあるだろう．

ニーズはいったい何なのかという点を考えることとしたい．

以下では，新制度の概要を述べたうえで（第2節），子育て支援に関する先行研究の議論を概観する（第3節）．次に，対象と方法を示し（第4節），調査時点で待機児童がいなかった3つの自治体でのヒアリング調査データを分析する（第5節）．最後に，分析結果からの示唆を述べるとともに，今後にむけた論点を抽出する（第6節）．

2　子ども・子育て支援新制度

2.1　成立の背景

新制度とは，2012年8月に成立した「子ども・子育て支援法」，「認定こども園法の一部改正」，「子ども・子育て支援法及び認定こども園法の一部改正法の施行に伴う関係法律の整備等に関する法律」の，子ども・子育て関連3法にもとづく制度のことをいう．3法の趣旨は，自公民3党合意を踏まえ，保護者が子育てについての第一義的責任を有するという基本的認識のもとに，幼児期の学校教育・保育，地域の子ども・子育て支援を総合的に推進するというものである（厚生労働省 2015b）．

新制度が施行された背景には，少子化の社会問題化がある．周知の通り，第2次ベビーブーム以降，日本の合計特殊出生率は低い水準で推移している．日本社会の将来に対する危機感を抱かせた1990年の「1.57ショック」以降も合計特殊出生率は低下し，2005年には1.26を記録した．その後はわずかに回復傾向にあり，2013年は1.43を記録しているが，それでも人口置換水準の2.08には遠く及んでいない．

とはいえ，少子化が進行するなかでも，子どもをもつことに対する人々の希望が大きく変化していないことには留意が必要である．国立社会保障・人口問題研究所の「出生動向基本調査」によると，夫婦の理想子ども数と独身者のそれとのいずれも，やや減少をしてはいるものの，2.0を上回る水準をキープしている（表1，2）．こうしたことを踏まえると，合計特殊出生率の低下は，無配偶者が多くなったことや（湯沢 2014）[2]，就労や経済上の困難か

表1　夫婦の理想子ども数の推移（国立社会保障・人口問題研究所 2012a）

結婚持続年数	第8回調査（1982年）	第9回調査（1987年）	第10回調査（1992年）	第11回調査（1997年）	第12回調査（2002年）	第13回調査（2005年）	第14回調査（2010年）
0〜4年	2.49	2.51	2.40	2.33	2.31	2.30	2.30
5〜9年	2.63	2.65	2.61	2.47	2.48	2.41	2.38
10〜14年	2.67	2.73	2.76	2.58	2.60	2.51	2.42
15〜19年	2.66	2.70	2.71	2.60	2.69	2.56	2.42
20年以上	2.63	2.73	2.69	2.65	2.76	2.62	2.58
総数	2.62	2.67	2.64	2.53	2.56	2.48	2.42
（客体数）	(7,803)	(8,348)	(8,627)	(7,069)	(6,634)	(5,634)	(6,490)

表2　独身者の理想子ども数の推移（国立社会保障・人口問題研究所 2012b）

	年齢	第8回調査（1982年）	第9回調査（1987年）	第10回調査（1992年）	第11回調査（1997年）	第12回調査（2002年）	第13回調査（2005年）	第14回調査（2010年）
男性	18〜19歳	2.32人	2.30	2.19	2.21	2.18	2.15	2.09
	20〜24歳	2.35	2.30	2.25	2.15	2.05	2.11	2.09
	25〜29歳	2.37	2.30	2.22	2.14	1.99	2.05	2.05
	30〜34歳	2.34	2.26	2.21	2.13	1.98	2.01	1.92
	総数(18〜34歳)	2.34人	2.30	2.23	2.15	2.05	2.07	2.04
	(集計客体数)	(2,573)	(2,929)	(3,672)	(3,203)	(3,270)	(2,652)	(3,084)
女性	18〜19歳	2.35人	2.29	2.20	2.25	2.13	2.23	2.16
	20〜24歳	2.34	2.26	2.22	2.16	2.09	2.18	2.20
	25〜29歳	2.18	2.18	2.10	2.13	1.98	2.03	2.06
	30〜34歳	1.90	1.83	1.90	1.76	1.87	1.84	1.97
	総数(18〜34歳)	2.29人	2.23	2.17	2.13	2.03	2.10	2.12
	(集計客体数)	(1,970)	(2,371)	(3,212)	(3,093)	(3,001)	(2,698)	(2,993)

ら子どもをもてないカップルが増えたことに起因していると考えられる．

政府は1990年代頃から子育て支援・少子化対策を本格化してきた．具体的には，「エンゼルプラン」（1994年）やその後の「新エンゼルプラン」（1999年）にもとづく保育所や子育て支援センターの拡大，「育休法」（1992年）に代表されるワーク・ライフ・バランス政策などの施策が展開された．さらに，結局は見直しとなったものの，2010年度の民主党政権による子ど

2）ただし，この事実をもって法律婚を推進すれば出生率は上昇すると解釈するのは性急であるし，湯沢（2014）もそのようには述べていない．出生率が下げ止まった欧米諸国の多くでは事実婚が制度化されており，そのことが出生率の向上につながったと考えられる．日本の低出生率が法律婚主義に起因している可能性も考える必要があるだろう．

も手当や高校無償化政策は，子育て家庭への経済的支援の拡充も期待させるものであった．前田（2014）は，これまでの子育て支援策・少子化対策の動向を，「(1) 待機児童対策から，働き方の改革も含めた幅広い施策へ，(2) 対象層も働く母親から，青少年の自立も含め人生前半期のすべての人を包括するものへ，(3) 就学前児童全員を視野に入れた保育制度改革へ，(4) 子育て支援に恒常的に投入される財源の確保」という流れで進行してきたとまとめている（前田 2014，p. 16）[3]．

2.2　新制度の特徴

新制度も少子化対策の流れで打ち出されたものであるが，その施行による主たる変化は次の 9 点だと指摘されている（前田 2014，pp. 35-36）．

①制度ごとにばらばらだった子ども関係の予算を統合したうえで，消費増税分の 7,000 億円を加算し，子ども関係の恒久財源とする．

②認定こども園・幼稚園・保育所の給付を一本化する．

③上記以外のさまざまな形態の保育（小規模保育，家庭的保育，居宅型保育，事業所内保育）にも給付をおこなう[4]．

④幼保連携型認定こども園に関しては，認可・指導監督を一本化し，学校および児童福祉施設として法的位置づけをする．

⑤保育所利用の要件を「保育に欠ける」から「保育を必要とする」に変更し，「保育の必要性」を認定したうえで保育利用給付を受けるようにする．また，子育て中の親子の実情に合わせて，必要性を認定する要件も改革する．

⑥地域の実情に合わせて柔軟に子育て支援事業を実施しやすくするため，地域子ども・子育て支援事業[5]関連予算を自治体に一括給付する．

3）ところで，戦後の保育所作り運動の時期には，「家庭ではできない養育の提供」という目的が掲げられていた（橋本 2006）．すなわち，家族が養育の第一義的責任を負うという前提からではなく，そもそも家族のみで子育ての負担を担うことに無理があるという前提から，保育所整備が求められていたのである．

4）これらの保育が地域型保育給付の対象となるためには，市町村の認可基準を満たし，支給確認を受けることが必要になる．なお，保育所は定員が 20 人以上であるのに対し，小規模保育は定員 6 人から 19 人まで，家庭的保育は 5 人までとなる．

⑦子育て支援事業の実施主体は基礎自治体とする.

⑧子ども・子育て支援の関係者や当事者が子育て支援の政策形成過程に参画できるように，国に子ども・子育て会議を設置する．自治体に関しては，地方版子ども・子育て会議の設置努力義務が課せられる.

⑨制度ごとに所管が異なっていた政府の体制を変え，子ども関係の施策を推進するために内閣府に子ども・子育て本部を設置する.

以上のような変化をもたらす新制度であるが，とくに画期的なのは次の2点であると思われる．第1に，子育てにかかる制度の縦割り状況を見直し，保育と教育とを一体化して支援対象としたことである．従来，教育は文部科学省の管轄であり，厚生労働省管轄の子育て支援施策とは異なる制度とされていた．しかしながら，子育て支援の意義が生まれによる子どもの格差を是正する点にも認められる以上（3.1参照），広井（2013）がいうように，「人生を通じた個人の生活保障や再分配のあり方，『平等』の意味を論じるには，教育を抜かすことは不合理」である（広井2013）．このことを明確にした点に，新制度の1つの意義がある.

第2に，地域子ども・子育て支援事業に要保護児童支援を含めた点である．これまで，子育て支援，とくに「子育ての社会化」が論じられるとき，政策的，学術的文脈のどちらにおいても，「子育て家庭への支援」が暗黙のうちに前提とされてきた．もちろん，この文脈での施策も，女性に対するライフスタイル選択権の保障や，ケア関係，ケア環境の安定化という点で重要な意義をもつ．しかしながら，「すべての子どもを社会全体で育てる」という大きな目標を掲げながら，家庭における子育てに支援の対象を限定することには，家庭でケアされることができない子どもを排除するように公的支援の対象を狭めることにもつながりうる（藤間2014）．要保護児童が一般家庭で育

5）地域子ども・子育て支援事業には，次の13事業が含まれる．（1）利用者支援事業，（2）延長保育事業，（3）実費徴収に係る補足給付を行う事業，（4）多様な主体の参入促進事業，（5）放課後児童クラブ，（6）子育て短期支援事業，（7）乳児家庭全戸訪問事業，（8）養育支援訪問事業・要保護児童等に対する支援に資する事業，（9）地域子育て支援拠点事業，（10）一時預かり事業，（11）病児・病後預かり事業，（12）ファミリー・サポート・センター事業，（13）妊婦健康診査.

つ子どもよりも多くの不利に直面することは，長らく指摘されている[6]．そうした格差を是正するためには，家族で育つか否かにかかわらず，すべての子どもに必要な支援がいきわたる必要がある．このことに目配せをした点も，新制度の重要なポイントといえるだろう．

このように新制度は新しい可能性を内包しているものの，2015年4月に施行されたばかりであることもあり，施行による影響や運用のされ方についての議論は十分蓄積されていない．そこで本章では，待機児童がいない3つの自治体での調査結果から，新制度の今後を考えるヒントを導出することを試みる．それに先立ち次節では，先行研究を概観することで，子育て支援が必要とされる論理をいまいちど確認したうえで（3. 1），すでに指摘されている新制度の課題をみる（3. 2）．

3　子育て支援の必要性と新制度の課題

3. 1　なぜ子育て支援は必要なのか？

今日，家族形成のあり方は個人のライフスタイル選択として位置づけられている（野々山 2007）．国立社会保障・人口問題研究所の調査によると，子どもをもつ理由として，「生活が楽しく豊かになる」が高度成長期以降一貫して最多となっており（国立社会保障・人口問題研究所 2005），子どもをもつことも個人の選好によるものとなってきていることが示されていよう．

それでは，子育てを社会的に支援することはどのように正当化されるのか．子育て支援とは「社会的に生ずるさまざまな子育て困難に対応する政策と実践の体系」といえるが（垣内 2008，p. 175），その必要性を主張する論理は，大きく分けて2つある．

第1に，多様なライフスタイルを女性に保障するべきとする論理である．フェミニズムや近代家族論[7]が明らかにしたのは，民主的な夫婦関係が達成

6）これはあくまでも社会構造上の問題に起因するものであり，本章は社会的養護現場関係者の実践を否定するものでは全くない．

7）近代家族論とは，P. Ariès（1960＝1980）に代表される西欧の社会史的知見を導入した落

されたとみられてきた戦後日本社会においても，「男は外，女は家」という性別役割分業規範のもと，女性がケアを含む家内労働の専任を強要され，市場労働を担う男性の従属的地位におかれ続けてきたことである．そうした女性へのケアワークの集約が問題化されたことで，育児不安，育児ノイローゼなど，育児をおこなう当事者についての実証研究の視点も変化することになった（沢山 2013）．すなわち，フォーマル，インフォーマルなネットワークや社会の構造変動をめぐる問題として，子育ての問題が論じられるようになったのである（牧野 1988，松田 2008）．性別分業の前提とされてきた母性や三歳児神話についても相対化が進んだ（大日向 2000，田間 2001）．さらに近年では，比較福祉レジーム論のアプローチを用いて，「女性の役割の革命」に応じた改革の必要性を論じる研究も登場している（Esping-Andersen 2009＝2011）．このように，子どもをもつか否かという選択をも含め，多様なライフスタイルを女性に保障することが主張されてきている．

第2に，生まれによる子どもの不平等を是正するという，育てられる子どもの権利に着目する論理である．家族の資本と子どもの教育達成との関連は，P. M. Blau and O. D. Duncan（1967）や P. Bourdieu and J. C. Passeron（1970＝1991）などの先駆的業績以来，社会学の領域では伝統的に論じられてきた．そこでは，生まれた家庭の文化資本，経済資本，社会関係資本によって，子どもがどの程度の教育達成をするかが強く規定されることが明らかにされている．この議論を踏まえ，格差の再生産を防ぐための施策が模索されてきた．近年の例を挙げれば，親の貧困が子どもの成長に影響する多様な経路を政策につなぐための方策を論じるもの（阿部 2014），保育を無償化することで大学進学保障を目指すもの（大岡 2014），教育費の公的負担を例として，公共心や支え合いの思想を社会の仕組みの問題として本質的に考えることを主張するものなどがある（中澤 2014）．いずれの研究も，子どもが幼いうちから継続的に公的支援をおこなうことが，貧困や格差の連鎖を防ぐことを示唆している．

合恵美子（[1985] 1989）に端を発したものである．当時「標準的」，「自明」とされていた家族のあり方が近代の構築物にすぎなかったことを明らかにし，その後の家族研究に大きなインパクトを与えた．

3.2　新制度をめぐる論点

以上のように，子育て支援は，(1) 女性に多様なライフスタイルを保障すること，(2) 子どもの不平等を是正することという，2つの論理から必要とされる．いずれにしても共通しているのは，社会経済的要因によって個人のライフスタイルの選択に不平等がもたらされることを問題化する点である．近年注目を集めている，依存的な個人とそれをケアする者の権利から公正な社会のあり方を考える，「依存批判」と呼ばれる議論も（Fineman 1995＝2003, 2004＝2009, Kittay 1999＝2010)，この流れに位置づけられるだろう．

新制度には，とくに問題の根幹である待機児童対策を一歩前進させるものとして期待が集まっているが，先行研究では，とくに以下の2点が運用上の論点とされてきた．

第1に，多様なニーズを包摂することへの配慮である．たとえば，山内（2014）は新制度において幼保連携が強調されたことが，逆説的に「教育」と「保育」との峻別につながり，「養護と教育の一体としての保育」の分裂を生んだと述べる．また，櫻井（2015）も，「障害」児と「一般」児を分化する方向で制度が展開していることを指摘し，狭義の「障害」児だけを対象とする施策を超え，「気になる子」も一般児もともに包摂し，かつ専門性も担保された保育の場の確保・拡大が必要だと主張する．これらにおいては，多様なニーズが新制度運用によってどのように包摂されるかに注目が集まっているといえる．

第2に，ケアの質の確保である．大津（2012）は，新制度が保育の質の向上を目指す一方で，地域型保育支援事業においては企業参入による「保育のビジネス化」が促進されると考えられること，簡易研修のみで家庭的保育にあたることができる仕組みになっていること，自治体の財政状況によって地域格差が生じる可能性があることを指摘する．そのうえで，認可基準，カリキュラム，保育者の資質などの検討に加え，現場の労働環境の改善が必要であると主張している．このように保育の専門性を担保する方策を論じた研究はほかにもあるが（藤林 2015)，いずれも社会化されたケアの質を担保するあり方を模索している．

3.3　本章の位置づけ

本章では，前に挙げた第1の論点，すなわち，多様なニーズ包摂するうえでの自治体の取り組みに焦点化して議論を進める．その理由は第1に，先述の通り調査時点では新制度は施行されたばかりであり，新制度によってケアの質が確保されるようになったのかという判断を下すのは性急であるためである．第2に，ケアの質という論点は，実際にケアが提供される現場の参与観察等をおこなわなければ十分に論じられない問題である．以上2点の理由により，ケアの質については今後経時的な調査をおこなったうえで論じることとし，本章では，子育て支援のニーズに自治体側がどのように対応しているのかに焦点化する．

以上の目的のもと，本章では，調査時点で待機児童が存在しなかった3つの自治体でのヒアリングデータを用いる．多くの社会的注目を集めている子育て支援は待機児童対策であり，また新制度も待機児童問題への対応に主眼を置いていることに鑑みると，この方法は一見ミスマッチに思えるかもしれない．しかしながら，多様なニーズを包摂することを目指すうえでは，子どもを預けられない親のニーズや，自身の手で子どもを育てることを積極的に選択した親のニーズと同様に，子どもを預けることができたうえでもなお親が抱えうるニーズに関しても目を向ける必要がある．少子化が直ちに解消されず，しばらくは子ども数の減少が続くと仮定するならば，現在問題となっている都心の待機児童も，論理的には自然解消されうる．何より，新制度によって待機児童問題が解決されると期待されている以上，待機児童が解消された後に顕在化しうるニーズに対応するうえでの論点や，そのなかで新制度がもつ可能性について先取しておくことも重要であろう．さらに，待機児童不在自治体において都心部と共通するニーズや問題が見いだされれば，それは個別事例を超えた社会全体の課題を照射することにもつながる．待機児童への問題意識や，それに対応する新制度の意義が一定の合意を得た今日において，やや拙速であったとしても，待機児童不在自治体に着目する意義は小さくない．

4　待機児童のいない3自治体でのヒアリング調査

4.1　対象の特性

本章では，A，B，Cという，3つの自治体でのヒアリング調査の結果にもとづいて議論をおこなう[8]．ここでは，データの文脈性を明確にするため，匿名性が担保される範囲で各自治体の概要を示す．なお，B，Cについては，自治体担当者に加え，社会福祉協議会へのヒアリングデータも用いる．

Aは人口約8,000人の町であり，第1次産業，とくに農業従事者が比較的多いことが特徴といえる．子どもの人数は多くなく，保育園，幼稚園，小中高等学校の数も少ない．児童福祉を担う部署は，正規職員4人，非常勤職員1人と，規模が小さいため，内部連携はとりやすい状況にあるという．町の規模も大きくないため，町民の顔が自治体から見えやすいという特徴もある．

Bは，人口約5万人の市である．近隣都道府県の都心部へのアクセスが非常にいいという地理的特徴がある．また，本市の就業率は，男女とも全国値よりも高い水準となっており，就労と子育てとの両立を促す支援が求められている．支援提供体制としては，自治体担当者の努力の結果，内外他部署・機関と非常にうまく連携がとれている状況にある．また，後述の通り，市の社会福祉協議会が学童保育施策に力を入れていることも1つの特徴である．

Cは，人口約80万人の県である．全国平均に比べ完全失業率が低く，また生活保護率もきわめて低い．三世代同居率，あるいは近居率が高いことが特徴である．比較的親族ネットワークが機能しやすい環境にあるとみてよいだろう．

以上の3つの自治体は，いずれも待機児童が存在していない．また，自治体のサイズがコンパクトな点や（A，B），三世代同居率，近居率が高い点などで（C），待機児童が問題化されている都市部とは，子育ての環境がかなり異なる．そのため，都市部からだけでは捕捉できないニーズの多様性を論じる本章にとって，適した対象であるといえる．

8）　A，BはC県下の自治体ではなく，それぞれ異なる都道府県に属している．

4.2　ヒアリング調査の概要

以上3つの自治体窓口で勤務する職員へ，半構造化形式のヒアリングをおこなった．Aには4名，Bには4名，Cには7名で訪問した．職員配置等の基礎的な情報に加え，「どのような相談が多くあがってくるか」，「とくに困難な事例としてどのようなものがあるか」，「内外他部署・機関との連携はどのように，どの程度おこなわれているか」といったことを各自治体に共通して質問した．ヒアリング時間は60分から90分であり，その際に記録されたメモが本章のデータとなっている．データの利用に関しては，学術的目的に限って事前に許可を得ている．

5　保育以外の子育て支援ニーズ

5.1　Aの事例――少子化による待機児童の解消と潜在的ニーズ

Aにおいては，新制度施行を受け，以下2点の変更があった．第1に，認定事務という制度が登場したことである．Aには待機児童は存在しておらず，保育の受け皿としても余裕がある状況にあるため，本来であれば，保育認定を受けることと入所は同義である．しかしながら，そのことが必ずしも保護者に認識されておらず，「保育所に入れたい」と窓口を訪れるケースが少なからず存在する．そうした場合に，認定制度について説明をする必要が出てきたという．第2に，児童以外の福祉業務が，ケアセンターに移行した．そのため，住民はやや不便に感じている部分があるかもしれないということである．他方，自治体とケアセンターとの間で打ち合わせを綿密におこなっており，本来はケアセンター管轄に入るケースであっても，できる場合は自治体側で対応する[9]．

Aにあがってくる町民の相談内容としては，保育所入所の相談，とくに子どもが1歳になる年度当初のタイミングで保育相談に訪れるケースが最も多

9）対応ができない場合はケアセンターへ連絡し，ケアセンター側の職員に自治体まできてもらうか，相談に来た町民にケアセンターへ出向いてもらうようにしている．

いという．これは，子どもが1歳までは育児休業を取得し，その後仕事に復帰したいという母親のニーズが強いことを示しているのではないかと職員は認識している．他方，3人目以降の子どもについては，生まれてからすぐに預けたいというニーズが近年よくある．これは，2014年度より開始された，高校生以上の子どもが3人以上いる家庭に対して，3人目以降の保育所・幼稚園費用を無償化するという，A独自の支援制度が関係していると考えられる．ちなみに，A職員や住民の意識としては，生まれた子どもをすぐ保育所や幼稚園に預けることを問題視する風潮は強くなく，あくまでも各家庭の教育方針であるというスタンスであるという．職員の実感としては，子どもが3人以上もてる家庭は経済的に豊かなケースが多い．

待機児童がいない理由について，A職員は「単に子どもが少ないから」という．Aでは1965年頃より共働き世帯が増加した時期があり，保育所もその時期に整備された．それ以前より，カトリック運営の幼稚園は存在していたが，近年それらの幼稚園は，定員70名に対し入所35名程度と，充足率は高くないようだ．この背景には，近年再び共働き世帯が増え，幼稚園よりも保育所に入所させたいというニーズが増えてきていることが関係している．とはいえ，町内にある2か所の認可保育所も，定員90名ずつに対し，実際の入所数は60名程度と，かなり空きがある状況にある．そのため，「待機児童問題は発生しようがない」状況にあると職員はいう[10]．

先述のように，最も多い相談が保育に関するものであり，かつ現状として待機児童が存在し得ないほど保育所に空きがあるのであれば，住民の子育てニーズは満たされていると理解されるかもしれない．しかしながら，それは性急な解釈である．Aには，子育てに関する潜在的ニーズが相当数ある状況であり，それを見極めてどのように対応するかが鍵となっている．たとえば，病時・病後保育について，ファミリーサポート制度を利用すれば供給量が満たされると計画上ではなっているが，住民からはファミリーサポート制度を

10）Aでは農業を経営している家族が多く，祖父母が子どもの世話を担えるケースが都心部より多いものの，保育所に空きが十分あるため，祖父母の有無を保育認定の要件には設定していない．つまり，母親からすると，祖父母がいてもいなくても，子どもを預けたければ預けられる状況にあるということである．

利用しにくいという声もあがっており，理念と実態との間にギャップが存在している．また，Aではひとり親が近年増えてきているが，農業経営の世帯に属している場合は児童扶養手当の取得要件から外れるため，実数としてあがってきていない可能性もある．

そうした潜在的なニーズに対応するうえで期待されているのが，「ことばの教室」事業である．もともとは言語面での発達に困難を抱えた子どもに対する支援事業であるが，近年ではニーズ把握のためのアウトリーチに活用されている．たとえば，幼稚園・保育園や健康管理センターでの検診[11]に出向いた際に，軽微な要保護ニーズを抱える子どもを発見したら，すぐ保護者にアクセスするということがおこなわれている．また，低年齢児のみならず，小・中学生に週に1回「ことばの教室」にきてもらって支援をおこなうという取り組みもなされている．なお，「ことばの教室」は公費運営である．類似した支援を障害者自立支援制度下で展開している自治体もあるが，それではグレーゾーンの子どもをうまく拾えないという問題意識があるためだ．ただし，基本的に支援を受け入れるか否かは保護者の判断に任されているため，保護者が支援を受け入れ（られ）ないときは有効に機能しないという課題も存在している．

Aにおける子ども・子育て支援の現状は次のようにまとめられる．(1)「待機児童問題は発生しようがない」といわれるほど，保育所や幼稚園のキャパシティには余裕があるものの，(2) 潜在的な子育て問題が発生しており，(3) それに対応するうえで，「ことばの教室」事業が重要な役割を果たしている．(4) ただしそうした支援も保護者の対応次第では子どもに届かないという限界がある．

5.2　Bの事例——生活困窮者支援との関連での施策展開

Bにおいては，2000年以来，単独世帯の増加や三世代世帯の減少など，世帯の少人数化が進んでいる．2013年に実施されたB独自の子育て支援ニーズ調査によると，子育てをしている親たちの6割がBを子育てしやすい

11）Aでの検診受診状況はほぼ100％であるといい，そこに出向くことは潜在的ニーズを把握するうえでかなり有効であると考えられる．

自治体だと回答している反面,「子育てしにくい」と答えた親たちからは,「遊び場が充実していない」,「体調の悪い子どもを預けられる施設がない」,「医療費助成制度が充実していない」などの声があった．また，妊娠から出産までの期間については,「経済的支援の充実」,「妊婦同士の交流機会があること」,「妊娠中に気軽に健康相談できる窓口があること」といった支援が多く望まれていた.

担当者によると，近年において住民が抱えているニーズは1つの課のみで所管できるようなものではなくなっており，支援に際しては高い専門性のもとでの連携が求められている．A同様，Bにおいても職員間の顔が見えるつながりがあり，各窓口業務について相互理解がされやすい状況にある．また，社会福祉協議会の担当者は，B側が積極的に働きかけたことで連携に応じやすかったと語っていた．先述のニーズ調査で把握された市民からのさまざまな要望に応えるためにも，積極的な連携体制の構築が模索されていると考えられる.

以上のような状況下でのBにおけるサービス提供の最大の特徴は，生活困窮者対策にかなりの力を入れており，連携体制も確立されている点である．子ども・子育て支援についても相談者の金銭面の問題に，かなり切り込んでいくことが，Bの特徴である．これは「お金がないとどうしようもない」という現実を見据えてのことである．実際，当初は一般的な児童福祉として相談を受けていても，調べるうちに生活困難家庭であることが発覚することもあると職員はいう.

第2に，ひとり親支援の充実に取り組まれている点も，Bの特徴である．Bにおける離婚件数は，2000年以降おおむね100件を下回る範囲で推移しており，大幅な増減はみられていない．ここから，数としてひとり親は多くないと予想されるものの，ひとり親への支援，とくに経済的なそれがかなり手厚く整備されている．この背景には，先に見た困窮者支援対策への高い問題意識が関係していると考えられる．ひとり親，とくにシングルマザーの多くは経済的な困窮に陥りやすく（余田 2012，厚生労働省 2015a)，Bが力を入れている生活困窮者自立支援の重要な対象となる層である．そのため，離婚件数は多くなくとも，さまざまなひとり親支援が提供されている.

第3の特徴として，社会福祉協議会が児童福祉に力を入れていること，とくに学童保育事業に重点的に取り組まれている点も挙げられる．もともとB内の学童保育は，保護者自身によって運営されていたが，2006年頃よりその体制での困難がみられるようになったため，指定管理の対象となった．B内には6つの小学校があり，学童保育運営に当たってはそれらとの連携が非常に重要視されている．たとえば，発達障害など，とくに注意を要する子どもについては，学校から密に連絡を受けている．

以上のように，Bにおいては，内外多機関との充実した連携体制のもと，生活困窮者自立支援の枠組みで，ひとり親支援，学童保育事業などに取り組まれていることが特徴として指摘できる．

5.3　Cの事例――高い三世代同居率・近居率下での支援提供

Cにおいては，市町によって若干のぶれはあるものの，全体としては1学年おおむね7,000人の子どもがいるうち，9割は幼稚園か保育所のいずれかに入っている．先述の通り，Cは三世代同居や近居の割合が全国的に見ても高く[12]，祖父母が子どもをみてくれる体制が生まれやすい．にもかかわらず多くの子どもが幼稚園や保育園に入所するのは，祖父母自身も現役の労働者である場合が多いためである．

住民からの相談は，委託で運営している子育て支援センターで受けつけている．地域によっては，子育て支援センターは1か所しかないものの，子育て委員会が各地域に置かれており，そこで相談に対応しているケースもある．担当者によると，相談内容としては，「初めての子どもでどうしていいか分からない」，「祖父母と子育ての意見が合わない」といったものが多いという．

県と市町との連携は，県が市町の窓口をバックアップする体制でおこなわれている．具体的なケースに関する問い合わせがあがってくることはあまりなく，制度の運用面，たとえば，加算の認定，保育料の策定などについての

12）近居（車で30分以内の範囲）率は実に9割に上るという．近居を始めるタイミングはまちまちであるが，親としては子どもを預けることを勘案しているのではないかと語られた．また，「家を建ててやるから帰ってこい」というように，祖父母世代の側から近居をもちかけるケースもあるという．

電話が多い．顔をあわせる会議のようなものは，各担当者が多忙なこともあり，年2回程度しか開催されていない．市町の担当者は非常に切羽詰まっている．その背景には，保育所など現場からの問い合わせにすぐ答えなければならなかったり，そもそも市町担当者1人あたりの仕事量が多いことがある．

三世代同居・近居が多いことに加え，ひとり親世帯が3%と少ないことも，Cの特徴である．ひとり親支援への経済的支援は，市町の福祉課でおこなっている．また，ひとり親家庭の子どもへの支援として，生活困窮者自立支援枠での教育支援と，ひとり親家庭学習支援との2つが用意されている．後者の取り組みは今年で3年目を迎え，利用者も徐々に増えてきている．不登校でも学習支援の場にはやってくる子どももおり，それが高校進学につながったケースもある．そうした場合，学校教員OBが，コーディネーターやボランティアとして現場での支援提供をおこなっていることも多い．

また，近年Cでは児童虐待に関する相談件数が増えているが，これは実数の増加というより，虐待に対する県民の高まりに由来していると担当者は考えていた．三世代同居や近居によって，多少は虐待が抑えられているものの，いわゆる「地域の力」と呼ばれるような，近隣住民同士の互助ネットワークは近年衰退している．こうした状況において，Cの市町では月1回要保護児童対策協議会が開かれており，それは学識者，福祉，医療，司法，教育，教育行政（教育委員会）などの関係者から構成されている．県レベルで同様のものは，年2回のみの開催であるが，実務者レベルでの会合は月に1度おこなわれている．県からみて，市町と県内に2か所ある児童相談所は密接な連携がとれており，通告等もスムーズにおこなわれているという[13]．

以上のように，Cにおいては，高い三世代同居率，近居率がもたらす親族ネットワークの機能も利用しつつ，県（児童相談所含む）が市町をバックアップする形で連携をとりながら，サービス提供をおこなっている．具体的には，市町担当者1人あたりの仕事量が多いなか，県が市町窓口からの問い合わせに答える形でサポートするという連携体制をとっている．また，児童虐待相談件数が増えるなかで，児童相談所と関係機関との連携も重要な位置づ

13）県と児童相談所の間とでの人材交流もある．これは，現場職員の専門的な知識が，県として必要になるケースがあるためだという．

けを与えられている.

6　結論

6.1　分析結果からの示唆

本章では，新制度の概要を整理し（第2節），子育て支援に関する先行研究のレビューから，子育て支援が必要とされる論理と，新制度が内包しうる課題を確認した（第3節）．次に，本章の対象と方法を説明したうえで（第4節），待機児童がいない3つの自治体でおこなったヒアリング調査の結果を提示した（第5節）.

第5節での分析からは，保育以外のニーズに関して，以下の3点が示唆されたといえる．第1に，とりわけ経済的支援について論じることの重要性である．Bでのヒアリングで，「お金がないとどうしようもない」という当然の事実が改めて確認されたことは見逃すべきではない．経済的困窮が親のストレスを始めとするさまざまな問題に帰結しうる以上，経済的ニーズに対するサービス提供の重要性についても，改めて考える必要があるだろう．貧困が子どもの将来にさまざまな影響を及ぼすことに鑑みれば（阿部2014，中澤2014，大岡2014），彼らの世代内平等の観点からも，経済的給付の必要性はより論じられるべきである.

第2に，3つの自治体で共通して要保護ニーズに触れられていたことも重要である．もちろん，「社会問題の社会学」の視角に立てば（Spector and Kitsuse 1977＝1990），要保護ニーズの増加は，子育て，家族，子どもなどへの社会の見方の変化と捉えられ，実数の増加を示すものでは必ずしもない（上野加代子1996，内田2009）．とはいえ，それが社会的構築によるものであれ実数の増加によるものであれ，通告件数が増加すれば，窓口は対応せざるを得ない．新制度の画期的な点として要保護児童支援を織り込んだことを先に挙げたが，要保護児童への市町村窓口での対応の必要性が近年高まってきたことが，新制度にも反映されたと理解できるのかもしれない．とくに近年では，要保護児童が抱える困難の多様化も指摘されているが（和泉2013），それに対応するための施策の整備が求められているといえるだろう.

第3に，単一の窓口のみでは対応しきれないほど，今日の子育て支援ニーズが複雑になっていることである．先述の通り，本章は自治体窓口連携に関する研究プロジェクトの成果の一部であるが，そもそも自治体窓口間の連携が必要となること自体，子育て支援のニーズが，1つの窓口のみでは対応できないほど多様化していることの証左である．実際，3つの自治体関係者から語られる現状はさまざまであった．もし今後もニーズの多様化，複雑化が進むのであれば，窓口間，多機関間の連携はますます重要となるだろう．そうした連携の基盤を整備することが必要である.

とはいえ，第3の点について，現状の新制度では全く効果を発揮しえないということでもない．他の制度と併用することで，新制度は豊富な可能性に開かれている．たとえば，Bにおいては，同じく2015年4月から施行された生活困窮者自立支援制度の運用とあわせることで，新制度が非常に有効に機能する事例が示されている．具体的には，学童保育利用料の滞納をきっかけに保護者にアクセスしたところ，生活上の困難を抱えていることが発覚し，生活困窮者自立支援につながったというケースである．子育てをめぐる問題の多くが貧困と関連していることに鑑みれば，この事例は，他の制度と併用することで，新制度下での支援がより十全に機能する可能性を示しているといえよう．1つの制度，1つの窓口のみで対応できることには限界がある．また，個人が抱えるニーズは，必ずしも単一の制度のみに収まるとは限らない．制度併用，窓口間連携は，そのように1つの制度ではカバーしきれない問題を解決する可能性を秘めている．都心部で問題となる待機児童対策を中心に運用しつつ，そうした連携のあり方を模索していくことで，新制度はますます効果を発揮しうると期待される.

6.2　今後の課題

最後に，分析からの示唆を踏まえつつ，今後検討すべき論点を3つ指摘したい．第1に，「子育て支援」という言葉のもとで提供される支援の射程を改めて検討する必要がある．本章の分析からは，子どもを預けることのみが保護者のニーズではないという，一見当たり前のことが改めて確認された.

求められる子育ての水準が上がっている今日（広田 1999），子どもを保育所や幼稚園に預け，また同居・近居の祖父母という資源を活用できても，なお保護者はさまざまなニーズを抱えている．本章で取り上げた事例からは，ひとり親や要保護児童への支援拡充，とくに内外関係機関と連携しつつのアウトリーチの有効性が示された[14]．そうした事例のデータを蓄積し，多様化する子育ての問題に対するアプローチについて，体系的に整理していくことが重要であろう．

第2に，親族ネットワークを，子ども・子育て支援のアクターとして勘案することの妥当性を問うべきである．確かに，AやCにおいては祖父母が重要なアクターとして位置づけられていた．しかしながら，そもそも同居，近居率が低い自治体ではこの戦略はとれない．そればかりか，現状としては親族ネットワークの機能に依存できている自治体においても，今後高齢化が進行すれば，支援提供者である親族が，一方で自身の介護の一次的ニーズを抱えながら，他方で孫にかかる一次的・二次的ニーズを引き受けなければならなくなるリスクがある[15]．日本の社会保障制度は，市場，家族，国家という3つのセクターの限界を戦後経験してきた．その事実を踏まえるならば，NPOなどのいわゆる協セクターも含め，4つのセクターそれぞれの能力と限界を勘案し，それらを相互補完的に組み合わせた多元的福祉社会のデザインが求められる（上野千鶴子 2011）．理論的，実証的にそうした社会を構想していくことも，今後の重要な課題である．

第3に，複数セクター間の連携を支える国レベルの基盤を構想する必要がある．たとえばBにおいては，市担当者の積極的な取り組みによって，非常に分厚い連携が達成されていた．しかしながら，自治体が人事ローテーションを前提としている以上，担当者個人の力量に依存することにも限界があろう．さらに，今後ライフスタイルの多様化がさらに進展すれば，それに付随して子育て支援のニーズも多様化，複雑化していくと予想される．自治体が各々の管轄内でのニーズにスムーズに対応するうえで，窓口間の連携体制

14）　アウトリーチについてより詳細に議論するには，民生委員や児童委員，保健師などに聞き取り調査をおこなうことが求められる．今後の研究課題としたい．

15）　一次的ニーズ，二次的ニーズという概念は M. A. Fineman（2004＝2009）による．

は今後ますます重要性を増す．そうした連携のあり方を考えるうえで，国レベルでのケース集約やプロファイリングといったバックアップ体制を構想することも求められるだろう．

付記：本章は，社会政策学会第131回（2015年秋季）大会のテーマ別分科会第二「社会保障サービスの窓口業務と多機関連携」（2015（平成27）年11月1日，於西南学院大学）における報告原稿，「子育て家庭のニーズの多様性と子ども・子育て支援新制度に基づく支援の実態」に修正を加えたものである．コメントを頂いたフロアの皆様と分科会関係者に，記して御礼申し上げる．

参考文献

阿部彩（2014）『子どもの貧困II――解決策を考える』岩波書店.

Ariès, P.（1960）*L'Enfant et la vie familial sous l'Ancien Regime*, Paris: Plon.（＝1980，杉山光信・杉山恵美子訳『〈子供〉の誕生――アンシャン・レジーム期の子供と家族生活』みすず書房）

Blau, P. M., and O. D. Duncan（1967）*The American Occupational Structure*, New York: Free Press.

Bourdieu, P., and J. C. Passeron（1970）*La reproduction: element pour une theorie du system d'enseignement*, Paris: Les Éditions de Minuit.（＝1991，宮島喬訳『再生産』藤原書店）

Esping-Andersen, G.（2009）*The Incomplete Revolution: Adapting to Women's New Roles*, New York: Polity Press.（＝2011，大沢真理監訳『平等と効率の福祉革命――新しい女性の役割』岩波書店）

Fineman, M. A.（1995）*The Neutered Mother, the Sexual Family: And Other Twentieth Century Tragedies*, Routledge.（＝2003，上野千鶴子監訳，穐田信子・速水葉子訳『家族，積み過ぎた方舟――ポスト平等主義のフェミニズム法理論』，学陽書房）

Fineman, M. A.（2004）*The Autonomy Myth: A Theory of Dependency*, New York: The New Press（＝2009，穐田信子・速水葉子訳『ケアの絆――自律神話を超えて』）

藤林清仁（2015）「子育て支援員の研修から考える保育の専門性――新制度から考える」『子ども学研究論集』7：53-63.

広井良典（2013）『人口減少社会という希望――コミュニティ経済の生成と地球倫理』

朝日新聞出版.
広田照幸（1999）『日本人のしつけは衰退したか――「教育する家族」のゆくえ』講談社.
和泉広恵（2013）「児童養護はどのように変化したか？」福祉社会学会編『福祉社会学ハンドブック――現代を読み解く98の論点』中央法規，pp. 132-133.
垣内国光（2008）「保育の社会化と子育て支援の課題」亀谷和史編『現代保育と子育て支援――保育学入門（第2版）』八千代出版，pp. 169-200.
Kittay，E. F.（1999）*Love's Labor: Essays on Women, Equality, and Dependency*, London： Routledge.（＝2010，岡野八代・牟田和恵監訳『愛の労働あるいは依存とケアの正義論』白澤社）
国立社会保障・人口問題研究所（2005）「第13回出生動向基本調査（夫婦調査）」.
国立社会保障・人口問題研究所（2012a）「わが国夫婦の結婚過程と出生力 平成22年（調査研究報告資料　第29号）」.
国立社会保障・人口問題研究所（2012b）「わが国独身層の結婚観と家族観 平成22年（調査研究報告資料　第29号）」.
厚生労働省（2015a）「平成26年国民生活基礎調査の概要」（2015年8月24日取得）. http://www.mhlw.go.jp/toukei/saikin/hw/k-tyosa/k-tyosa14/dl/03.pdf
厚生労働省（2015b）「新制度について（平成27年7月）」（2015年8月19日取得）. http://www8.cao.go.jp/shoushi/shinseido/outline/index.html#gaiyo
前田正子（2014）『みんなでつくる子ども・子育て支援新制度――子育てしやすい社会をめざして』ミネルヴァ書房.
牧野カツ子（1988）「〈育児不安〉の概念とその影響要因についての再検討」『家庭教育研究所紀要』10：23-31.
松田茂樹（2008）『何が育児を支えるのか――中庸なネットワークの強さ』勁草書房.
中澤渉（2014）『なぜ日本の公教育費は少ないのか――教育の公的役割を問いなおす』勁草書房.
落合恵美子（[1985] 1989）「近代家族の誕生と終焉」『近代家族とフェミニズム』勁草書房，pp. 2-24.
大日向雅美（2000）『母性神話の罠』日本評論社.
大岡頼光（2014）『教育を家族だけに任せない――大学進学保障を保育の無償化から』勁草書房.
大津泰子（2012）「新制度における今後の課題――子どもの最善の利益の視点から」『近畿大学九州短期大学紀要』43：23-37.
櫻井慶一（2015）「保育所で『気になる子』の現状と『新制度』の課題――近年にお

ける障害児政策の動向と関連して」『生活科学研究』37：53-65.
Spector, M. B., and J. I. Kitsuse (1977) ***Constructing Social Problems***, San Francisco: Cummings (＝1990, 村上直之・中河伸俊・鮎川潤・森俊太訳『社会問題の構築――ラベリング理論をこえて』マルジュ社)
田間泰子 (2001)『母性愛という制度――子殺しと中絶のポリティクス』勁草書房.
内田良 (2009)『「児童虐待」へのまなざし――社会現象はどう語られるか』世界思想社.
上野千鶴子 (2011)『ケアの社会学――当事者主権の福祉社会へ』太田出版.
上野加代子 (1996)『児童虐待の社会学』世界思想社.
山内紀幸 (2014)「『新制度』がもたらす『保育』概念の瓦解」『教育学研究』81 (4)：408-422.
余田翔平 (2012)「子ども期の家族構造と教育達成格差――二人親世帯／母子世帯／父子世帯の比較」『家族社会学研究』24 (1)：60-71.
湯沢雍彦 (2014)『データで読む平成期の家族問題――四半世紀で昭和とどう変わったか』朝日新聞出版.

終章　地域の生活支援提供体制

泉田信行
西村幸満

1　制度の変更と業務の変化

2000年に地方分権一括法と社会福祉法が施行され，2005年に介護保険法が改正されるなど，地域の福祉関連事業（地域包括ケア，生活困窮者自立支援，子ども・子育て支援など）の主体を自治体が担うことになった．戦後一貫して都市の形成と拡大を伴ってきた日本社会では，地方自治よりは集権的な行政システムを構築して対応してきたのであるが，近年，集権的なシステムの弊害が指摘され，またその機能が十分に発揮されているとはいえなくなってきた（神野 2002，森田 2003）．

本書のもとになった，「社会保障サービスの受益・業務負担軽減に向けた地域組織の空間的配置・人的連携の基礎的研究」プロジェクト（以下，窓口プロ）が調査対象とした，地方自治体が実施する生活支援・福祉サービス事業の事務・窓口運営（以下，生活支援・福祉サービス）は，大きな変貌を遂げつつあることを確認した．そして近年の国から地方自治体への権限の移譲は，不可避的に，自治体組織と職員（とその業務委託を受託する法人・団体・組織で働く従業者）の業務に影響を与える．これは民間事業者が競争的に関与する市場からの業務への影響というよりも，制度の変更に伴う必然的な「業務の変化」と位置づけることができ，公共サービスに従事する労働者特有の性質の1つである．

これらの変化は，近年民間委託の推進により進行する，証明書発行などの窓口業務における地方行政サービス改革（総務省）と並行して自治体内で進行している．生活支援・福祉サービスは，日本社会で進行する高齢化と生活の不安定化によりニーズが高まり，その重要性を増すとともに，多様な課題に対応する必要性も高まっている．なかでも，2015年の生活困窮者自立支援法の施行により，自治体には地域の実情に合った提供体制を構築することを求められるようになった．「寄り添い型」支援の拡充は，厚生労働省の事業としては，「ワンストップ・サービス・デイ」（2009（平成21）～2010（平成22）年度），「パーソナル・サポート・サービス」（2010（平成22）～2012（平成24）年度）というモデル事業を踏まえて，「生活困窮者自立支援事業」（2015（平成27）年度～）と「子ども・子育て支援新制度」（2015（平成27）年度～）へと結実し，「『雇用保険未満，生活保護超』の稼働年齢層」（岩田 2016，p. 66）を対象に，効果的な支援とサービス提供者の負担抑制との両立が目指されている．

他方で，困難事例について解説する業務の事例集が国から提示されるなど，生活支援・福祉サービスは地域福祉と自治体行政に関する研究などのさまざまな学問分野にまたがる課題のなかで，地域のさまざまなニーズに対して行政の役割・責任，そうした支援をおこなう自治体職員の状況と業務の実態，支援の需要と供給双方の視点で事実確認をする必要がある．そこで，われわれは自治体のサービス提供体制のあり方を，支援を求める住民と接する窓口の態勢に焦点をおき，地方自治体・関係団体（組織）の連携のあり方と業務負担について，自治体の規模・地域事情などの特質を考慮した調査研究を実施し，本書では12の章によりさまざまな観点から分析をおこなってきた．詳細な内容は，改めて各章の確認をしていただきたい．ここでは地域の「生活支援・福祉サービス」について，各章の内容を総論と各自治体のケーススタディという2つの点から改めて事実確認をおこない（第2節，第3節），「生活支援・福祉サービス」の課題を整理する（第4節）．そして本書では触れていないが，すでに地域で新たな展開を示している「医療」と「介護」が浮かび上がらせた課題に触れながら，地域の支援提供体制について検討をおこなう（第5節）．

2　福祉・福祉就労・家計再生

調査を始めた当初から，各自治体の人口規模が生活支援・福祉サービスに影響を与えるということが切実な実感を伴って語られてきた．人口規模とも密接に関わる行政単位（都道府県（町村含む）・政令市・中核市・一般市）を考慮して提供している支援を確認したところ，自治体の提供する生活支援・福祉サービスは，規模が大きな自治体ほど任意事業の実施を含めた支援のメニューは多い傾向にあり，とくに人口規模の大きな都道府県と政令市・中核市にはニーズとそれに見合った資源が集中し，多様なニーズに対応していることがわかった．多くの一般市・町村では，人手不足など実施体制が不十分であり，住民の顕在的なニーズがなく（という自治体の認識），地域資源が乏しいことなどの理由から，当初は自治体として任意事業を回避する傾向にあった．任意事業の実施率は，2015年度では就労準備支援（28%），一時生活支援（19%），家計相談支援（23%），子どもの学習支援（33%）であった．民間委託の傾向は顕著であり，同じ年度の必須事業の自立相談支援は60%（直営＋委託11% 含む），任意事業の就労準備支援は88%（同3%），家計相談支援は87%（同1%），一時生活支援は53%（同8%），子どもの学習支援は73%（同11%）であった．この傾向は，2016年度でも同様であるが，委託の傾向は少し高まっている．

自治体の多様なあり方について，人口規模との関係で整理し，調査協力を得られた自治体の類型化を実施した．厚生労働省が公表する生活困窮者自立支援制度の各事業におけるデータの再分析，制度施行の前後の変化を考慮して，各自治体が提供する支援体制をみると，これまで継続してきた高齢者福祉を中心とした支援に加えて必須事業を実施する福祉タイプ，就労福祉タイプ，家計再生タイプの3つが顕在化している．就労福祉と家計相談包括のタイプは，これまで自治体が直接支援してこなかった相談内容を含んでいる．就労福祉タイプは，必須事業に加えて就労と職業紹介に結びつかない層を支援するもので，これまでは就労という社会経済的な自立の手前で支援の網からこぼれ落ちていた層を対象としている．家計再生タイプは，就労福祉タイプに家計相談を加えたもので，地域住民の生活基盤（の気づき）から支援していこうというものである.

また，新たな制度の導入に際して，自治体の方向性を決定する管理職以上の職員を取り上げ，その選択に際しての情報収集の程度と支援体制の構築の2つの軸を設定し，類型化を試みている．先進事例に分類される自治体に比べ，地域のニーズについて情報収集したものの支援体制の構築に後れをもつ自治体は多い．これらの自治体は構築の後れを取り戻そうとしており今後に期待がもてるのに対して，十分な情報収集をせずに支援体制を構築した自治体は，むしろ先進事例を模倣するだけで住民ニーズに応えていない場合もある．これらの自治体はわれわれには潜在的なリスクを抱えているようにみえる.

さらに，上述した自治体が提供する支援体制のタイプ（福祉タイプ，福祉就労タイプ，家計再生タイプ）に準拠して，任意事業に基づく就労準備支援と家計相談支援の2つについて制度の導入までの過程に遡って整理をおこない，従来多くの自治体が分類されていた福祉タイプに加えて，自治体が担う新しくかつ負担の大きな業務がもたらす影響について確認をした.

福祉就労タイプでは，主に生活保護の稼働可能層を対象とする福祉事務所と協働する支援と困窮者に対する任意の就労準備支援事業（就労前訓練・中間的就労）により，生活保護と就労の狭間を埋め，また福祉的な支援によって一般就労に満たない部分的な仕事へのマッチングも可能になった.

家計再生タイプでは，国から提示されたイメージの業務と先進事例の業務とを比較し，先進事例では，債務・滞納の解消と家計管理を中心に，稼働層でありながら自立できない層を支援するため，自治体には組織改革（機構・職員の意識）を要求していることがわかった．部課の配置・職員の意識とスキル・内部組織間の連携・外部組織間との連携など働き方の変革を求めており，先進性をもつ自治体でも試行錯誤を続けており，またキーパーソンの存在も大きいことがあり，先進事例が運営する支援を他の自治体が容易に導入できるとは考えにくい.

3　広域性・政令市・NPO・キーパーソン

1つの県の総合支援の事例によれば，県の役割は，町村では十分に対応できない支援を実施する一方で，広域的な相談支援の役割が重要となっており，1）地域の総合コーディネート事業，2）相談事業，3）権利擁護事業を有機的に結合したものが求められていた．他方で，県の支援ニーズは各町村や一般市では取り扱いが難しい障害者対応に集中する一方で，想定とは異なるが，4）広域性を基にする相談の容易さという特質が見いだされた．

政令市と区の関係は，都道府県と町村との関係に類似している．しかし，政令市は広域的な相談支援を担うというよりは，多少のアクセスの不便さがありながらも，ニーズと資源の集中する区に拠点をおいて相談支援を実施している．この事例では，主に就労準備事業を担うNPOが政令市に支援策の具体的な提案を実施し，政令市の相談支援を牽引することが特徴である．

一般市の事例では，自治体が事業主体となる過程で，自治体組織の機構改革と行政計画を策定・実施して制度の変更に対応した．まず政策推進担当を各部に配置し組織内の問題を整理し，介護・福祉・子ども関係の課から相談関係の集約化を実施して新設の課を設置した．併せて行政計画の策定により，組織の機構改革に明確な方向づけをおこなった．

どの事例においても，確認された優れた特質は，同時に，他の自治体でも導入可能か否かについては，一様に疑義が提示されている．県の広域的な相談支援は，他の都道府県でも実施されているものではなく，この県の住民同士の合意形成のもとで構築された仕組みであり，これとは異なり政令市の相談支援は，提案型のNPOによる強いリーダーシップに自治体が牽引された仕組みである．このNPO自体が複数の福祉支援サービスの集合体によるという経緯も他市が容易に導入できない根拠となっている．また一般市の事例では，支援体制の構築に強力なリーダーシップをもつキーパーソンの存在が大きいことを指摘している．キーパーソンの登場は，研究成果Iでも指摘したように，個人的資質の影響が大きいと考えられ，その登場には偶発性が伴っていることを否定できなかった．

4 生活支援・福祉サービスにおける業務負担の構造

本プロジェクトでは自治体が提供する相談支援体制の構築に向け，人口規模（行政区分），直営・委託の選択，管理職（キーパーソン）の役割，自治体が新たに担うことになった自立支援における任意事業の就労準備支援，家計相談支援（学習支援を含む）の位置づけ，広域相談・拠点化などにおけるワンストップ（組織内連携）と組織間連携という課題に対して検討を重ねてきた．最後に，2014（平成26）～2016（平成28）年度の実施の成果を踏まえて整理した図をもとにわれわれが微力ながら得た業務負担の構造について解説を加えておこう．

図1は制度の導入により職員の負担がどう展開しているかを示している．直営で事業を実施すれば負担は大きくなり，委託を選択すれば負担は増えにくい．任意事業を実施しないことで負担増を抑制することもできる．直営で事業を実施する場合には，その業務を担う専門職などを採用する必要がある．その場合，非正規にすれば負担は増えない．

自治体が企画する地域福祉計画は，地域の支援ニーズに対して実情を把握する必要があり，その計画の企画・執筆・議会対策のために業務負担は増すと考えられる．また多くの自治体がモデル事業への参加が現在の事業運営にプラスの効果を強調する．モデル事業は期限付きではあるが業務負担増と引き換えに自治体は新たなノウハウを蓄積できる．必ずしも負担減につながるとは限らないが，モデル事業は費用を自治体がもち出して試行するわけではないのでメリットもある．

委託を選択すると短期的には負担はない．もともと実施してきた福祉的な支援サービスの一部である，必須事業の自立相談支援事業と生活確保給付金の支給は，業務負担増と認識されにくい．非正規職員へ業務を委託することによって業務負担の回避を短期的に実施することはできる．

しかし，住民の多様なニーズに対して，就労準備支援事業，家計相談支援事業，そして学習支援事業，一時生活支援という任意事業があり，制度が複雑になるに従い，自治体は公共サービスとして委託先の管理運営が求められている．地域に委託できる社会福祉法人，NPOなどが十分な能力をもって

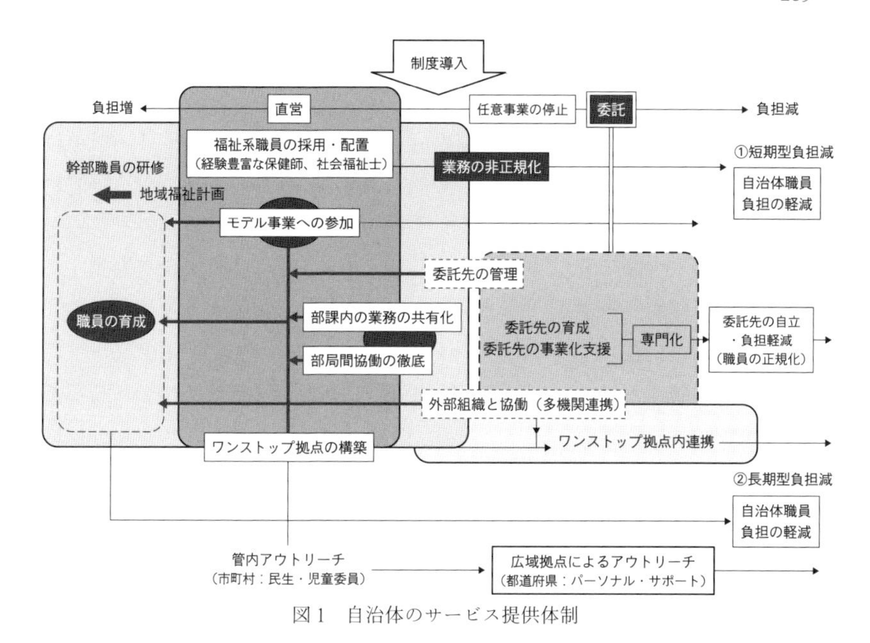

図1　自治体のサービス提供体制

いない場合もある.

直営による長期的な負担軽減に向けて，自治体は，部課の横断性を高め，あるいは部局間の協働を実施して支援する．これらは職員の育成とも関わり，すぐに効果をもたらすことはできない．また政府が推進するワンストップに全国的に統一した理解があるわけではないことも判明した．ワンストップは，支援のニーズが多様であるほど，組織内の連携と組織間の連携が重要になる．委託先が支援体制に対して十分に機能していない場合には，時間をかけて育成する必要もあり，地域の支援体制の担い手は，自治体職員だけでは十分ではなく，また社会福祉協議会，NPO などの民間組織だけが優れているという状況も好ましくはない．現状では第 3 節でみたように，生活支援・福祉サービスでは民間委託の比重が顕著であり，比較的自治体のパフォーマンス不足が示されているのである．事業に関わる主体と委託先の双方に支援体制の構築に向けた質の向上が要件となっていると考えられる．

5　複雑化する生活問題に対応するために

これまでの12の章で示してきたわれわれの研究成果においては，地域住民の「生活支援・福祉サービス」の中核的な役割をはたしている，「医療」ないしは「介護」が関わる人材配置・育成，連携についての言及は少ない．これは，医療と介護におけるこれらの問題，さらには「『雇用保険未満，生活保護超』の稼働年齢層」（岩田 2016，p. 66）の支援と医療・介護部門との連携をわれわれが軽視しているからではない．

医療提供体制においては，病診・病病連携の必要性や意義について長らく検討がおこなわれてきた．また，近年，医療と介護の連携，その役割分担についての研究も急速に増加してきている．周知のとおり，これらは医療連携から「地域包括ケア体制」の構築が政策として推進されてきたことの反映である．

地域の生活支援・福祉サービスの提供体制が医療介護分野における連携のあり方とその研究成果から学べる点は多くある．たとえば筒井（2014）では，高齢者ケアの社会資源について提供主体の職種が異なると，その所属機関の属性が異なることによって十分な連携がとられにくいことを指摘する（p. 139）．そのうえで連携には次の4つの断層――①保健・医療・介護・福祉の各領域間，②自治体職員と医療機関の間，③民間企業とNPO，公的機関の間，④家庭環境と施設環境の間――があり，このことによってケアの分断が増幅されると整理している．筒井（2014）の主張は，連携の困難さとその断層の生成がある点も踏まえたうえで，地域において“integrated care”のシステムを構築すべきと述べている（筒井 2014，pp. 131-133）．このうちの①と③の主体間の断層は，本書でも検討されてきた点である．本書にとって示唆的なのは，筒井（2014）が，同書の別の個所で分断されたケアシステムを統合する（それによって最善の対処法が提供される）ためにはその地域の住民間の規範的統合（価値観の共有）が何よりも重要であると指摘しているところにある（p. 110）．

医療・介護の連携に関する研究では，長谷川（2016）のケアサイクル論に典型的に見られるように，医学的ニーズとそれに連なる介護ニーズの充足のためのケア資源の配分が主要な研究テーマであり，その探求が続いている．本書の各章で確認してきたように，人は医学的なケアの側面以外にも生活にかかる支援ニーズを必要とする場合がある．ここが本書と「医療」「介護」との接点である．人々が生活していくということは，すなわち，「生活問題の複雑性」にそれぞれが日々向き合って（解決して）いくことである．当事者だけでは向き合えない，解決できない場合に生活支援・福祉サービスのニーズが生まれることになるが，猪飼（2016）はその支援の方法には医学モデル，社会保障モデル，生活モデルの3類型があり，日本を含む先進諸国において前2者から後者へ重心が移動しつつあることを指摘している（pp. 46-47）．猪飼（2016）は，医学モデルとは，「病からの救出」（p. 47），社会保障モデルとは，「社会保険制度や公的扶助制度をパッケージにして」「社会的にある程度広く是認される目標」（pp. 46-47）に対して，主に集団で効率的に目標達成しようとする．生活モデルは，寄り添い支援の生活改善の目標が明白でなくとも，「生活および生活問題の様相に可能なかぎり分け入って支援をしよう」（p. 46）と定義づけしている．ただし，生活困窮者自立支援法に結実した支援の目標は，「生活モデル」の先にある「自立モデル」である．この「自立モデル」は猪飼（2016）のいう「生活モデル」と「社会保障モデル」から派生したものと理解することが可能だろう．

本書で自治体をフィールドにして事実確認に基づいて検討してきたのは，個々人の「生活問題の複雑性」に対して，社会保障モデルと生活モデルの適用についての重心をどこにおくか，を確認するためであった．この点は，自治体が直面した現実的課題（予算・人的資源の制約の下での人員配置・窓口連携）に対してどのような解決策を選択したのか，といい換えてもよいであろう．すなわち，社会保障制度が給付する内容と，制度では給付できないが必要と考えられる支援との調整，あるいは，いくつかの社会保障制度で給付される内容の調整が現場である自治体で，多機関・他職種連携というツールを通じてどのようにおこなわれているのかを明らかにしてきたのである．猪飼（2016）の議論を引き継ぐのであれば，生活問題への対応において医学モデルと生活モデルの適応の重心をどのようにとるかも議論されるべきであるが，すでに述べたように，本書では検討されていない．その1つの理由は本書で実施したヒアリング調査においてわれわれが何度か直面した，自治体関係者から医療（者）に対する「とっつきづらさ」という指摘がある．このとっつきづらさの根源は，端的にいえば，医療（者）のもつ個々の生命に対する医学的な関わり方の規範が，個々の住民への生活支援についての規範とすれ違っていること，ないしは両者の潜在的な対立があるように思われる．高山（2016）が事例をもって論じている内容は，これらの課題が，地域的にその方法が異なるとしても，解決可能であることへの期待を示すものである．その一方で，その解決は残念ながら先駆的なものにすぎず，これから全国各地で試行錯誤しながら取り組まれていくべきものでもある．その進捗がまさに医学モデルと生活モデルの適応の重心を決めるプロセスであり，この点を明らかにしていくことは自ずと将来の課題となる．他方で，本書の分析結果は，自治体の選択が「自立モデル」の実施を回避し，依然として「生活モデル」に重心がおかれていること，同時に「自立モデル」のニーズがある程度顕在化しており，今後自治体はこの支援の方向性を無視できない状況にあることも明らかになった．

本書の成果は，新たな支援制度の導入前後における自治体のトライアルに対してケーススタディを実施し，その結果を記述したものである．とはいえ，本書は制度の導入からわずかな期間で刊行しているため（生活困窮者自立支援制度の改正前に刊行するという意図をもっているため），制度の改正，今後の自治体の選択，現場の創意工夫によって，把握できる実態が異なることも予想される．またわれわれが提示したモデルや類型，さらには事実確認においても異論・反論が提示されるであろう．しかし，このことをもっとも期待しているのは，本書の執筆者全員である．なぜわれわれはそのように考えるのであろうか．その理由は，われわれが実査のたびにいただいた，自治体の職員，あるいは支援の担い手の方々の期待に対して本書が十分に応えていないのではないか，という不安があるからである．この不安はどれほど時間を費やしても消えることはないかもしれない．今後もその期待へと近づく努力をしつつも，本書の刊行を契機に，地域の資源でもある研究者・実践者が地域の支援体制の実態解明・よりよい仕組みの模索により，自治体の優れた実践が提示されることが重要である．そのことが生活に不安を感じている方々に寄与すると信じている.

最後に，本書の刊行を踏まえて今後の課題を，すでに実行しているものも含めて示しておく．第1に，2017年度には，全国にあるすべての相談支援窓口を通して，要支援者の窓口利用に関する意見を収集している．また，政令市など規模の大きな自治体3か所（2018年度は規模を拡大する予定）において，年齢・就業状態などで分けたグループを対象に，支援ニーズを収集している．これらは，ユーザーサイドから相談支援の実態と多様なニーズを把握することを目的としている．第2に，本書ではよりよい支援事業の実施のために，連携の効果について繰り返し強調している．しかし，効果的な支援方法が，連携の実現に向けて担い手にどれほど過度な負担を負わせることになるのか，かりに連携を達成したとしても，その維持運営にかかる手間がどれほどになるのか．現行制度は連携の作り方から維持の仕方まで地域に任せている．チーム支援の実践を方法論として説明可能な段階まで収束させることが必要であると考える．そのために，新たな調査プロジェクトを企画し，実施していくことは重要なタスクである．その課題には，同時に，相談窓口に来られない要支援者へのアウトリーチ機能についても含まれることが望ましい．民生・児童委員あるいはパーソナル・サポート・サービスなどのアウトリーチ機能は，窓口までのアクセスが困難なために相談できずに不安を抱えている方々を包摂している．生活支援のよりよい提供体制の構築のために，われわれはこの課題に今後も取り組んでいきたい.

参考文献

長谷川敏彦（2016）「ケアサイクル論——21世紀の予防・医療・介護統合ケアの基礎理論」『社会保障研究』1（1）: 57-75.
猪飼周平（2016）「ケアの社会政策への理論的前提」『社会保障研究』1（1）: 38-56.
岩田正美（2016）『社会福祉のトポス——社会福祉の新たな解釈を求めて』有斐閣.
神野直彦（2002）『地域再生の経済学——豊かさを問い直す』中公新書.
国立社会保障・人口問題研究所（2016）『社会保障サービスの受益・業務負担軽減に向けた地域組織の空間的配置・人的連携の基礎的研究 平成27年度報告書』所内研究報告第65号.
国立社会保障・人口問題研究所（2017）『社会保障サービスの受益・業務負担軽減に

向けた地域組織の空間的配置・人的連携の基礎的研究 平成28年度報告書』所内研究報告第72号.
森田朗（2003）「『自治体』のイメージとその変化」森田朗ほか編『分権と自治のデザイン』有斐閣，pp. 1-25.
社会保障審議会（2013）『生活困窮者の生活支援の在り方に関する特別部会 報告書』.
高山義浩（2016）『地域医療と暮らしのゆくえ――超高齢社会をともに生きる』医学書院.
筒井孝子（2014）『地域包括ケアシステム構築のためのマネジメント戦略』中央法規.

索　引

ア　行

カ　行

サ　行

タ 行

ナ 行

ハ 行

執筆者一覧（執筆順．［　］内は担当章）

遠藤久夫（えんどう　ひさお）［はしがき］

国立社会保障・人口問題研究所 所長

社会保障審議会 医療保険部会 部会長

社会保障審議会 介護保険部会 部会長

西村幸満（にしむら　ゆきみつ）［序章，第 3 章，第 4 章，第 5 章，第 6 章，終章］

国立社会保障・人口問題研究所 社会保障応用分析研究部 室長

京都大学 客員教授

白瀬由美香（しらせ　ゆみか）［第 1 章，第 11 章］

一橋大学 大学院社会学研究科 教授

畑本裕介（はたもと　ゆうすけ）［第 2 章，第 7 章］

同志社大学 政策学部 准教授

黒田有志弥（くろだ　あしや）［第 2 章，第 9 章］

国立社会保障・人口問題研究所 社会保障応用分析研究部 室長

藤間公太（とうま　こうた）［第 4 章，第 10 章，第 12 章］

国立社会保障・人口問題研究所 社会保障応用分析研究部 研究員

工藤健一（くどう　けんいち）［第 8 章］

東北福祉大学 総合マネジメント学部 准教授

泉田信行（いずみだ　のぶゆき）［終章］

国立社会保障・人口問題研究所 社会保障応用分析研究部 部長

（肩書きは 2018 年 2 月現在）

地域で担う生活支援
自治体の役割と連携

2018年3月10日　初　版

［検印廃止］

監修者　遠藤久夫・西村幸満

編　者　国立社会保障・人口問題研究所

発行者　一般財団法人　東京大学出版会
代表者　吉見俊哉
153-0041 東京都目黒区駒場4-5-29
http://www.utp.or.jp/
電話 03-6407-1069　Fax 03-6407-1991
振替 00160-6-59964

印刷所　大日本法令印刷株式会社
製本所　誠製本株式会社

ISBN 978-4-13-051143-8　Printed in Japan